VALENTIN GUTEKUNST

DER START IN DIE MAKROFOTOGRAFIE

Kleines ganz groß herausbringen

humboldt

INHALT

VORWORT

Hallo! Es freut mich sehr, dass du dich für die Makrofotografie interessierst. Mit diesem Buch möchte ich dir den Einstieg in die Welt der kleinen Dinge so einfach wie möglich machen. Aber Achtung – ich bin ansteckend, und spätestens am Ende des Buches habe ich dich hoffentlich mit dem Makrofieber infiziert!

Die Makrofotografie ist etwas Wundervolles. Sie macht Dinge sichtbar, die du vorher nie wahrgenommen hast. Sie wird deinen Blick auf die Welt da draußen vollkommen umkrempeln. Du wirst faszinierende Kreaturen entdecken, die du vorher noch nie wahrgenommen hast, und das alles findet nicht irgendwo im Dschungel, sondern direkt vor deiner Haustür statt. Unsere heimische Natur bietet uns nämlich einiges: Von Skorpionsfliegen über Goldwespen bis hin zu den winzigen Kugelspringern – die Artenvielfalt ist riesig und wartet nur darauf, von dir entdeckt zu werden!

Auf was wartest du noch? Schnapp dir deine Kamera, und los geht's! Aber stopp – vielleicht solltest du doch vorher noch schnell dieses Buch lesen. Als ich mit der Makrofotografie begonnen habe, wäre ich sehr froh gewesen, wenn es damals eine ähnliche „Einstiegshilfe" gegeben hätte. Warum solltest du die gleichen Fehler machen wie ich bei meinem Start in die Makrowelt? Das wäre frustrierend und reine Zeitverschwendung.

Mit diesem Buch möchte ich dir die Grundlagen für den Einstieg in die Makrofotografie geben, damit du gleich richtig an die Sache herangehen kannst. Angefangen mit dem optimalen Equipment wie

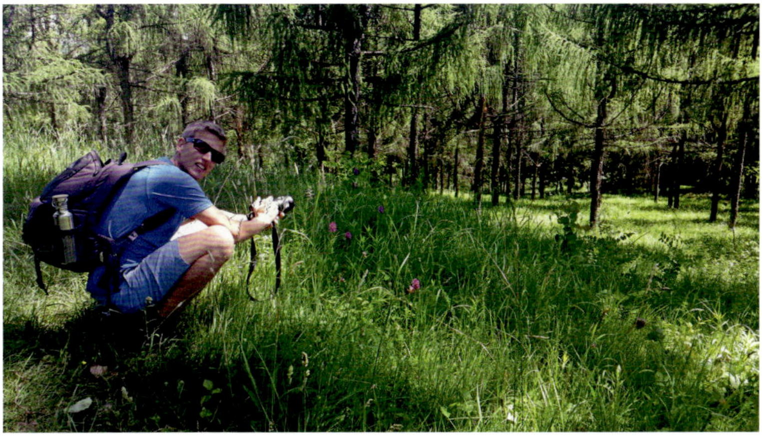

In Aktion

Kamera und Objektiv und den Hilfsmitteln, die dir das Leben beim Fotografieren leichter machen werden. Wir schauen uns zunächst an, welche Kamera-Einstellungen du verwenden solltest, dann folgen meine Top 10 an Tipps & Tricks für deinen erfolgreichen Einstieg in die Makrofotografie.

Abschließend, um nicht zu sagen als Hauptteil, kommt dann der Workshop: Er bietet dir eine Riesenauswahl an Makrofotos, wo ich dir zeige, wie und unter welchen Bedingungen sie entstanden sind. Denn an Beispielen aus der Praxis lernt es sich am besten. Lass dich inspirieren! Ich wünsche dir viel Freude beim Lesen!

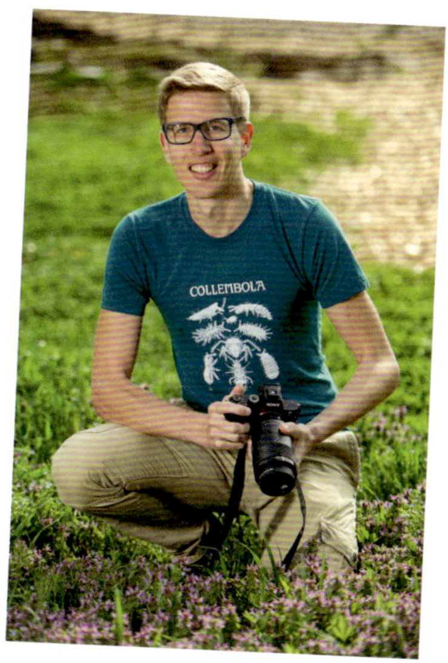

Herzlich dein
Valentin Gutekunst

DIE AUSRÜSTUNG

Es gibt mittlerweile so viele unterschiedliche Kameras und Objektive, dass es nicht leichtfällt, die Übersicht zu behalten und die richtige Wahl zu treffen, besonders als Einsteiger. Bei meinen Coachings erlebe ich immer wieder, dass es gerade die Kamera ist, die das Fotografieren umständlicher macht als nötig. Deshalb stelle ich dir in diesem Kapitel die Ausrüstung vor, die sich meiner Erfahrung nach am besten für die Makrofotografie eignet.

Welche Kamera darf's denn sein?

Eines vorweg: Die perfekte Kamera, die alles kann, gibt es nicht. Jedes Modell hat seine Vor- und Nachteile. Grundsätzlich kann man mittlerweile selbst mit Smartphones beeindruckende Makrofotos schießen. Für den Einstieg in die Makrofotografie empfehle ich jedoch ganz klar die zwei folgenden Kameratypen:

- eine spiegellose Systemkamera, zum Beispiel von Sony, Panasonic (Lumix), Olympus (OM-D-Reihe) oder Canon (EOS M5).
- eine SLT-Kamera (mit einem teildurchlässigen Spiegel) von Sony

Nun fragst du dich vielleicht, ob ich nicht die Spiegelreflexkameras (DSLR) vergessen haben? Nein, habe ich nicht. Auch wenn es viele noch nicht wahrhaben möchten: Spiegelreflexkameras sind weitestgehend Geschichte. Sie sind schwer, klobig und träge. Die Kameras ohne oder mit einem teildurchlässigen Spiegel sind sehr kompakt und wiegen viel weniger als vergleichbare DSLR-Kameras. Das ist besonders für uns „Makronisten“ ein großer Vorteil, denn bei der Makrofotografie möchte man möglichst flexibel sein, um die meist sehr flinken Motive wie Insekten oder Spinnen ablichten zu können. Schweres Equipment stört hier nur.

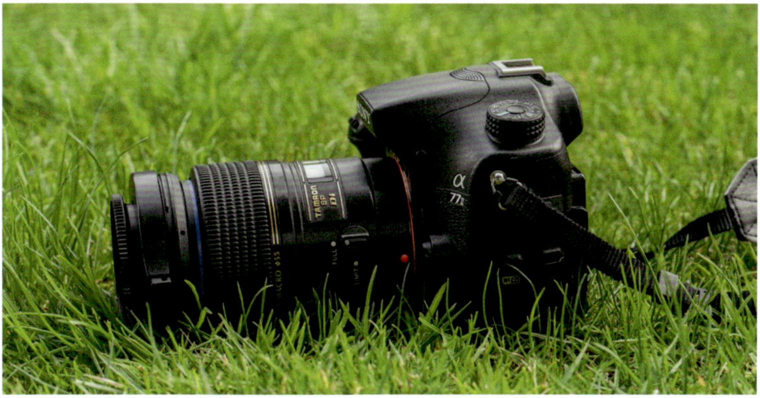

Kamera mit Makroobjektiv und aufgeklemmter Nahlinse

Weitere Vorteile sind die Funktion des Focus Peaking und eine deutlich bessere Bildstabilisierungstechnik. Das Zusammenspiel dieser Faktoren macht das Freihand-Fotografieren auch mit großen Abbildungsmaßstäben zu einer simplen Sache.

FOCUS PEAKING

Dieses Feature ist ungeheuer wichtig, denn es hilft uns, exakt zu fokussieren, und das ist gerade bei der Makrofotografie und der damit verbundenen geringen Schärfentiefe von großem Nutzen: Beim Focus Peaking musst du nicht selbst abschätzen, wo die Schärfe nun genau liegt, sondern sie lässt sich mit Hilfe der Punkte einfach und exakt an die gewünschte Stelle des Motivs (zum Beispiel auf die Augen des Insekts) legen.

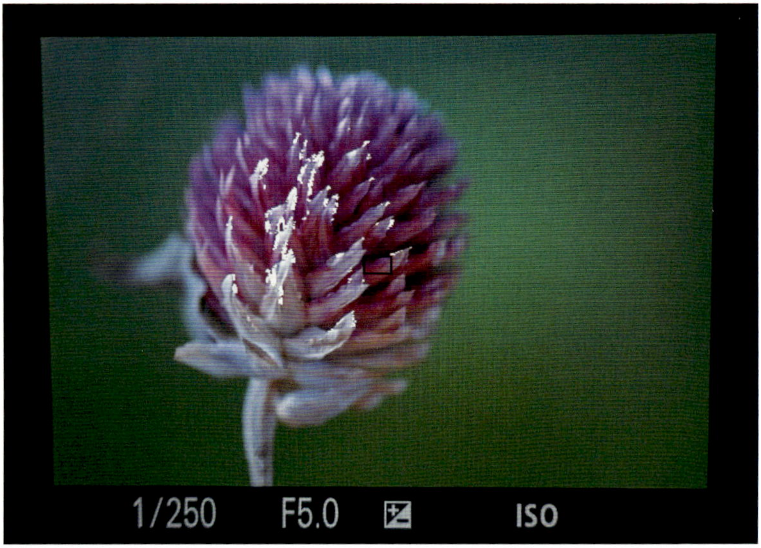

Die Focus Peaking-Funktion auf meinem Kameradisplay: Die hier weißen (man kann die Farbe anpassen) Punkte zeigen dir exakt an, auf welche Stelle des Motivs du gerade fokussierst.

ABBILDUNGSMASSSTAB

Der Abbildungsmaßstab (ABM) ist das Verhältnis eines Motivs auf dem Sensor der Kamera zur Größe des Originalmotivs selbst. Ein ABM von 1 : 1 sagt aus, dass das Motiv und seine Abbildung auf dem Sensor gleich groß sind. Ein ABM von 2 : 1 sagt aus, dass die Abbildung doppelt so groß ist wie das Motiv.

Die Sensorgröße

Auch wenn es mittlerweile sehr kompakte Vollformatkameras gibt, haben die Kameras, die ich zum Einstieg in die Makrofotografie empfehle, einen kleineren Sensor, zum Beispiel APS-C (Sony und Canon) oder Micro Four Thirds (Panasonic und Olympus). Zum einen sind diese Kameras und auch die zugehörigen Objektive deutlich preisgünstiger und zum anderen hat man den Vorteil des Crop-Faktors (engl. *to crop* = beschneiden). Das heißt, man braucht weniger Hilfsmittel, um Makrofotos mit hohem Abbildungsmaßstab zu machen, als wenn man eine Kamera mit Vollformatsensor verwendet.

CROP-FAKTOR

Der APS-C-Sensor (15,6 mm × 23,5 mm) ist etwa 1,5-mal kleiner als ein Vollformatsensor (24 mm × 36 mm). Der Micro Four Thirds (17,3 mm × 13 mm) ist sogar nur etwa halb so groß. Durch die kleineren Sensoren erhält man nur einen Ausschnitt des Fotos einer Vollformatkamera. Du bist also „näher" am Motiv dran, es wirkt vergrößert. Eine Verkleinerung des Bildformates entspricht einer Ausschnittvergrößerung.

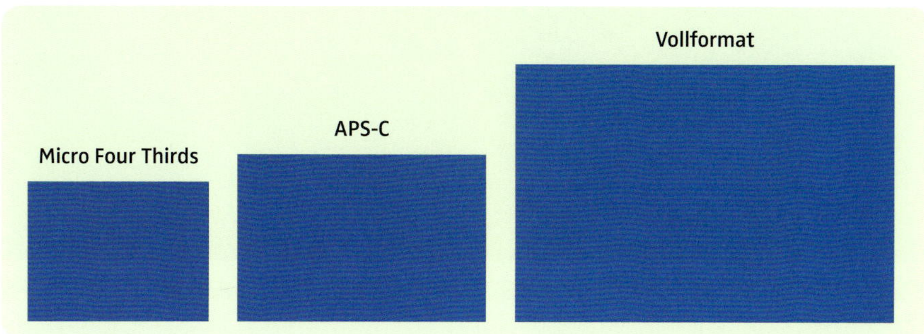

Sensorgrößen im Vergleich

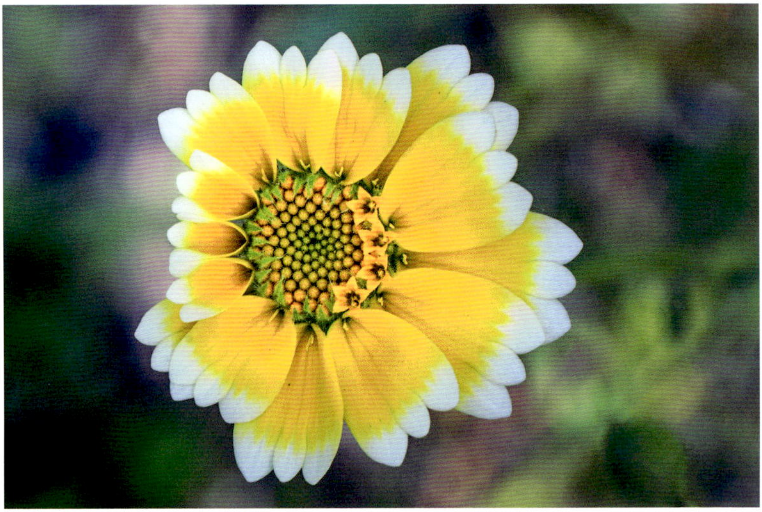

Blüte, mit einer Vollformatkamera fotografiert

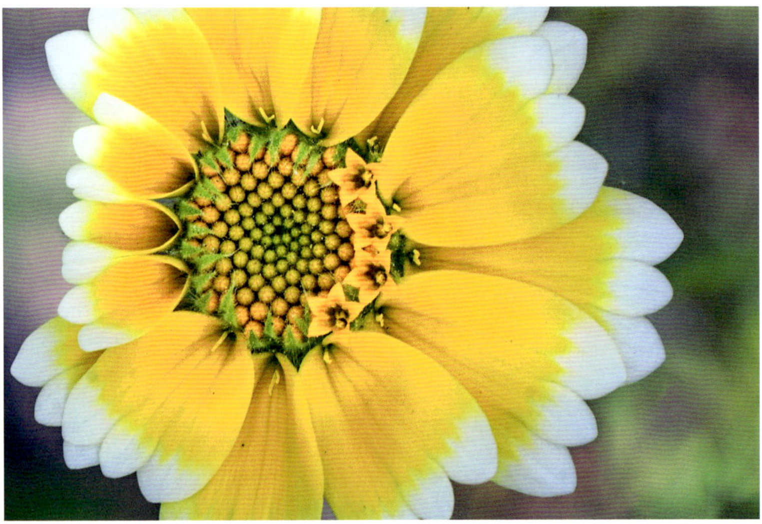

Gleiche Blüte, mit einer Kamera mit APS-C-Sensor fotografiert

FLEXIBLES DISPLAY

Achte darauf, dass deine Kamera ein möglichst flexibles Display hat. Das ermöglicht es dir, auch in Bodennähe oder über Kopf bequem zu fotografieren, und eröffnet dir völlig neue Perspektiven. Die Zeiten, in denen man alles über den Sucher gemacht hat, sind ebenfalls vorbei (ich glaube, ich habe meinen Sucher erst ein- oder zweimal benutzt). Die Displays sind mittlerweile so gut, dass man sie selbst bei prallem Sonnenlicht nutzen kann: Stell die Helligkeit im Menü auf das Maximum.

Das richtige Objektiv

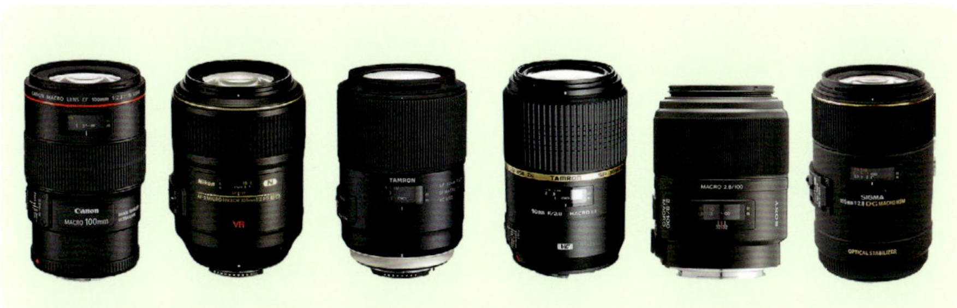

Verschiedene Makroobjektive in der Übersicht

Für die Makrofotografie brauchst du nicht zwingend ein teures Makroobjektiv. Gerade für Einsteiger empfiehlt es sich, die ersten Erfahrungen in der Makrowelt mit dem Kit-Objektiv zu machen. In Kombination mit einer Nahlinse (siehe nächstes Kapitel „Hilfsmittel“) sind nämlich ebenfalls beeindruckende Makrofotos möglich. Wenn du dann merkst, die Makrofotografie ist dein Ding, führt jedoch schlussendlich kein Weg an einem vernünftigen Makroobjektiv vorbei.

Wie bei den Kameras ist der Markt für diese Objektive nicht gerade übersichtlich, und nicht überall, wo „Makro“ draufsteht, ist auch „Makro“ drin. Viele Hersteller schmücken ihre Objektive mit diesem Begriff, obwohl die Linse gar keinen Abbildungsmaßstab von 1 : 1 liefert. Achte also beim Kauf auf die genauen Angaben!

Für den Einstieg rate ich dir, ein 90-mm- oder ein 105-mm-Makroobjektiv anzuschaffen. Falls du eine Kamera mit Micro Four Thirds Sensor hast (Olympus, Panasonic), nimm das 60-mm-Objektiv. Die Makroobjektive mit diesen Brennweiten gelten als „Allrounder“ – damit lassen sich fast alle Motive ablichten.

Es gibt auch Makroobjektive mit längeren Brennweiten, zum Beispiel 150 mm oder 180 mm. Ihr Vorteil ist, dass du einen größeren Abstand zu deinem Motiv lassen kannst. Du kannst also beispielsweise einen Schmetterling bei gleichem Abbildungsmaßstab von weiter weg fotografieren als mit einem 90-mm-Objektiv. Das ist besonders bei scheuen Tieren äußerst nützlich. Allerdings sind diese Objektive im Handling schwieriger (man verwackelt leichter), teurer und vor allem deutlich schwerer.

Auf was du noch achten solltest

Die meisten der heutigen Makroobjektive haben einen integrierten Bildstabilisator und einen leisen und schnellen Autofokus. Bis auf die Canon sind die von mir empfohlenen Kameras schon mit einem Bildstabilisator ausgestattet, daher brauchst du diese Funktion beim Objektiv nicht unbedingt. Und auf den Autofokus solltest du bei der

Makrofotografie sowieso verzichten. Du kannst dir also auch ohne Bedenken ein altes gebrauchtes Makroobjektiv zulegen – die haben zwar die „tolle“ Technik nicht, sind aber viel kompakter und leichter als die neuen Nachfolgemodelle.

Mein altes 90 mm Makroobjektiv wiegt etwa 400 g, das neue Modell über 600 g, und das bei nahezu identischer optischer Qualität und halbem Preis. Übrigens ist es ziemlich egal, welchen Objektivhersteller du wählst, ob Sigma, Tamron, Canon, Nikon, Sony oder Olympus: Sie alle bewegen sich, was die Qualität angeht, auf ähnlichem Niveau.

Hilfsmittel

Das Angebot an Fotozubehör ist groß. Aber was davon brauchst du in der Makrofotografie wirklich? Weniger, als du denkst. Hier ein paar Tipps zu Stativen, Nahlinsen, Blitzgeräten und dem richtigen Fotorucksack.

Stativ

Früher war ein Stativ bei der Makrofotografie nicht wegzudenken, heute kann man es dank der modernen Kameras mit Bildstabilisierung getrost im Keller lassen. Wenn du also nicht gerade in den frühen Morgenstunden Insekten in Kältestarre fotografieren möchtest, kannst du auf ein Stativ verzichten. Ich selbst fotografiere nun seit knapp fünf Jahren und habe mein Stativ insgesamt nur wenige Male auf Makrotour mitgeschleppt. Man ist einfach viel flexibler ohne. Nur (sehr) wenige Motive warten geduldig, bis das Stativ aufgebaut, ausgerichtet und die Kamera darauf montiert ist, die meisten sind schon vorher längst über alle Berge. Besser ist es, wenn du deinen Körper als Stativersatz nimmst. Mit etwas Geschick kannst du die Kamera gut mit den Händen, Ellenbogen, Füßen, Knien oder womit auch immer gut abstützen und dadurch stabilisieren.

Nahlinsen

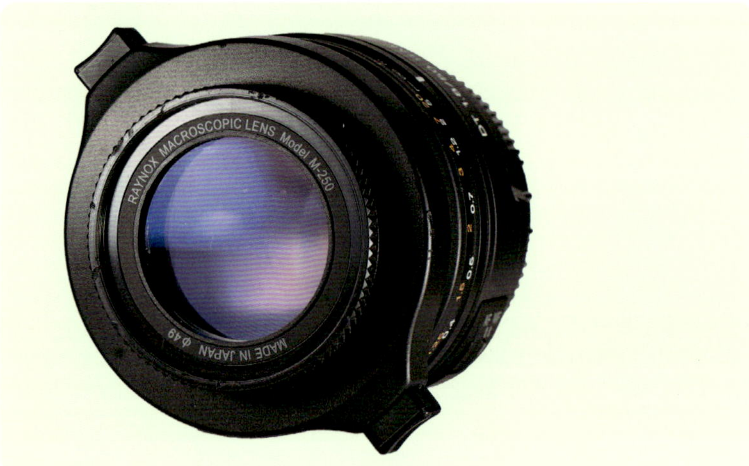

Die Raynox DCR-250 Nahlinse an einem Makroobjektiv

Mit den heute gängigen Makroobjektiven erreicht man einen Abbildungsmaßstab von 1 : 1. Das reicht für viele Motive aus. Möchtest du jedoch noch näher an das Objekt herankommen, sind zusätzliche Hilfsmittel unerlässlich. Die simpelste und kompakteste Lösung ist die Verwendung von sogenannten Nah- oder Vorsatzlinsen.

Eine Nahlinse wird wie ein Filter auf das Objektiv aufgeschraubt oder geklemmt und verkürzt die Brennweite des Objektivs, das heißt, die Naheinstellgrenze nimmt ab, und du kannst dementsprechend näher an das Motiv heran.

STÄRKEN VON NAHLINSEN

Die Stärke einer Nahlinse ist in Dioptrien (dpt) angegeben. Gängige Varianten sind beispielsweise: +2, +4, +5 oder +10 dpt.

Auch wenn Nahlinsen oft einen schlechten Ruf haben (was bei den billigen auch gerechtfertigt ist), kann ich die hochwertigen Makronahlinsen (Achromaten) wie das Raynox DCR-150 oder DCR-250 aus persönlicher Erfahrung nur empfehlen. Diese Linsen sind etwas teurer, dafür bieten sie eine hervorragende Bildqualität und verhindern wirkungsvoll die sogenannte chromatische Aberration, die bei billigen Nahlinsen gang und gäbe ist: Farbsäume um das Motiv herum, die besonders bei harten Kontrasten und Hell-Dunkel-Übergängen in Erscheinung treten.

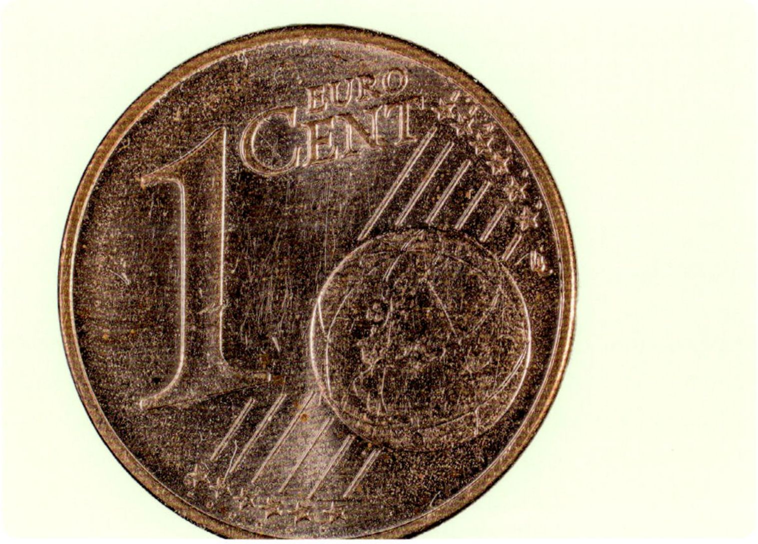

Ein-Cent-Münze fotografiert mit dem Makroobjektiv Tamron 90 mm und einer Kamera mit APS-C-Sensor. Der ABM entspricht 1 : 1.

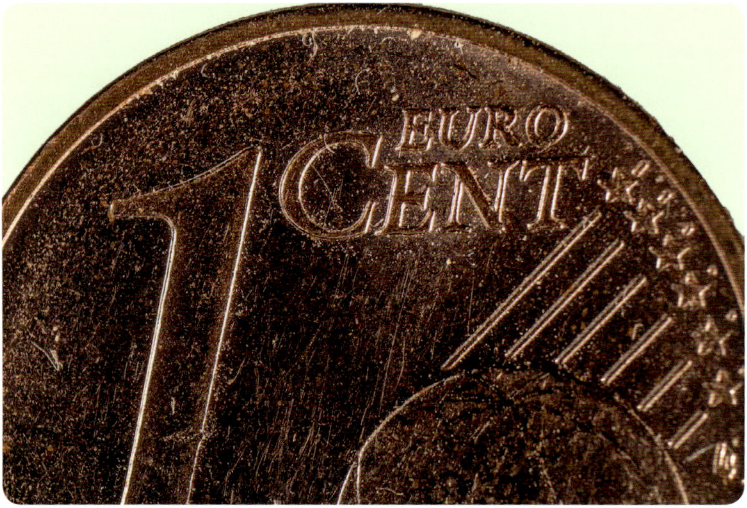

Hier habe ich zusätzlich zum Makroobjektiv noch die Raynox DCR-250 Nahlinse verwendet, um einen Abbildungsmaßstab von ca. 2 : 1 zu erreichen.

Um die ersten Schritte in die Makrofotografie zu machen, kannst du dir jedoch durchaus erst mal ein Set billiger Nahlinsen kaufen, um zu testen, ob du damit klarkommst, bevor du dir gleich einen doch recht teuren Achromaten anschaffst.

Blitzlicht

Der gekonnte Umgang mit Blitzlicht ist eine der Herausforderungen, auf die man besonders in der extremen Makrofotografie stößt. Hast du sie gemeistert, steht dir ein ausgezeichnetes Werkzeug für die Makrofotografie in Feld und Studio zur Verfügung.

Viele scheuen sich davor, Blitzlicht zu verwenden, doch bei hohen Abbildungsmaßstäben ist es in der Makrofotografie im Grunde unerlässlich. Denn es gilt: je höher die Vergrößerung, desto höher der

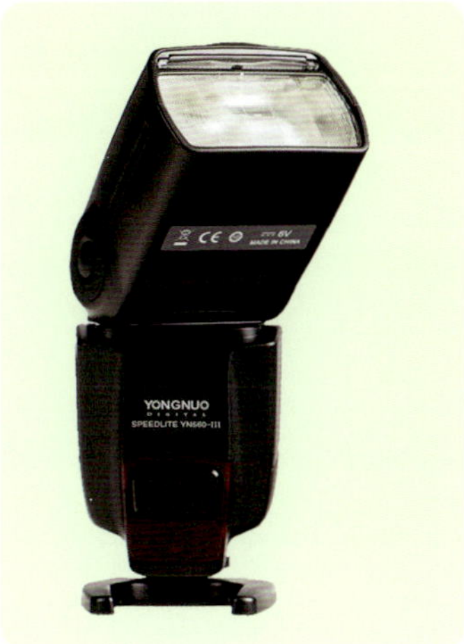

Beispiel für einen guten Blitz

Lichtbedarf. Ich kann nur raten: Leg deine Scheu ab, trau dich und probiere es aus. Das richtige Handling mit dem Blitz erlernt zu haben, wirst du nie bereuen!

Die kalten Wintermonate sind bestens dafür geeignet, sich ein kleines Makrostudio zu Hause einzurichten. Dort kannst du in aller Ruhe und bei wohliger Wärme mit Blitzlicht und eventuell auch Softbox und Diffusor (siehe Tipp #2 im Kapitel „Tipps für die Makrofotografie") experimentieren und erste Erfahrungen sammeln, bevor es dann im Frühjahr auf Motivjagd ins Freiland geht.

Der optimale Blitz für die Makrofotografie sollte leicht und kompakt sein und dennoch eine gute Blitzleistung besitzen, denn bei hohen Abbildungsmaßstäben brauchst du sehr viel Licht, um das Motiv noch genügend ausleuchten zu können. Des Weiteren ist eine schnelle Recycle-Zeit enorm wichtig – nichts ist frustrierender, als darauf zu warten, dass der Blitz endlich wieder feuern kann, um dann festzustellen, dass in der Zwischenzeit das Motiv schon lange über alle Berge ist.

UNGEEIGNETE BLITZE

Der interne Blitz von Kameras ist meist nicht zu gebrauchen, da er lange Recycle-Zeiten hat und schnell überhitzt. Die viel beworbenen Makro-Ringblitze sind ebenfalls nicht empfehlenswert, da sie unschöne, kreisrunde Reflexionen in den Augen deines Motivs bewirken.

Falls du das Thema Blitzlicht weiter vertiefen willst: In Ausgabe 2 von „MAKROFOTO" (bestellbar unter www.makro-treff.de) habe ich alle gängigen Blitzarten, die sich für die Makrofotografie eignen, vorgestellt und verglichen.

Fotorucksack

Auf meinen Makrotouren bin ich meist zwei bis drei Stunden in der Natur unterwegs. Ein bequemer und praktischer Fotorucksack ist da Gold wert. Auf folgende Punkte solltest du achten:

- möglichst leichter und schneller Zugriff auf die Kamera (am besten seitlich). Es gibt nichts Nervigeres, als jedes Mal den Rucksack absetzen zu müssen, um an die Kamera zu kommen.
- Platz für eine Wasser- oder Thermosflasche
- optimal: integriertes Regencape zum Überziehen, das dein Equipment vor Regen schützt. Wenn keins dabei ist, schaffe dir ein separates Cape an.
- ein Brust- und Hüftgurt: Er stabilisiert und verteilt die Last besser und beugt Rückenschmerzen vor.

Da dich der Fotorucksack mit hoher Wahrscheinlichkeit viele Jahre begleiten wird und du ihm dein teures Fotoequipment anvertraust, solltest du an dieser Stelle auf keinen Fall zu sparsam sein – es könnte sich rächen.

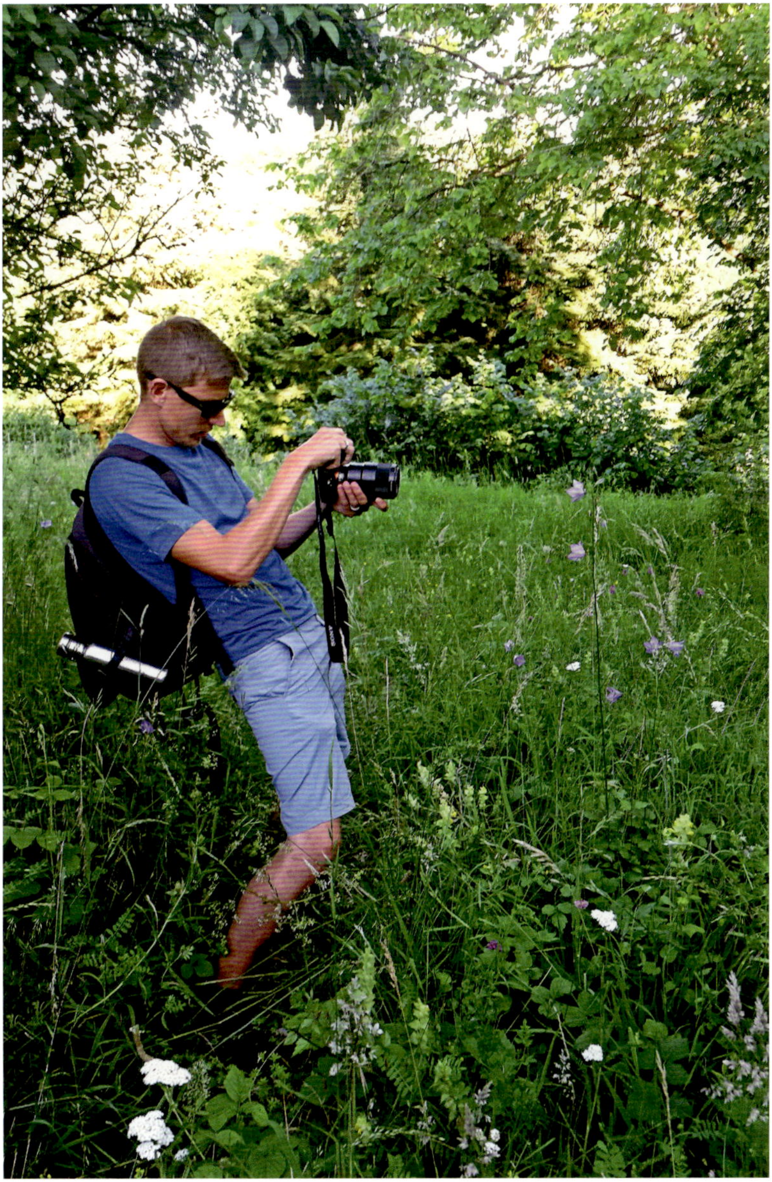

Fotografieren mit – oder trotz – Rucksack

KAMERA-EINSTELLUNGEN

Im Folgenden möchte ich dir die optimalen Kamera-Einstellungen für die Makrofotografie vorstellen. Dabei gehe ich davon aus, dass du die Grundlagen der Fotografie wie Blende, Belichtungszeit, ISO-Wert und Schärfentiefe bereits beherrschst.

Blende und Schärfentiefe

In der Makrofotografie ist man mit einer Vielzahl an Schwierigkeiten konfrontiert: Neben dem chronischen Lichtmangel ist dies hauptsächlich die außerordentlich geringe Schärfentiefe, die mit steigender Vergrößerung rasant abnimmt. Deutlich wird das beispielsweise, wenn du mit offener Blende (z. B. f/2.8) die Komplexaugen einer Fliege fokussierst. Die Augen sind scharf, doch der Rest des Körpers verschwindet in Unschärfe. Die geringe Schärfentiefe lässt sich zwar bei vielen Motiven wunderbar als stilistisches Mittel einsetzen, doch wenn man die komplette Fliege scharf haben möchte, hilft nur eins – abblenden!

DER ZUSAMMENHANG VON BLENDE UND SCHÄRFENTIEFE

Je kleiner die Blende, desto größer die Zahl und die Schärfentiefe.
Je größer die Blende, desto kleiner die Zahl und die Schärfentiefe.

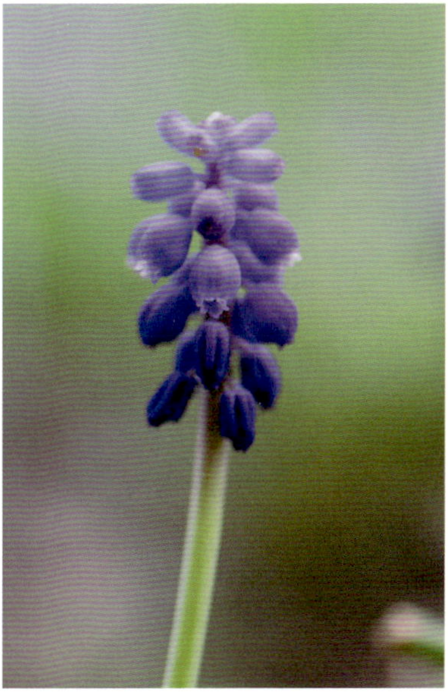

Beispiel für offene Blende (f/2.8): Nur ein kleiner Teil der Traubenhyazinthe ist scharf, dafür der Hintergrund schön unscharf und harmonisch.

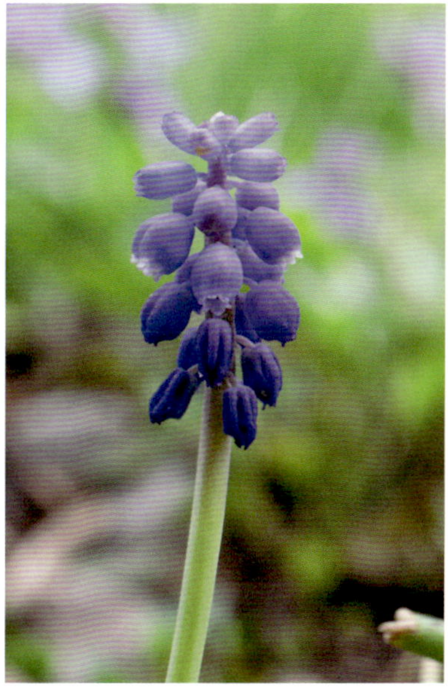

Beispiel für weit geschlossene Blende (f/14): Die komplette Traubenhyazinthe ist scharf, dafür ist der Hintergrund sehr unruhig.

Leider lässt sich nicht beliebig weit abblenden. Mit stärkerem Abblenden (z. B. f/18) wird zwar theoretisch die Schärfentiefe wieder größer, doch die Schärfe nimmt wegen der Beugungseffekte massiv ab, so dass man nur noch ein „matschiges“ Bild bekommt.

Du solltest also darauf achten, die Blende nicht zu weit zu schließen. Ich fotografiere nur in Ausnahmefällen mit kleineren Blenden als f/11.

FOCUS STACKING

Es gibt noch einen Weg, um die Schärfentiefe zu erweitern, also möglichst viel von deinem Motiv scharf zu bekommen. Diese Technik nennt sich Focus Stacking. Dabei machst du mehrere Fotos vom Motiv. Bleiben wir beim Beispiel der Fliege: Beim ersten Bild fokussierst du auf die Augen, beim zweiten etwas hinter die Augen, dann auf den Körper und so weiter. Diese Einzelbilder können dann mit einer Software zu einem Foto mit durchgängiger Schärfe zusammengerechnet werden.

Für den Anfang empfehle ich dir jedoch, auf das Focus Stacking zu verzichten und erst mal so Erfahrungen in der Makrowelt zu sammeln. Behalte es aber im Hinterkopf: Besonders wenn du irgendwann extremere Makros machen möchtest, wirst du es noch brauchen.

Alles manuell

Alle meine Makrofotos mache ich im manuellen Modus. Nur damit hat man die uneingeschränkte Kontrolle über die Kamera. Nur den ISO-Wert schalte ich meist auf „Automatisch" und beschränke ihn (je nach Rauschverhalten der Kamera) auf 1600 oder 3200. Der Vorteil: Man muss sich neben Blende und Belichtungszeit nicht auch noch um den ISO-Wert kümmern. Diesen wählt die Kamera automatisch, geht dabei aber nicht über die festgelegte Grenze. Dadurch werden versehentlich verrauschte Fotos vermieden.

Autofokus?

Auch wenn der Autofokus der Makroobjektive immer besser wird, ist er meist nicht zu gebrauchen. Bevor du also verrückt wirst, weil mal wieder statt des Motivs der Grashalm dahinter fokussiert wird, nutze den manuellen Fokus! In Kombination mit Focus Peaking (siehe Kapitel „Welche Kamera darf's denn sein?") kannst du so viel exakter auf den Punkt fokussieren, wo du die Schärfe gerne hättest.

TIPPS FÜR DIE MAKROFOTOGRAFIE: MEINE TOP 10

Im Folgenden habe ich die in meinen Augen zehn wichtigsten Tipps für deinen erfolgreichen Start in die Makrofotografie aufgeführt. Wenn du sie verinnerlichst, kann eigentlich nichts mehr schiefgehen.

#1 Schau genau hin

Der Tipp erklärt sich von selbst: Schau wirklich genau hin! Nur wenn du deine Umwelt richtig anschaust und wahrnimmst, entdeckst du Dinge, ob Pflanzen oder Tiere, die du sonst nie wahrgenommen hättest. Ich empfehle dir deshalb: Nimm dir die Zeit und setze dich einfach mal in eine Blumenwiese, an einen Baumstamm, an einen Bach oder Waldboden und beobachte genau.

Nimm dir Zeit! Du wirst überrascht sein. Nur so fallen einem Tiere, wie kleine Springspinnen, Kugelspringer, Springschwänze, aber auch seltene Pflanzen auf.

Ein gutes Beispiel ist das Foto „Wildrose mit Besuchern" im Workshop-Teil „Makrowelt Wiese". Hier hatte ich zunächst eine schöne Blüte am Wegesrand bemerkt und stellte erst beim genaueren Hinsehen fest, dass die Rose voller kleiner faszinierender Besucher war.

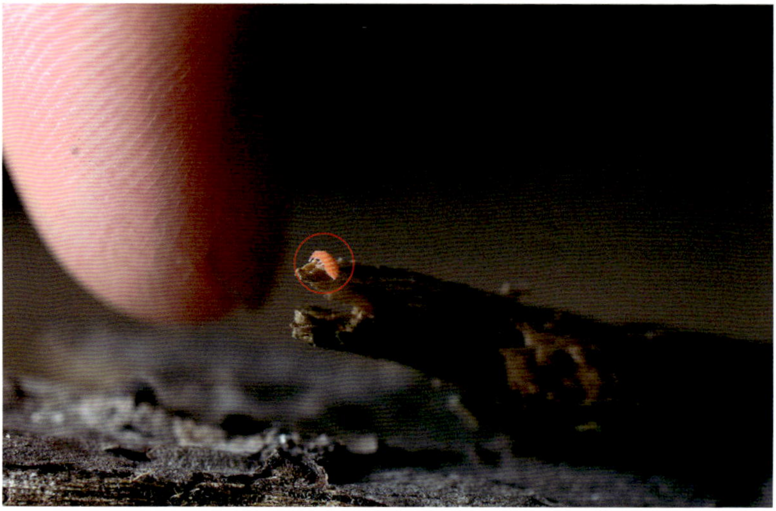

Schau genau hin! Finger mit winzigem Springschwanz – Sony α77 II, Tamron 90 mm, f/8, ISO 100, 1/160 s

Meine Makrotouren haben meist gar keinen großen Radius, sondern ich verbringe eher viel Zeit an einer tollen Stelle und schaue genau hin, anstatt einen Halbmarathon zu laufen nach dem Motto „An der nächsten Wegkreuzung wartet sicher DAS tolle Motiv …“.

#2 Wähle das „richtige“ Licht

Für ein gutes Foto brauchst du gutes Licht! Doch was ist „gutes“ Licht eigentlich? Die Antwort ist einfach: diffuses, also weiches Licht! Diese Art von Licht umspielt dein Motiv förmlich und leuchtet es gleichmäßig aus. Damit vermeidet man Bereiche auf dem Motiv, die überstrahlt oder zu dunkel und schattig sind.

Für dich als Makronist heißt das: Meide das harte Licht der prallen Mittagssonne und gehe vorzugsweise entweder früh am Morgen (kurz vor oder kurz nach Sonnenaufgang) oder am späten Nachmittag (kurz vor Sonnenuntergang) auf Fototour!

DAS LICHT VERBESSERN

Du hast zu diesen Tageszeiten keine Lust oder Zeit? Dann mach aus dem harten Sonnenlicht einfach „gutes" Licht, indem du beispielsweise einen Diffusor über dein Motiv hältst. Oder positioniere dich so vor das Motiv, dass dein Schatten es komplett abdeckt. Damit blendest du das harte Licht förmlich aus.

Gleiches gilt natürlich auch bei bewölktem Himmel! Das ist, wenn es nicht gar zu dunkel ist, ebenfalls ein guter Zeitpunkt, um auf Motivjagd zu gehen.

Für Blitzlicht gilt übrigens dasselbe Prinzip des diffusen Lichtes! Verwende unbedingt eine Softbox oder einen Diffusor.

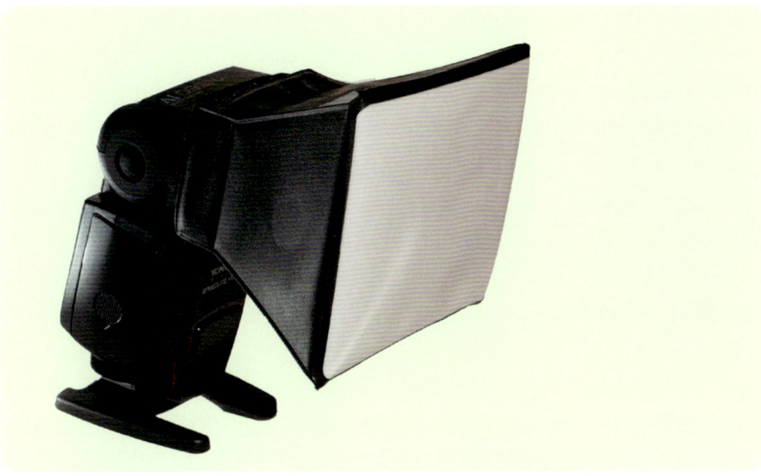

So sieht ein Blitz mit einer kleinen, aufgesetzten Softbox aus

#3 Spiele mit der Schärfe

Eine knackige Schärfe an der richtigen Stelle des Motivs ist ein Charakteristikum für ein tolles, schönes Foto! In der Makrofotografie solltest du dazu, wie bereits erwähnt, den automatischen Fokus deaktivieren und voll auf den manuellen Fokus setzen.

Mit dem manuellen Fokus lässt sich die gewünschte Stelle wunderbar einfach und schnell auswählen, und du kannst förmlich mit der Schärfe „spielen“. Man sieht beim „Durchscrollen“ der Schärfeebene durchs Motiv gut, wie das Foto wirkt, wenn etwa ein anderer Bereich scharf wäre.

#4 Stell das Motiv richtig frei

Eigentlich hätte man ja gerne das komplette Motiv schön gleichmäßig scharf und trotzdem einen weichen Hintergrund ohne die vielen störenden Objekte im Vorder- oder Hintergrund. Das ist mittels Focus Stacking (siehe Kapitel „Blende und Schärfentiefe“) heute zwar kein Problem mehr, doch eine durchgängige Schärfe des Motivs macht noch lange kein gutes Foto aus, im Gegenteil! Ein gelungenes Spiel mit der Schärfe wirkt für den Betrachter meist deutlich stimmiger und damit schöner. Das liegt daran, dass unser Auge ebenfalls Motive nicht komplett im Ganzen scharf wahrnimmt, sondern weiter hinten liegende Bereiche, insbesondere der Hintergrund, auch unscharf erscheinen. Übertriebene Focus Stacks wirken somit oft „unnatürlich“ auf den Betrachter.

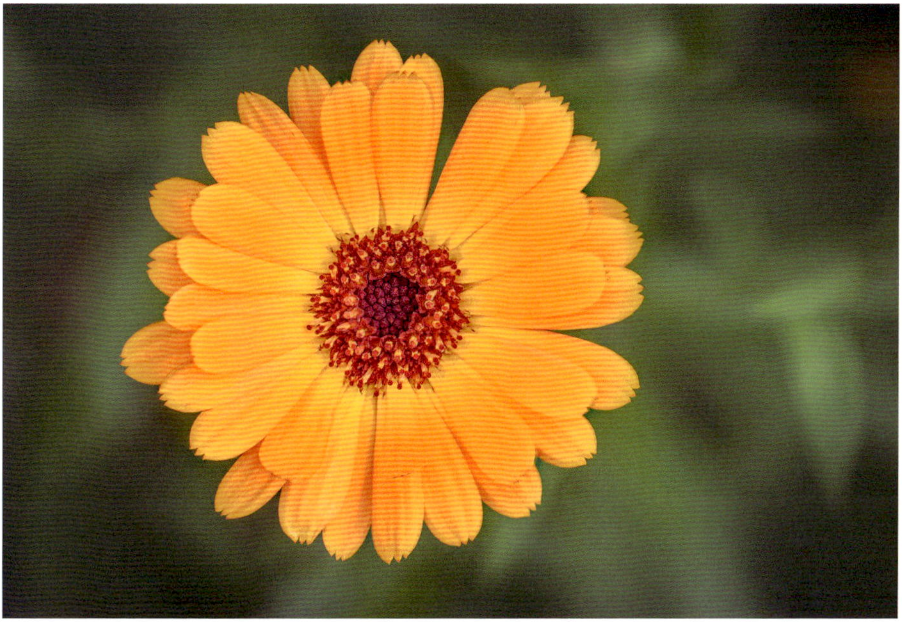

„Freigestellte" Ringelblume mit homogenem Hintergrund – Sony α77 II, Tamron 90 mm, f/4.5, ISO 160, 1/500 s

Ein Motiv freistellen heißt, es aus dem Hintergrund herauszuholen und die Aufmerksamkeit auf das Motiv zu lenken. Das gelingt, indem du sehr offenblendig (z. B. f/2.8) arbeitest. Eben gerade so, dass das Motiv oder der Bereich, den du hervorheben willst, noch scharf ist. Der Hintergrund samt störenden Objekten wie beispielsweise Grashalme oder andere Pflanzen sollten jedoch komplett in Unschärfe untergehen!

#5 Wähle die richtige Perspektive

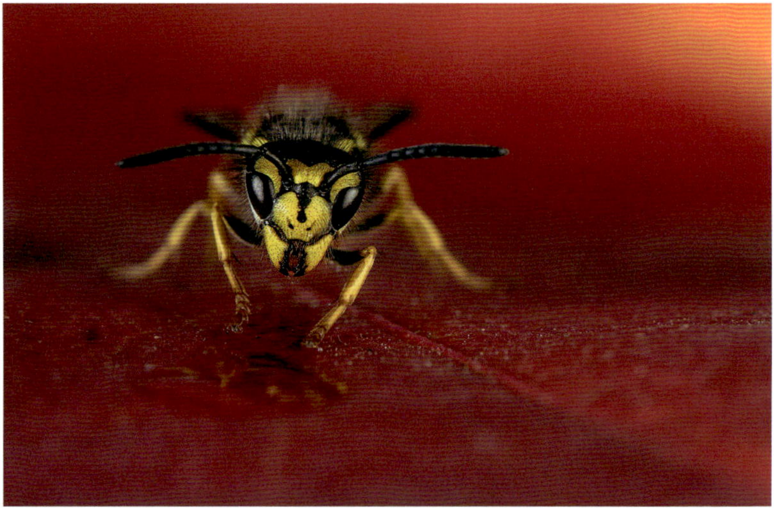

Wespe auf „Augenhöhe" – Sony α77 II, Sony 50 mm mit Nahlinse, f/9, ISO 160, 1/60 s

Natürlich ist es leichter, einen Frosch oder eine schöne Blüte stehend von oben herab zu fotografieren. Doch schon während ich den Satz geschrieben habe, kam mir das Gähnen, denn diese Perspektive ist zumeist langweilig! Das liegt wiederum daran, dass wir es in unserem Alltag gewohnt sind, die kleinen Dinge aus der „Vogelperspektive“ zu sehen.

Deshalb mein Tipp: Geh auf Augenhöhe mit dem Motiv! Leg dich, wenn es sein muss, auch mal in den Schlamm! Wähle außergewöhnliche Perspektiven, das macht deine Fotos interessant und aufregend.

#6 Sei geduldig

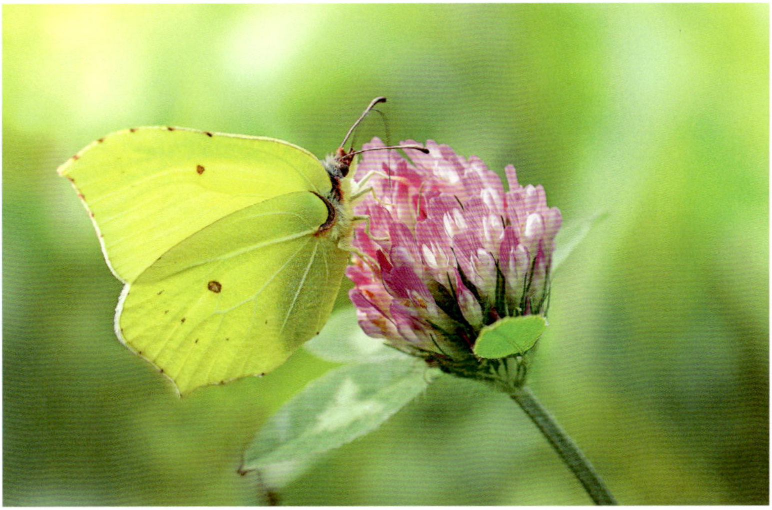

Für hyperaktive Zitronenfalter braucht man viel Geduld – Sony α77 II, Tamron 90 mm, f/7.1, ISO 100, 1/160 s

Das Wichtigste in der Makrofotografie ist die Geduld! Die meisten Tiere haben eine relativ hohe Fluchtdistanz. Das merkst du zum Beispiel bei Schmetterlingen, die sofort das Weite suchen, wenn du ihnen zu nahe kommst! Hier muss man sich in Geduld üben, sich ruhig in eine gute Stellung bringen und warten, warten und nochmals warten – bis der Falter, die Biene oder das gewünschte Motiv sich an die Stelle setzt, auf die deine Kamera bereits ausgerichtet ist.

DER BESTE ZEITPUNKT

Insekten sind in den frühen Morgen- oder späten Abendstunden viel träger und damit leichter zu fotografieren Versuche nicht in der prallen Mittagssonne einem Schmetterling nachzujagen.

#7 Geh näher ran

Spätestens wenn das fotografierte Insekt nur als Punkt auf deinem Foto erkennbar ist, sollte dir klar sein, dass das nicht unbedingt der Weg zu einem guten Makrofoto sein kann. Deshalb gilt: Näher ran! Versuche das Motiv möglichst formatfüllend abzulichten, dadurch erkennt man viel mehr Details, und das Foto wirkt interessanter und beeindruckender.

Allerdings kommt auch ein Makroobjektiv mit einem Abbildungsmaßstab von 1:1 bei kleinen Insekten schnell an seine Grenze. Deshalb sind weitere Hilfsmittel wie beispielsweise Nahlinsen notwendig.

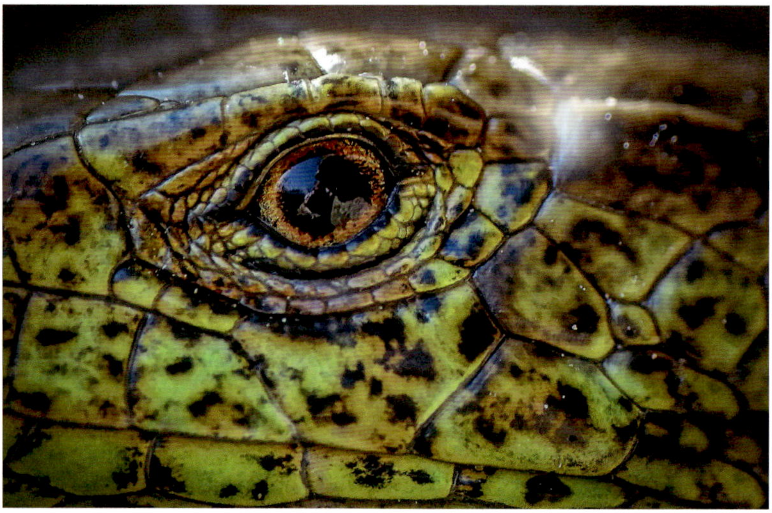

Näher ran! Nahaufnahme einer Zauneidechse – Sony α77 II, Tamron 90 mm, f/8, ISO 400, 1/200 s

#8 Nutze ein Fotoverwaltungsprogramm

Es gibt Tage, da komme ich mit über 1000 Fotos von einer Makrotour zurück. Über kurz oder lang versinkt man also in einer wahren Datenflut. Damit du den Überblick nicht verlierst, empfehle ich dir, gleich von Anfang an ein vernünftiges Fotoverwaltungsprogramm wie Lightroom oder Capture One einzusetzen. Damit lassen sich die Fotos automatisch in festgelegte Ordnerstrukturen (z.B. nach Datum) importieren und verschlagworten. Das hilft ungemein – mit einem Klick lassen sich so beispielsweise alle bisher gemachten Fotos von Libellen, Schmetterlingen oder einem anderen Motiv anzeigen.

Ein weiterer Vorteil ist das interne Bewertungssystem. Du kannst deine Fotos nach dem Import mit Sternen oder Farben versehen und die unbrauchbaren direkt ablehnen oder löschen. Dadurch verlierst du nicht den Überblick und siehst auf einen Blick, welche deine besten Fotos an diesem Tag waren.

Neben der Verwaltung deiner Fotos kannst du sie auch gleich umfangreich bearbeiten, und wenn du im RAW-Format (siehe nächster Punkt) fotografierst, direkt die RAW-Entwicklung durchführen.

TESTVERSIONEN NUTZEN

Die meisten Programme gibt es als kostenlose 30-Tage-Testversionen. Nutze diese Möglichkeit, um dir ein erstes Bild zu machen und zu schauen, mit welcher Software du besser zurechtkommst.

#9 Fotografiere im RAW-Format

Die Zeiten von begrenztem Fotospeicher sind schon lange vorbei. Mittlerweile sind selbst 64-GB-Speicherkarten relativ günstig zu haben. Daher ist es inzwischen eher nebensächlich, ob ein Foto nun 50 MB oder 5 MB groß ist.

Deshalb mein Tipp: Fotografiere im RAW-Format! Gerade im Makrobereich, wo oft Lichtmangel herrscht, lässt sich so noch einiges aus Fotos, die unter- oder überbelichtet sind, herausholen. Aber auch bei Farbverläufen und nachträglichem Weißabgleich zeigt das RAW-Format seine Stärke.

Der Nachteil von RAW: Die großen Datenmengen erfordern eine leistungsstarke Hardware. Besonders beim Focus Stacking mit vielen Einzelfotos wird dein Computer ordentlich herausgefordert. Ein weiteres Manko: Du musst die Fotos zwingend noch „entwickeln“, da du mit dem RAW-Format alleine wenig anfangen kannst. Dazu empfehle ich Programme wie Adobe Photoshop Classic CC, Capture One oder Affinity Photo. Die RAW-Entwicklung kostet zwar etwas mehr Zeit, doch nur so holst du das Optimale aus deinen Fotos heraus.

#10 Informiere dich

Der Spruch „Wissen ist Macht“ ist zwar bereits etwas ausgelatscht, doch auch in der Makrofotografie können die richtigen Informationen sehr hilfreich sein. Deshalb mein Tipp: Informiere dich! Besorge dir Naturführer und lege dir ein Basiswissen über Insekten, Spinnen, Pflanzen und Co. an! Nur wenn du weißt, wo und wann bestimmte Insekten oder Pflanzen vorkommen, kannst du zur richtigen Zeit am richtigen Ort sein und sie fotografieren.

FOTOWORKSHOP

Genug der Theorie! Auf den folgenden Seiten findest du eine Auswahl meiner Makrofotos. Tauche ab in die faszinierende Makrowelt, lass dich inspirieren und sammle nützliche Hintergrundinformationen. Ich verrate dir die optimale Herangehensweise, technische Details und die Entstehungsgeschichte der verschiedenen Fotos. Viel Spaß!

Der Workshop teilt sich in vier Teile: Wiese, Wald, Gewässer und Winter – jedes Gebiet hat seine eigenen Herausforderungen. Du findest jeweils Checklisten für die Ausrüstung, die du brauchst, und die technischen Daten zeigen Dir, wie und womit ich meine Fotos jeweils umgesetzt habe.

Wiederholen lässt sich ein Bild 1 : 1 natürlich nie, besonders nicht, wenn es in der freien Natur entstanden ist. Sieh meine Fotos daher als Anregung und Inspiration für eigene Ideen, bis du deinen eigenen Stil gefunden hast.

Sei kreativ, probiere aus und lass dich nicht entmutigen!

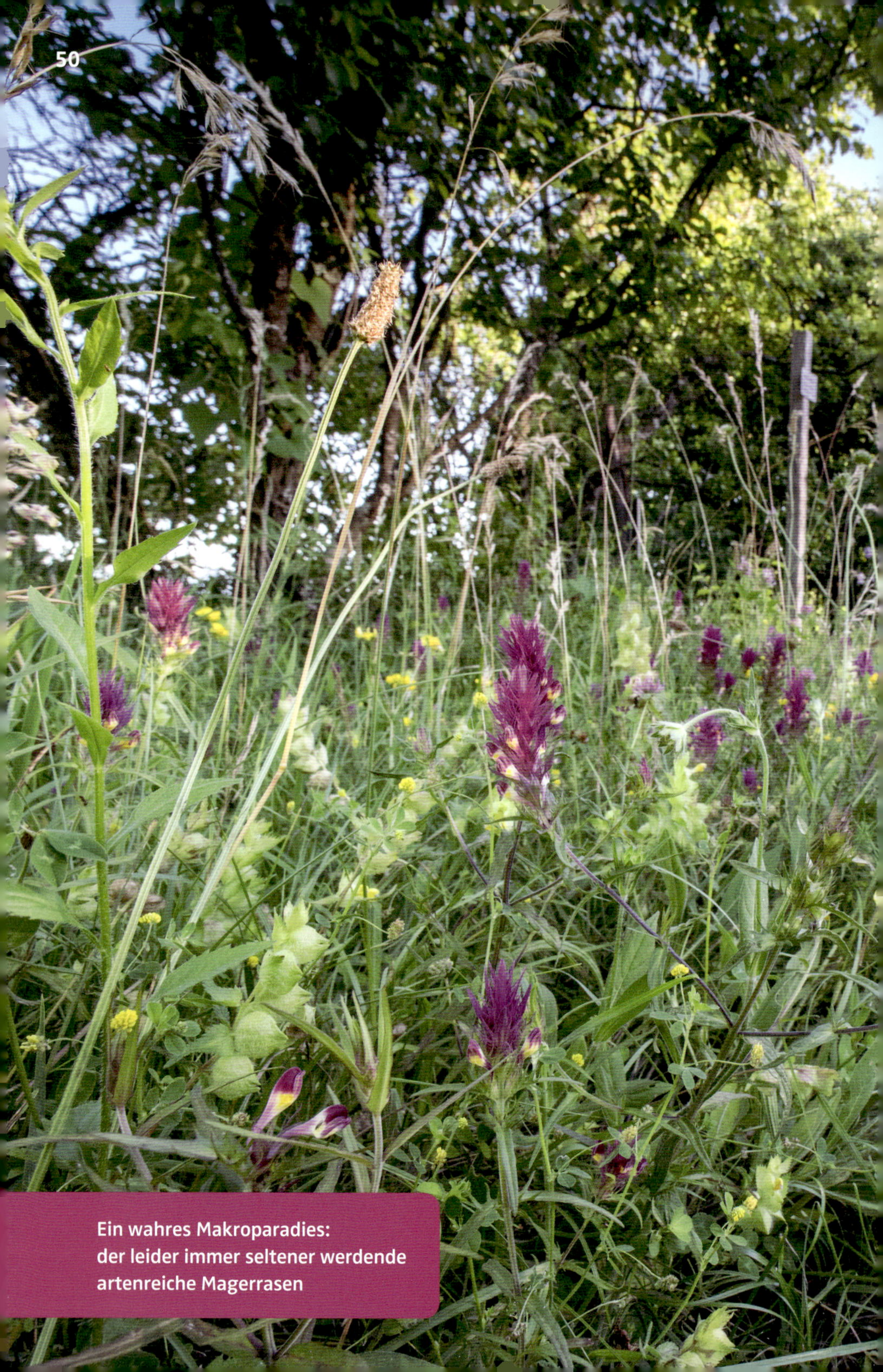

Ein wahres Makroparadies:
der leider immer seltener werdende
artenreiche Magerrasen

MAKROWELT WIESE

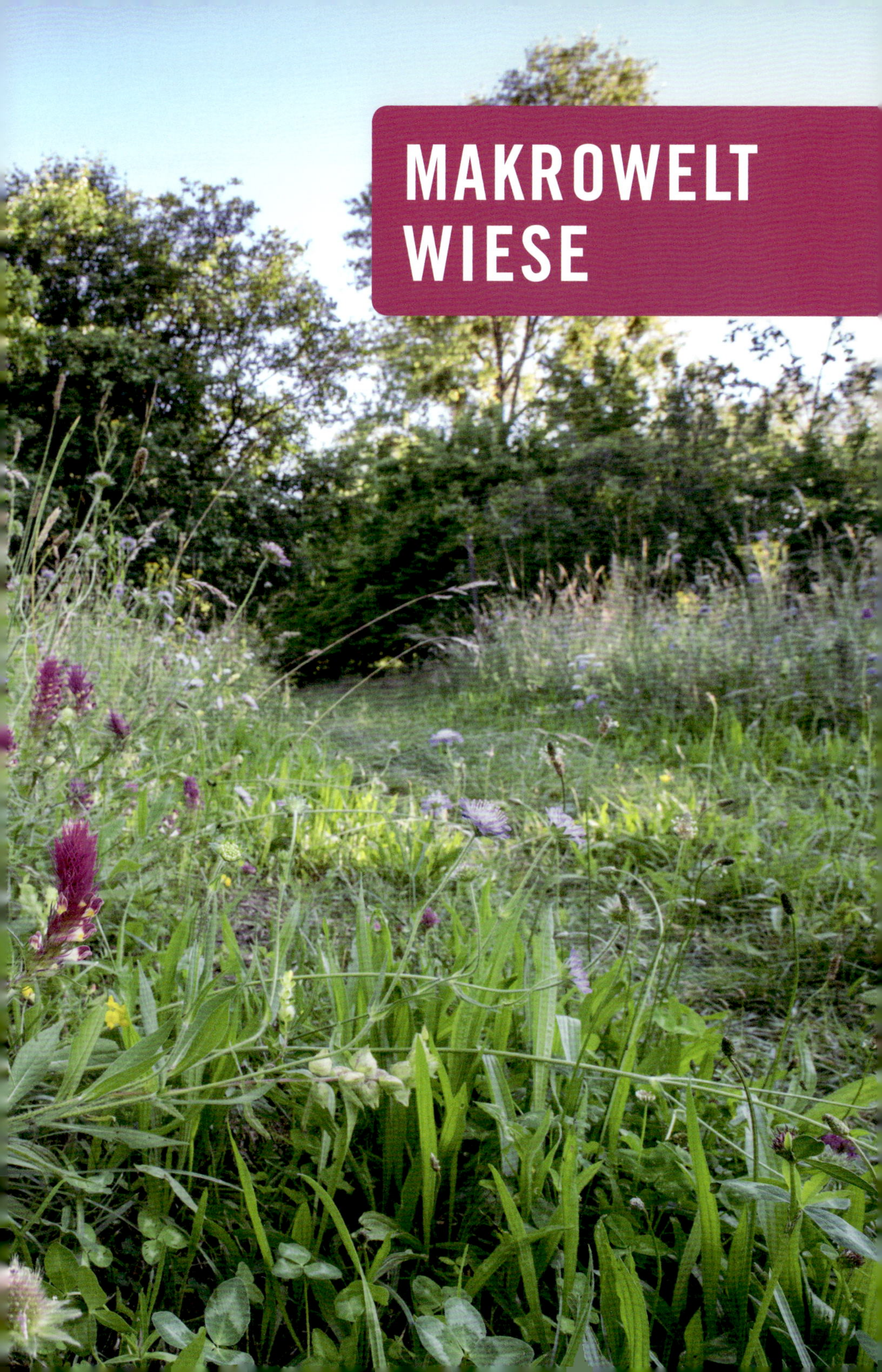

Prächtiger Blattkäfer

Große Ansicht » S. 112

Equipment

- Makroobjektiv
- Nahlinse (+ 5 dpt)

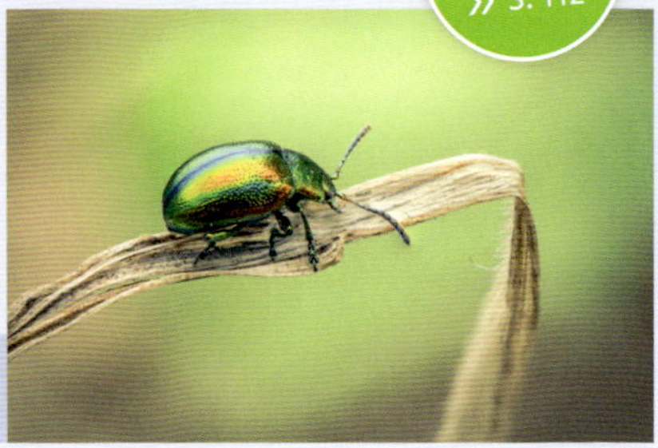

Sony α7r II, Sony 90 mm, f/11, ISO 2000, 1/160 s

Umsetzung

Bei uns gibt es etwa 470 Blattkäferarten. Viele davon zeigen ein wunderschönes, metallisches Glänzen und sind damit tolle Makromotive. Man findet sie in Wiesen, Büschen und an Waldrändern, wo sie meist an Lippenblütlern sitzen, von deren Blättern sie sich ernähren. Dieser Blattkäfer *(Chrysolina fastuosa)* war nur etwa fünf bis sechs Millimeter groß, weshalb ich zusätzlich zum Makroobjektiv noch eine Nahlinse verwendet habe.

Um das metallische Glänzen optimal abzulichten, empfiehlt es sich, den Käfer abzuschatten (am besten mit der Hand oder dem Körper).

HEIMISCHE KÄFER

Die Vielfalt unserer heimischen Käfer ist enorm. Von winzigen Rüsselkäfern bis hin zu großen Exemplaren wie Maikäfern oder den riesigen Hirschkäfern, die bis acht Zentimeter groß werden können, ist alles dabei. Wenn du genau hinschaust, findest du so gut wie überall Käfer. Die Artbestimmung ist nicht immer einfach. Die Website kerbtier.de leistet da hervorragende Hilfestellung.

Marienkäfer im Absprung

Große Ansicht » S. 114

Equipment

- Makroobjektiv
- Nahlinse
- Blitzlicht

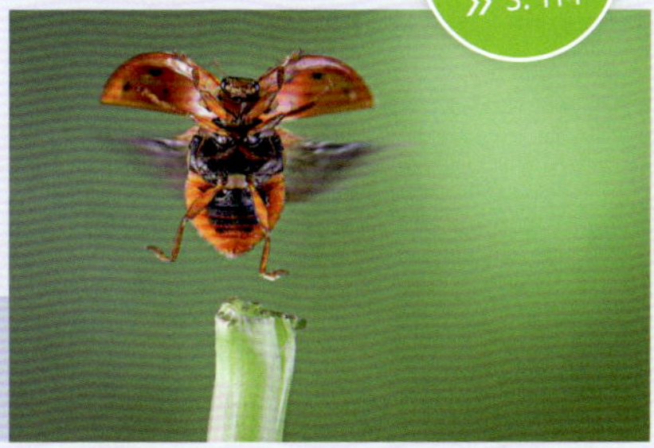

Sony α57, Tamron 90 mm, Nahlinse Raynox DCR-250, f/11, ISO 200, 1/160 s

Umsetzung

Für dieses Foto saß in einer Wiese. Ich hatte beobachtet, dass Marienkäfer häufig Grashalme nach oben wandern, um von der Spitze aus ihren Abflug zu starten. Dabei stellen sie sich nicht gerade besonders geschickt an, und der Start kann auch mal in die Hose gehen. Das sieht unglaublich lustig aus.

Ich habe versucht, diesen Moment mit der Kamera einzufangen, was mir mit etwas Glück und vielen Fotos auch gelungen ist.

Auf dem Bild sieht man den Marienkäfer genau im Moment des Absprungs von der Spitze eines Grashalms.

DIE MARIENKÄFER-FLUGSTUNDE

Wenn du bei YouTube nach den Stichworten „Marienkäfer“ und „Flugstunde“ suchst, findest du ein Video von mir, in dem ich die Tollpatschigkeit eines Marienkäfers beim Abflug gefilmt habe.

Schwalbenschwanz-Raupe

Große Ansicht » S. 116

Equipment

- Makroobjektiv

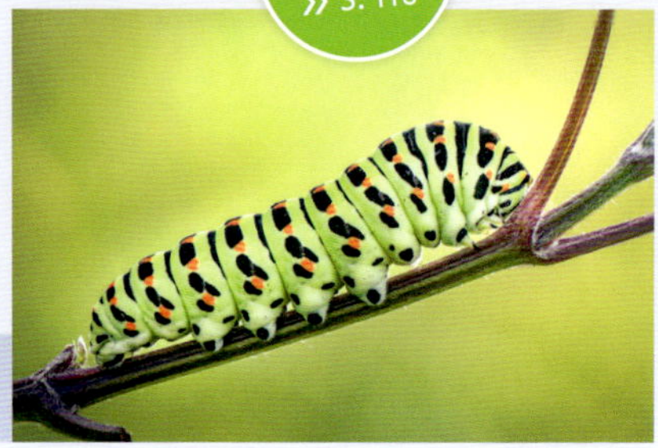

Sony α7r II, Sony 90 mm, f/11, ISO 2000, 1/400 s

Umsetzung

Die Raupe des prächtigen Schwalbenschwanz-Falters *(Papillo machaon)* ist ein wunderschönes, farbenfrohes Motiv. Man findet sie an den typischen Futterpflanzen: Wilde Möhre, Fenchel, Dill und so weiter. Sie sind relativ ruhig und somit einfach zu fotografieren. Du solltest nur darauf achten, dass du sie möglichst parallel zur Kamera ablichtest.

Um das Motiv optimal hervorzuheben, ist es ratsam, den Hintergrund so zu wählen, dass dieser möglichst frei ist von störenden Elementen (andere Grashalme, Pflanzen etc.). Dadurch erhältst du wie bei meinem Foto hier einen schönen homogenen Hintergrund.

Grashüpfer

Große Ansicht » S. 118

Equipment

- Makroobjektiv
- Nahlinse

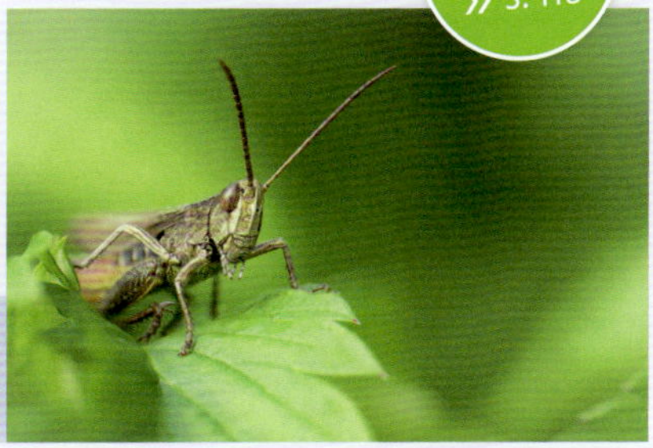

Sony α77 II, Tamron 90 mm, Nahlinse Raynox DCR-250, f/8, ISO 320, 1/250 s

Umsetzung

Grashüpfer (Orthoptera) wie diese finden sich in fast allen Wiesen. Sie sind allerdings nicht ganz einfach zu fotografieren, da sie sich meist mit einem Sprung in Sicherheit bringen, wenn du ihnen zu nahe kommst. Hier hilft nur, sich vorsichtig anzupirschen und darauf zu achten, sie eher in den frühen oder späten Tagesstunden zu fotografieren, dann sind sie deutlich ruhiger.

UNAUFFÄLLIG BLEIBEN

Meiner Erfahrung nach ist es nicht nötig, sich in einen Tarnanzug zu werfen, um unauffällig zu bleiben. Eine etwas unauffälligere Kleidung ist dennoch von Vorteil: Vermeide hohe Kontraste, etwa ein weißes T-Shirt. Viel wichtiger ist aber: Mach keine hektischen Bewegungen und gib den Tieren Zeit, sich an dich zu gewöhnen. Geduld ist alles in der Makrofotografie!

Bornholmmargerite

Große Ansicht » S. 120

Equipment

- Makroobjektiv

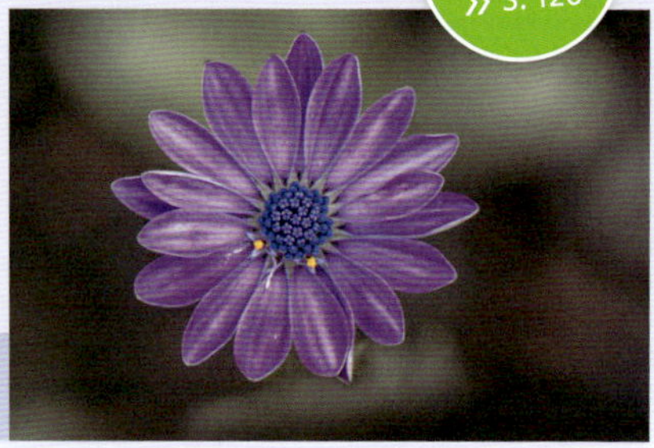

Sony α77 II, Tamron 90 mm, f/4, ISO 250, 1/500 s

Umsetzung

Die Bornholmmargerite (*Osteospermum ecklonis*) ist eine weit verbreitete Zierpflanze. Du findest sie also eher in Gärten oder Parks. Durch die wunderschönen Blüten ist sie ein lohnendes Makromotiv.

Damit die Blüte voll zur Geltung kommt, solltest du darauf achten, dass sich im Hintergrund keine störenden Objekte befinden. Das ist allerdings kein Muss – andere Blüten im Hintergrund können zum Beispiel die Bildwirkung auch positiv beeinflussen. Hier gibt es keine ultimative Lösung, da hilft nur Experimentieren.

Ich probiere meist pro Motiv die Wirkung von verschiedenen Blenden aus und wähle dann die, die für mich am stimmigsten ist (hier f/4).

Heupferd

Equipment

- Makroobjektiv
- Nahlinse

Große Ansicht » S. 144

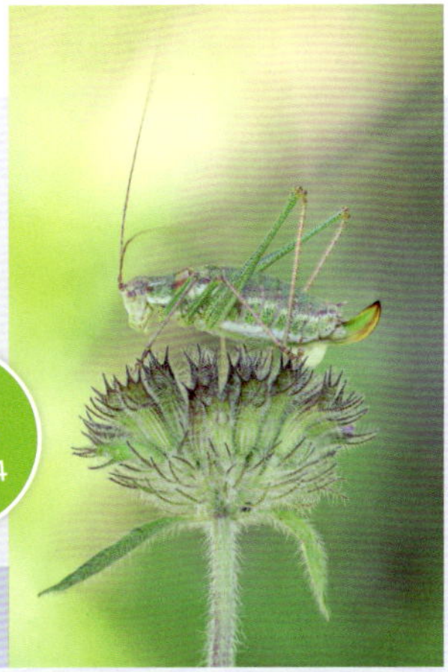

Sony α7r II, Sony 90 mm, Nahlinse Raynox DCR-250, f/7.1, ISO 1000, 1/250 s

Umsetzung

Die Heupferde *(Tettigonia)*, die zu den größeren Heuschrecken gehören, sind besonders auf wenig genutzten Flächen anzutreffen. Tagsüber sitzen die Tiere gerne auf Wiesenpflanzen oder im Gebüsch. Gegen Abend suchen sie sich höhere Plätze wie Bäume aus.

Das Zirpen, das die Männchen durch Aneinanderreiben der Flügel erzeugen, hört man bis zu hundert Meter weit. Sie sind nicht so scheu wie Grashüpfer, das macht es etwas leichter, sie zu fotografieren. Am besten du wartest, bis sie auf einem „Ansitz" innehalten, dann kannst du sie besser freistellen.

Wenn du dir den Kopf dieser Insekten genauer anschaust, weißt du, woher der Name „Heupferd" kommt – er sieht nämlich ähnlich aus wie ein Pferdekopf.

Der Voyeur

Equipment

- Makroobjektiv
- Nahlinse (+ 5 dpt)

Große Ansicht » S. 145

Sony α7r II, Sony 90 mm,
f/11, ISO 2000, 1/100 s,
Focus Stack aus 10 Einzelaufnahmen

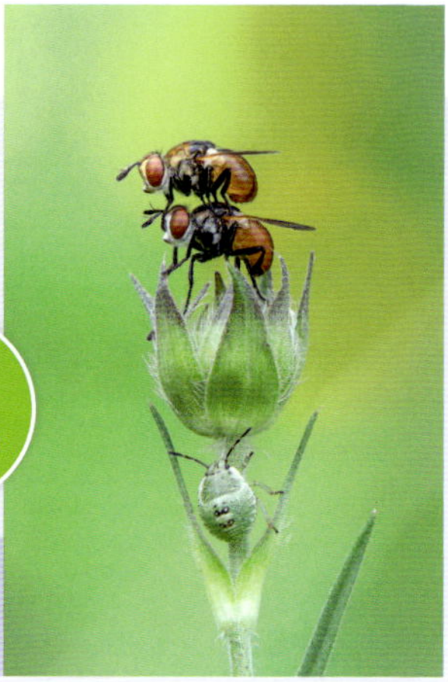

Umsetzung

Das Fliegenpaar lässt sich nicht stören. Vielleicht liegt es aber auch daran, dass der stille Beobachter perfekt getarnt ist. Siehst du ihn?

Solche Aufnahmen lassen sich nicht planen und sind wie viele in der Makrofotografie glückliche Zufälle. Hier hilft es nur, genau hinzuschauen und dann sehr schnell zu sein, um den perfekten Moment nicht zu verpassen.

Fotos, auf denen mehrere Motive zu sehen sind, die miteinander interagieren, wirken meist interessanter auf den Betrachter. Versuche mit deinen Bildern eine Geschichte zu erzählen.

Skorpionsfliege

Große Ansicht » S. 122

Equipment

- Makroobjektiv
- Nahlinse
- Blitzlicht

Sony α57, Tamron 90 mm, Nahlinse Raynox DCR-250, f/7.1, ISO 100, 1/80 s, Focus Stack aus 5–6 Einzelaufnahmen

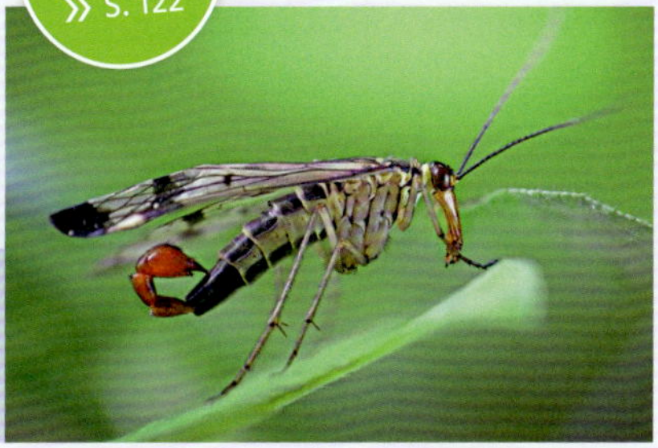

Umsetzung

Die Skorpionsfliegen *(Panorpidae)* sind wirklich faszinierend. Das Genitalsegment der Männchen erinnert an einen Skorpionstachel, produziert jedoch statt Gift Pheromone (Sexuallockstoffe), um Weibchen anzulocken. Diese erhalten dann vom Männchen noch ein sogenanntes Paarungsgeschenk, beispielsweise andere tote Insekten, von dem sie so angetan sind, dass es zur Kopulation kommen kann.

Achte darauf, sie möglichst parallel abzulichten, damit du auch den „Stachel“ mit auf das Foto bekommst.

Die Skorpionsfliegen findest du in artenreichen Wiesen. Sie sind leider ziemlich scheu und fliegen meist sofort weg, wenn du dich näherst – allerdings nie weit weg, oft nur ein paar Grashalme weiter. Du kannst ihnen also vorsichtig nachsetzen und dein Glück aufs Neue probieren.

Kleiner Weinschwärmer

Equipment

- Makroobjektiv
- Nahlinse

Große Ansicht » S. 146

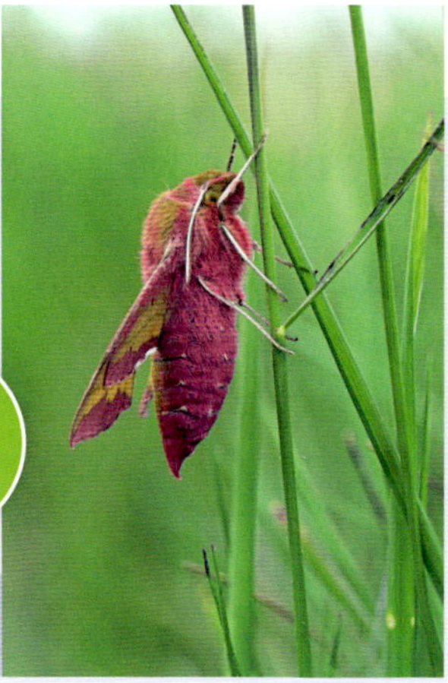

Sony α77 II, Tamron 90 mm, Nahlinse Raynox DCR-250, f/8, ISO 320, 1/125 s

Umsetzung

Der Kleine Weinschwärmer (*Deilephila porcellus*) ist ein Schmetterling (Nachtfalter) aus der Familie der Schwärmer *(Sphingidae)*. Die Falter sind dämmerungs- und nachtaktiv und fliegen Blüten zum Nektarsaugen an.

Der kleine Weinschwärmer erreicht eine Flügelspannweite von 40 bis 45 Millimetern und hält sich überwiegend an offenen und sonnigen Orten wie Trockenrasen auf.

Da er oft an Grashalmen hängt, ist er nicht leicht freizustellen, da man ständig noch mehrere andere Halme mit auf dem Foto hat. Hier kann es helfen, wenn du vorsichtig versuchst, das störende Gras beiseite zu drücken.

Rüsselzünsler

Equipment

- Makroobjektiv
- Nahlinse

Große Ansicht » S. 147

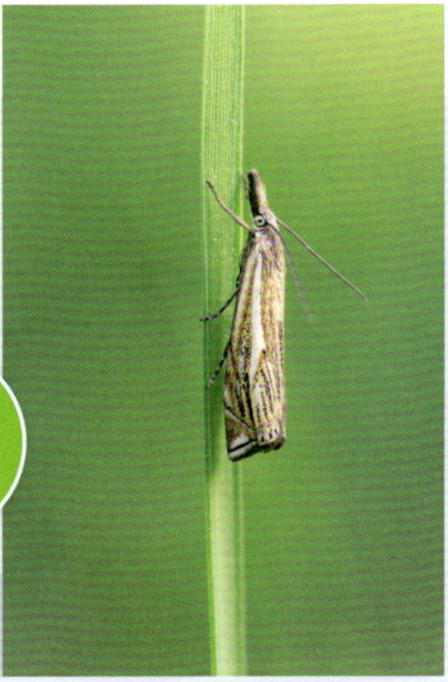

Sony α57, Tamron 90 mm, Nahlinse Raynox DCR-250, f/4.5, ISO 400, 1/60 s

Umsetzung

Diese kleinen Falter *(Crambidae)* findet man sehr oft in Wiesen. Sie sind äußerst schreckhaft und haben eine auffällige, spitze und haarige „Schnauze“. Die Flügelspannweite der heimischen Zünsler beträgt 15 bis 30 Millimeter, und ihre Flügel sind bräunlich oder weißlich gefärbt.

Sofern man sie erwischt, sind sie ein tolles Makromotiv. Versuche sie an einer Stelle zu fotografieren, wo die Grashalme vereinzelter stehen. Somit „stört“ nichts im Hintergrund, und der Falter kommt voll zur Geltung.

Was viele nur als „Motten“ bezeichnen, entpuppt sich beim genaueren Hinsehen oft als faszinierendes Insekt. Versuche diese Faszination mit deinen Fotos einzufangen.

Schwebfliege

Equipment

- Makroobjektiv
- Nahlinse
- Blitzlicht

Große Ansicht » S. 148

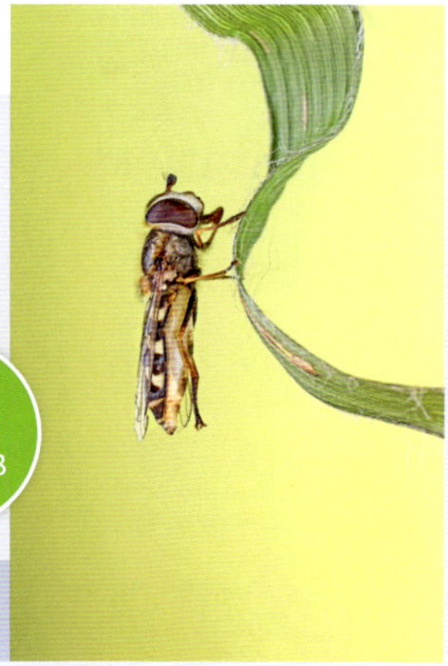

Sony α57, Tamron 90 mm, Nahlinse Raynox DCR-250, f/11, ISO 100, 1/60 s

Umsetzung

Die Schwebfliegen *(Syrphidae)*, auch Stehfliegen oder Schwirrfliegen genannt, gehören zur Ordnung der Zweiflügler *(Diptera)* und hier zu den Fliegen *(Brachycera)*.

Hier sieht man eine Schwebfliege an einem Grashalm sitzen. Du kannst sie im Grunde fast überall finden. Sobald sie mal gelandet sind, halten sie relativ still. Mit etwas Geduld kannst du tolle Makroaufnahmen von diesen faszinierenden Fliegen machen.

Bei diesem Foto habe ich darauf geachtet, dass der Hintergrund möglichst harmonisch wirkt. Zudem habe ich den Ausschnitt so gewählt, dass der Grashalm sich in das Bild herein- und wieder herauswindet. Das gibt dem Foto das gewisse Etwas.

Bläuling

Equipment

- Makroobjektiv
- Nahlinse (+ 5 dpt)

Große Ansicht » S. 124

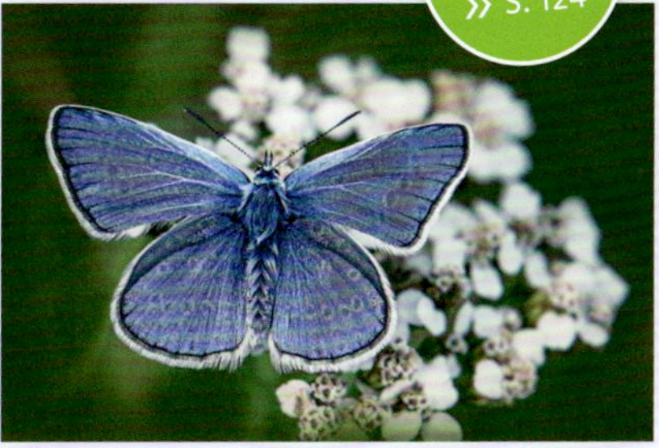

Sony α7r II, Sony 90 mm, f/9, ISO 250, 1/320 s

Umsetzung

Die Bläulinge *(Lycaenidae)* gehören zu den Tagfaltern und bilden mit rund 51 verschiedenen heimischen Arten eine eigene Familie. Die Bläulinge sind mit einer maximalen Flügelspannweite von nur etwa 50 Millimetern recht kleine Falter. Die Männchen haben meist eine charakteristische bläuliche Färbung, die Weibchen sind überwiegend braun gefärbt.

Die Bläulinge sind Falter für den „zweiten Blick". Schaut man genauer hin, erkennt man erst ihre wahre Schönheit: die Vielzahl an unterschiedlichen Blautönen. Die Flügel leuchten silberblau, grünblau, graublau, tiefblau oder violettblau. Die Mehrzahl dieser Falter lebt auf bunten, warmen Magerrasen, und da ein solcher Lebensraum bei uns immer seltener wird, sind viele der Bläulingspopulationen mittlerweile stark bedroht.

Die Bläulinge sind sehr klein und flink und deshalb nicht gerade leicht zu fotografieren. Die besten Chancen hast du in den frühen oder späten Tageszeiten, dann sind sie viel träger und halten auch mal für eine Reihe an Fotos still. Vorsichtiges Heranpirschen ist dennoch Pflicht!

Kleiner Feuerfalter

Equipment

- Makroobjektiv
- Nahlinse

Große Ansicht » S. 149

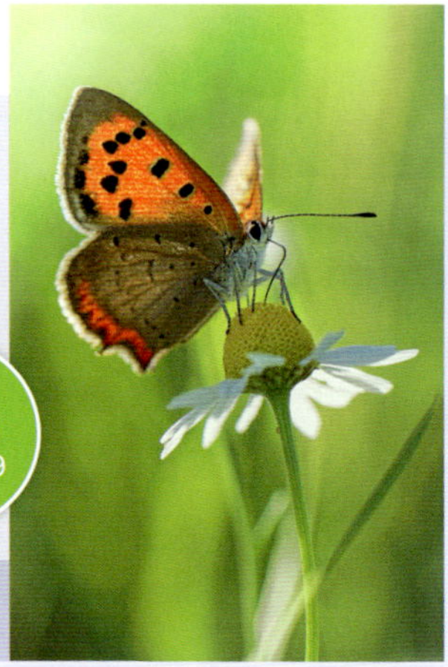

Sony α77 II, Tamron 90 mm, Nahlinse Raynox DCR-250, f/5.6, ISO 100, 1/125 s

Umsetzung

Die Feuerfalter zählen ebenfalls zu den Bläulingen, haben aber im Gegensatz zu den anderen Faltern dieser Familie eine wunderschöne orange-rote Färbung auf den Vorderflügeloberseiten.

Hier habe ich den Kleinen Feuerfalter *(Lycaena phlaeas)* fotografiert. Sie sind meiner Erfahrung nach noch etwas flinker als die anderen Bläulinge – sobald sie einmal weggeflogen sind, verliert man sie meist aus den Augen.

Du findest diese wunderschönen Falter in verschiedensten Lebensräumen, hauptsächlich aber in trockenen, offenen Flächen. Nach solchen „Wärme-Inseln" Ausschau zu halten lohnt sich immer, da du dort meist eine hohe Artenvielfalt vorfindest.

Hummel-Ragwurz

Equipment

- Makroobjektiv
- Nahlinse

Große Ansicht » S. 150

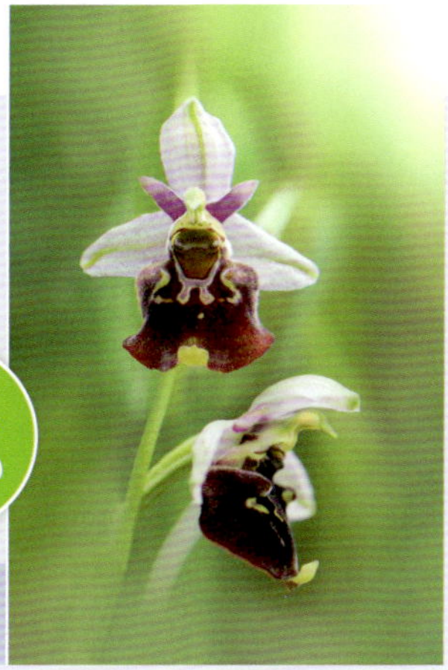

Sony α77 II, Tamron 90 mm, Nahlinse Raynox DCR-250, f/5.6, ISO 200, 1/100 s

Umsetzung

Die Hummel-Ragwurz (*Ophrys holoserica*) ist eine Vertreterin unserer heimischen Orchideen *(Orchidaceae)*. Sie trägt eine wunderschöne Blüte mit meist dunkelrosa bis reinweißen Kron- und Kelchblättern (selten grün). Die Blütenlippe ist samtig behaart mit sehr variabler Zeichnung. Die Hauptbestäuber sind Wildbienen *(Eucera longicornis)*.

Die Hummelragwurz ist bei uns nur äußerst selten anzutreffen. Größere Vorkommen gibt es beispielsweise am Oberrhein und an der Alb sowie in der Eifel.

Orchideen sind wunderschöne Makromotive, allerdings ist es oft nicht einfach, sie freizustellen, da sie mitten in der Wiese wachsen und von viel Gras oder anderen Orchideen umgeben sind. Halte Ausschau nach einem Exemplar, das einzeln steht, dann klappt es auch mit einem schönen homogenen Hintergrund.

Pyramiden-Hundswurz

Equipment

- Makroobjektiv

Große Ansicht » S. 151

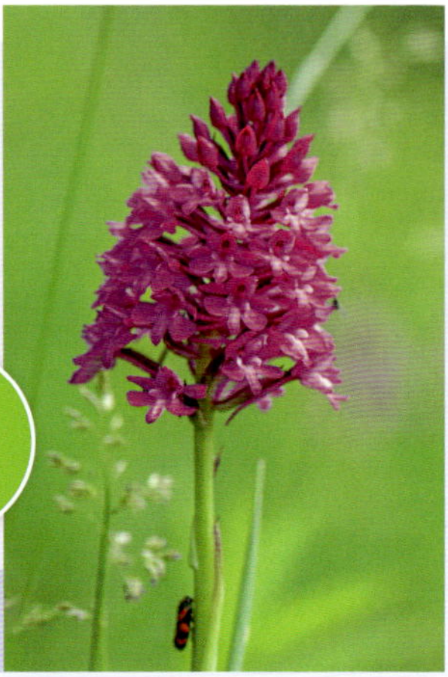

Sony α77 II, Tamron 90 mm, f/4.5, ISO 160, 1/400 s

Umsetzung

Die Spitzorchis, auch Pyramiden-Hundswurz genannt, zählt ebenfalls zu den Orchideen und wird in der Regel bis zu 40 cm hoch. Sie trägt auffallende, kräftig karminrot bis dunkelrosa gefärbte Blüten. Der Blütenstand ist anfangs pyramidenförmig, woraus sich der Namen ableitet. Bestäuber sind kleinere Tagfalter und Widderchen.

Um die Farben und Details der Orchideen perfekt abzulichten, solltest du sie unbedingt abschatten.

HEIMISCHE ORCHIDEEN

Orchideen kennen viele nur aus den Tropen, dem Baumarkt oder dem schwedischen Möbelgeschäft, dabei gibt es diese wunderschönen Pflanzen auch in unserer heimischen Natur. Leider werden die Gebiete, in denen noch Orchideen vorkommen, immer seltener. Informiere dich, wo in deiner Umgebung du sie finden kannst – gute Chancen hat man zum Beispiel noch in Naturschutzgebieten.

Beim Betreten von Orchideen-Standorten solltest du äußerst vorsichtig sein, denn sie sind sehr empfindlich.

Grüne Krabbenspinne

Equipment

- altes manuelles 28-mm-Objektiv
- Retroadapter
- Blitzlicht

Große Ansicht » S. 126

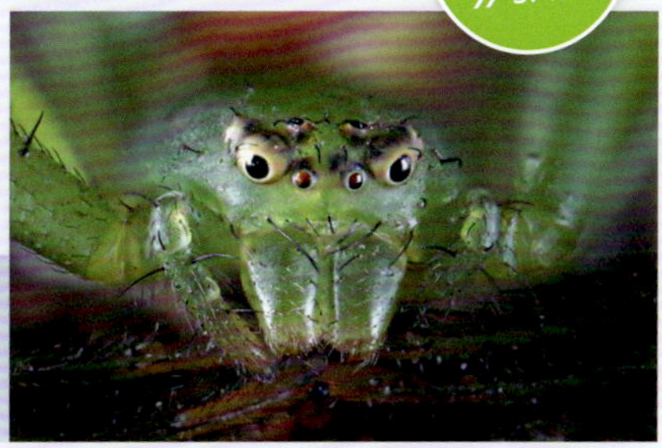

Sony α57, 28-mm-Objektiv in Retrostellung, f/5.6, ISO 100, 1/160 s, Focus Stack aus etwa 10–15 Einzelfotos

Umsetzung

Hier siehst du ein extremes Makrofoto einer Grünen Krabbenspinne *(Diaea dorsata)*. Sie ist bei uns weit verbreitet und häufig im Wald, auf Wiesen oder im Gebüsch sitzend anzutreffen.

Diese Spinne war mit vier Millimetern eher winzig, und um sie in dieser Vergrößerung abzulichten, reicht ein normales Makroobjektiv mit Nahlinse nicht mehr. In Frage kommt hier nur ein Lupenobjektiv wie beispielsweise das Canon MP-E 65 mm oder aber die meiner Erfahrung nach bessere und vor allem günstigere Variante: einen Retroadapter (Umkehrring) in Kombination mit einem alten manuellen Objektiv (zum Beispiel 50 mm oder 28 mm).

RETROADAPTER

Der Retroadapter ermöglicht es dir, das Objektiv „falsch" herum an die Kamera anzubringen, dadurch sind enorme Abbildungsmaßstäbe wie hier bei der Krabbenspinne von 5 : 1 möglich.

Buckeltanzfliege

Equipment

- altes manuelles 28-mm-Objektiv
- Retroadapter
- Blitzlicht

Große Ansicht » S. 128

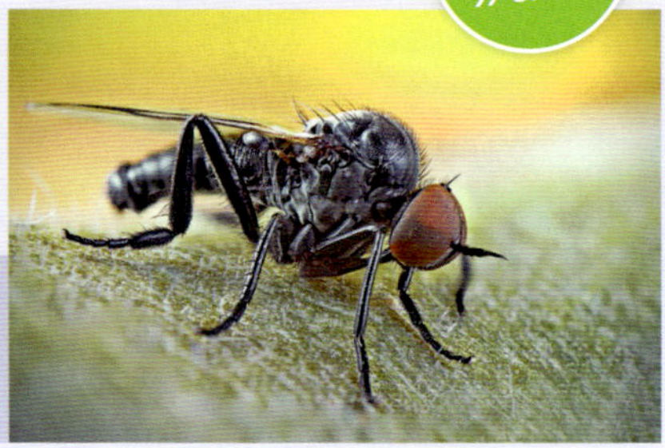

Sony α57, 28-mm-Objektiv in Retrostellung, f/5.6, ISO 100, 1/160 s, Focus Stack aus etwa 10–15 Einzelfotos

Umsetzung

In Deutschland sind etwa 200 dieser faszinierenden kleinen Fliegen *(Hybotidae)* bekannt. Sie erreichen eine Größe von 0,7 bis 5,5 Millimetern und sind teilweise schwarz gefärbt. Man findet sie oft in Sträuchern oder auf feuchtem Laub. Die meisten Buckeltanzfliegen sind Jäger, die ihre Beute laufend fangen. Ihren Namen verdanken sie dem charakteristischen Buckel, der durch einen stark aufgewölbten Brustbereich zustande kommt. Aufgrund ihrer geringen Größe brauchst du wie bei der Grünen Krabbenspinne (siehe vorige Seite) ein altes manuelles Objektiv in Retrostellung, um die Fliegen mit diesem enormen Abbildungsmaßstab abzulichten.

Beim Focus Stacking gehe ich so vor: Ich fokussiere manuell auf die Stelle des Motivs, die von mir aus gesehen am nächsten ist. In diesem Fall waren das die Beine der Fliege. Dann drehe ich vorsichtig am Fokusring und fokussiere auf den Bereich dahinter – und so weiter, bis ich möglichst viel vom Motiv abgedeckt habe (je nachdem, wie lange das Motiv stillhält). In diesem Fall waren es zehn bis 15 Einzelfotos, die zusammengerechnet dann die Buckeltanzfliege in der hier abgebildeten Schärfe zeigen.

Glockenblume

Equipment

- Makroobjektiv
- Nahlinse

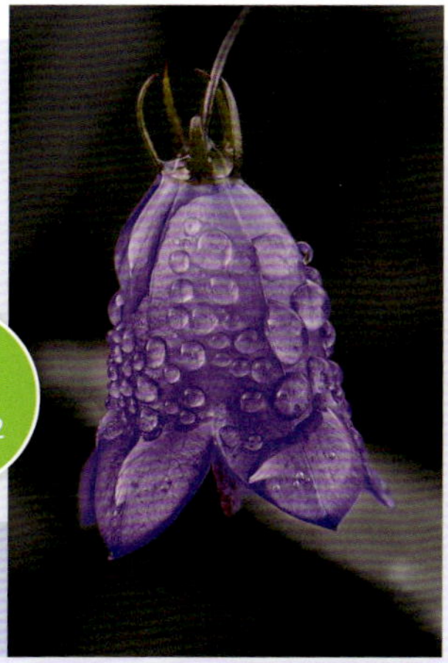

Große Ansicht » S. 152

Sony α57, Tamron 90 mm, Nahlinse Raynox DCR-250, f/5, ISO 400, 1/100 s, Focus Stack aus etwa 15 Einzelfotos

Umsetzung

Regen oder Tautropfen auf Blüten sind immer ein wunderbares Makromotiv. Damit du die Blüten schön freistellen kannst, solltest du darauf achten, dass keine anderen Blüten oder Pflanzenteile im Hintergrund stören.

Tautropfen findest du meist frühmorgens oder zu später Stunde, wenn es plötzlich schnell abkühlt.

Was sich auch lohnt: nach einem kleinen Sommerschauer auf Makrotour zu gehen. Oft sind Pflanzen und Tiere dann ebenfalls noch voller Wassertropfen.

Weiße Traubenhyazinthe

Equipment

- Makroobjektiv
- Blitzlicht

Große Ansicht » S. 153

Sony α7r II, APO-Digitar 90 mm, f/11, ISO 64, 1/160 s, Focus Stack aus etwa 20 Einzelfotos

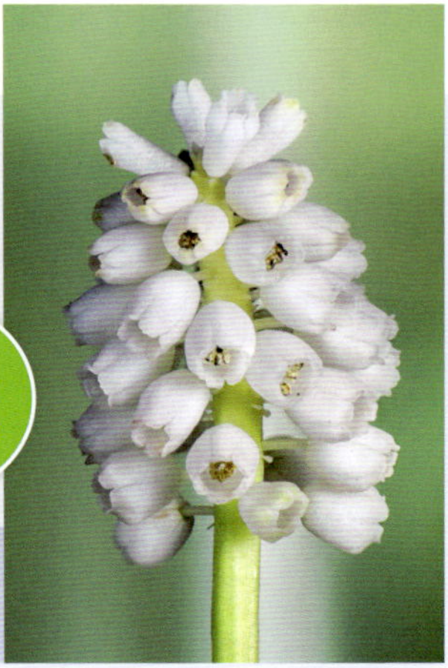

Umsetzung

Die Traubenhyazinthe *(Muscari)* ist ein typischer Frühblüher und damit eines der ersten schönen Makromotive nach dem Winter.

Such dir eine möglichst alleinstehende Pflanze, dann kannst du stärker abblenden, ohne dass der Hintergrund gleich unruhig wird.

Diese Traubenhyazinthe habe ich ziemlich groß abgelichtet. Um die hier auf dem Foto zu sehende durchgängige Schärfe zu erreichen, war es notwendig, einen Focus Stack aus etwa 20 Einzelfotos zu machen.

Kleine Traubenhyazinthe

Equipment

- Makroobjektiv

Große Ansicht » S. 154

Sony α57, Tamron 90 mm, f/2.8, ISO 320, 1/320 s

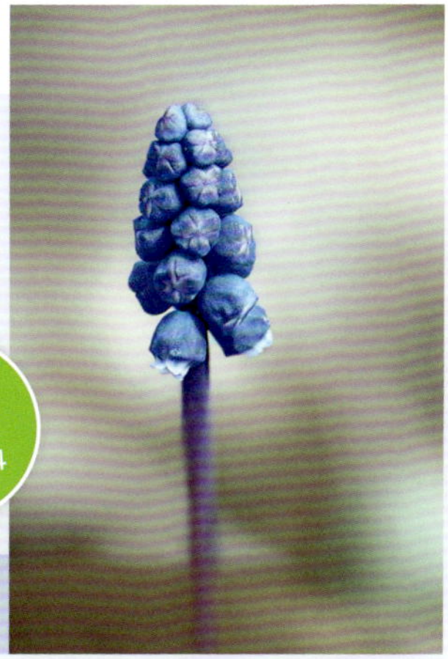

Umsetzung

Die Kleine Traubenhyazinthe (*Muscari botryoides*) findest du auch außerhalb von Gärten, zum Beispiel im (ökologischen) Weinberg oder an lichten Waldrändern.

Im Vergleich zum Foto der weißen Traubenhyazinthe ist hier der Abbildungsmaßstab deutlich kleiner, weshalb ich die Blende mit f/2.8 maximal öffnen konnte. Dadurch hebt sich die Traubenhyazinthe schön vom Hintergrund ab.

SPRÜHFLASCHE STATT TAUTROPFEN

Die Traubenhyazinthen sind ein tolles Motiv, um mit Wassertropfen zu experimentieren. Versuche doch mal, sie vorsichtig mit einer Sprühflasche (aus dem Baumarkt oder dem Gartenbedarf) mit etwas Wasser zu besprühen. Das ergibt wunderschöne, einzigartige Fotos.

Zauneidechse

Große Ansicht » S. 130

Equipment

- Makroobjektiv

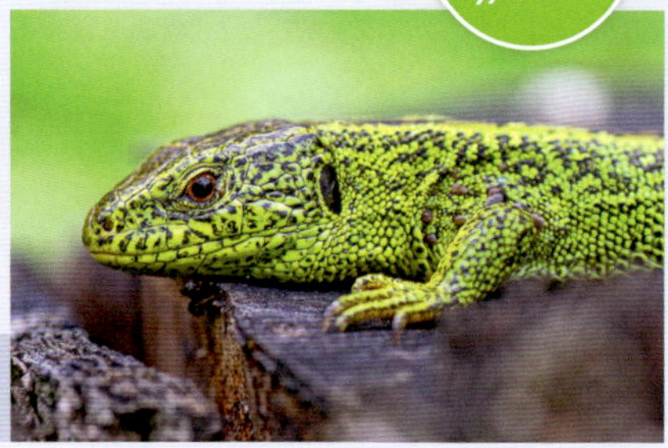

Sony α57, Tamron 90 mm, f/4.5, ISO 200, 1/100 s

Umsetzung

Makroaufnahmen von Eidechsen sind möglich, du musst dich nur vorsichtig heranpirschen. Hat man es einmal geschafft, nah genug heranzukommen, sind die Echsen sehr genügsame Fotomotive.

Die Zauneidechse *(Lacerta agilis)* findest du in trockenen Magerbiotopen wie zum Beispiel an Waldrändern, Bahndämmen, Kiesgruben oder an Kleinstrukturen wie größeren Steinen in der offenen Landschaft.

Ein guter Zeitpunkt, um sie zu fotografieren, ist der Vormittag, da sie sich hier nach der kühlen Nacht erst mal mit einem Sonnenbad aufwärmen, um dann auf Insektenjagd zu gehen.

Ackerschachtelhalm

Equipment

- Makroobjektiv

Große Ansicht » S. 155

Sony α7r II, Sony 90 mm, f/3.5, ISO 100, 1/200 s

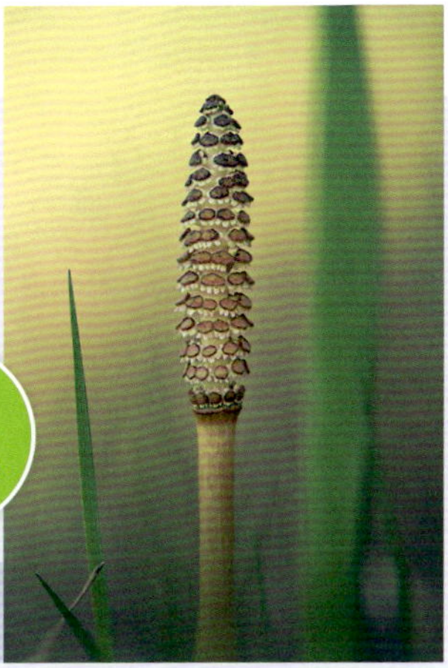

Umsetzung

Den Ackerschachtelhalm (*Equisetum arvense*) kannst du an feuchten Wiesenrändern finden. Das Foto zeigt einen Sporentrieb des Ackerschachtelhalms. Die Sporentriebe besitzen kein Chlorophyll und sind daher im Gegensatz zu den späteren grünen Trieben weitestgehend farblos.

Du siehst, auch aus auf den ersten Blick vielleicht unscheinbaren Motiven, hier einer scheinbar farblosen Pflanze am Wegesrand, kannst du mithilfe der Makrofotografie einiges herausholen.

VERWECHSLUNGSMÖGLICHKEIT

An feuchten Standorten ist der Ackerschachtelhalm oft mit dem Sumpfschachtelhalm *(Equisetum palustre)* vergesellschaftet. Eine Unterscheidung ist jedoch schwierig, da man dazu sich den Stängelquerschnitt genauer anschauen muss.

Flockenblume

Equipment

- Makroobjektiv

Große Ansicht » S. 156

Sony α7r II, Sony 90 mm, f/7.1, ISO 400, 1/400 s

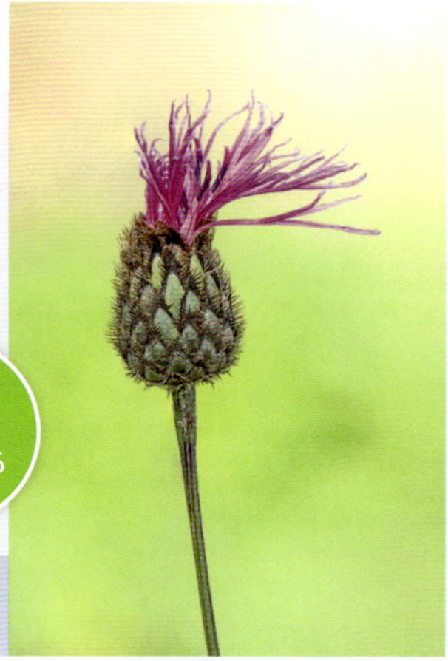

Umsetzung

Die Flockenblumen *(Centaurea)* findest du auf artenreichen Wiesen. Sie sind für uns Makronisten immer interessant, da sie viele Insekten anlocken. Zudem machen sie sich auch als Makromotiv nicht schlecht.

Falls die Sonne zu stark ist, hilft das Abschatten mit einem Diffusor. Nimm zum Beispiel einen weißen Regenschirm oder ein Blatt Papier. Ich nehme meistens ganz einfach meine Hand dazu und fotografiere dann einhändig, oder ich stelle meinen Rucksack so neben die Pflanze, dass dieser einen Schatten auf das Motiv wirft.

Wildrose mit Besuchern

Große Ansicht » S. 132

Equipment

- Makroobjektiv
- Nahlinse (+ 5 dpt)

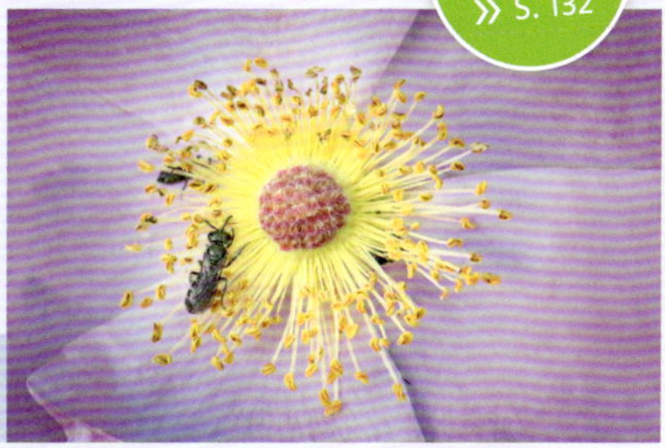

Sony α7r II, Sony 90 mm, f/9, ISO 3200, 1/500 s

Umsetzung

Das Innere von Blüten ist meist ein tolles Makromotiv und birgt des Öfteren auch so manche Überraschung. In dieser Wildrosenblüte verstecken sich neben der Wildbiene noch mehr als fünf weitere Besucher. Findest du sie alle?

ROSEN

Leider ist das, was die meisten unter einer „Rose" verstehen, eine Mogelpackung für Insekten. Denn die Rosen wurden durch Zucht so verändert, dass sie im Vergleich zu den ungefüllten Blüten der Wildrosen gefüllte Blüten haben, da diese „schöner" aussehen. Das Problem: Die Staubblätter, die normalerweise Pollen produzieren, sind zu reinen Schauorganen umgewandelt, die nektarspendenden Organe jedoch rückgebildet oder von den üppigen Blütenblättern verdeckt. In solchen gefüllten Blüten gibt es schlicht und einfach für Insekten nichts mehr zu holen.

Goldwespe

Equipment

- Makroobjektiv
- Nahlinse
- Blitzlicht

Große Ansicht » S. 134

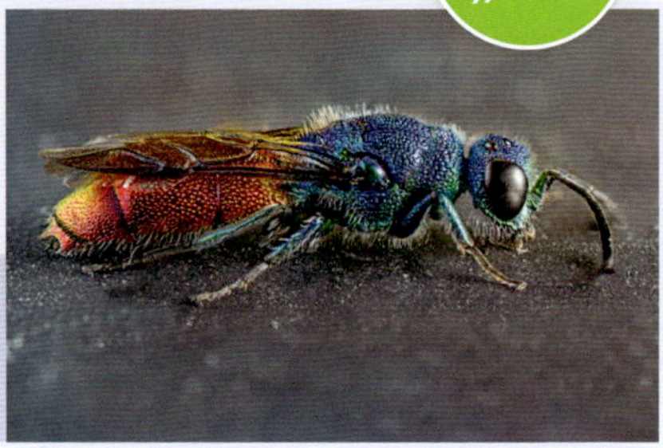

Sony α77 II, Sony 90 mm, Nahlinse Raynox DCR-250, f/7.1, ISO 100, 1/160 s, Focus Stack aus 10–15 Einzelfotos

Umsetzung

Die Gemeine Goldwespe oder Feuer-Goldwespe *(Chrysis ignita)* ist eines meiner Lieblingstiere. Winzig (etwa 4–13 mm), aber unglaublich schön, ein wahres Wunder der Natur.

Die Goldwespen sind extrem flink. Um sie zu fotografieren, braucht es viel Geduld und etwas Glück. Die Goldwespen haben eine parasitische Lebensweise, das heißt, sie legen ihre Larven in die Brutzellen anderer Insekten, wie zum Beispiel die der Mauerbiene. Dort frisst sie zuerst das Ei oder die schon geschlüpfte Larve ihres Wirtes und danach deren Nahrungsvorräte. Schließlich verpuppt sie sich im fremden Nest.

Gute Chancen, diese fliegenden Diamanten zu finden, hast du an sonnigen Tagen an Insektenhotels. Die Goldwespen sind zwar unglaublich schnell, aber auch sie halten immer mal wieder kurz inne. Diesen Moment musst du mit einsatzbereiter Kamera abpassen.

Florfliege

Große Ansicht » S. 136

Equipment

- Makroobjektiv
- Nahlinse

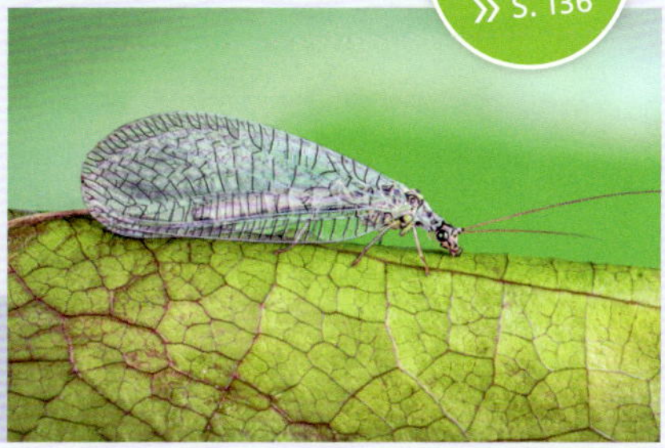

Sony α77 II, Tamron 90 mm, Nahlinse Raynox DCR-250, f/11, ISO 50, 1/200 s

Umsetzung

Immer wieder ein schönes Makromotiv: die Florfliegen *(Chrysopidae)*, auch als Goldaugen bekannt. Flor ist ein altes Wort für ein halbdurchsichtiges Gewebe, und wenn man sich die Flügel der Insekten anschaut, weiß man, warum sie so benannt sind.

Da sie dämmerungsaktiv sind, solltest du zu späterer Stunde Ausschau nach ihnen halten. Achte darauf, sie möglichst vor einem ruhigen Hintergrund und parallel zur Kamera abzulichten.

AUGEN

Gerade das Auge der Florfliege ist sehr interessant und ein tolles Makromotiv. Versuche mal, das „Goldauge" mit einem hohen Abbildungsmaßstab abzulichten.

Herbst-Anemone

Große Ansicht » S. 138

Equipment

- 18–55 mm Kit-Objektiv
- Nahlinse

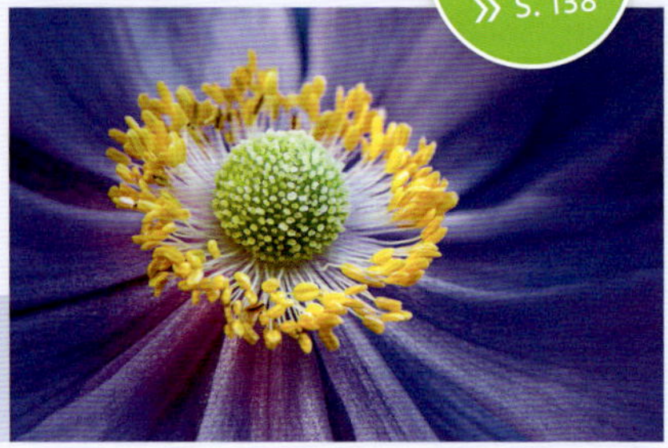

Sony α57, Sony 18-55 mm Kit-Objektiv, Nahlinse Raynox DCR-250, f/16, ISO 160, 1/13 s

Umsetzung

Die Herbst-Anemone (*Anemone hupehensis*) zählt zu den Hahnenfußgewächsen und wird oft als Zier- und Schnittblume verwendet. Die Blütezeit ist von Juli bis Oktober.

Bei diesem Foto hat man das Gefühl, selbst mitten in der Blüte zu sein. Das kommt durch die von mir gewählte Perspektive, bei der ich das Innere fast auf Augenhöhe gesetzt habe. Es ergibt sich eine völlig andere Bildwirkung als beispielsweise beim Foto der Wildrose mit Besuchern einige Seiten vorher.

DIE PERSPEKTIVE

Versuche deine Motive möglichst in unterschiedlichen und ruhig auch mal ungewöhnlichen Perspektiven zu fotografieren.

Rindenspringspinne

Equipment

- altes manuelles 50-mm-Objektiv
- Retroadapter
- Blitzlicht

Große Ansicht » S. 140

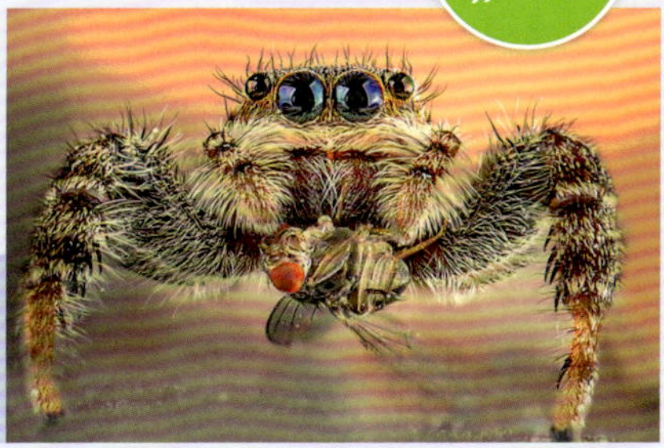

Sony α7r II, 50 mm in Retrostellung, f/5.6, ISO 200, 1/160 s, Focus Stack aus 22 Einzelaufnahmen

Umsetzung

Hier siehst du eine extreme Makroaufnahme einer Rindenspringspinne *(Marpissa muscosa)*. Mit etwa 80 heimischen Arten zählen die Springspinnen zu den artenreichsten Spinnenfamilien. Sie bauen keine Netze, sondern fangen ihre Beute (hier eine Fruchtfliege) mit einem gezielten Sprung. Dabei helfen ihnen ihre riesigen, hochentwickelten Zentralaugen, mit denen sie ihre Beute anvisieren und verfolgen können. Die hier gezeigte Rindenspringspinne gehört mit einer Länge von sechs bis acht Millimetern zu den „größten" heimischen Springspinnen.

Springspinnen sind tolle Makromotive. Wenn du anfängst, darauf zu achten, siehst du sie plötzlich fast überall. In Wiesen, Wäldern, an Hauswänden oder Trockenmauern. Aufgrund ihrer geringen Größe sind sie nicht leicht zu fotografieren. Ich habe hier ein 50-mm-Objektiv in Retrostellung verwendet (wie bei der Grünen Krabbenspinne), allerdings lassen sich auch mit einem Makroobjektiv in Kombination mit einer Nahlinse sehr gute Ergebnisse erzielen.

I'm watching you

Equipment

- altes manuelles 28-mm-Objektiv
- Retroadapter
- Blitzlicht

Große Ansicht » S. 142

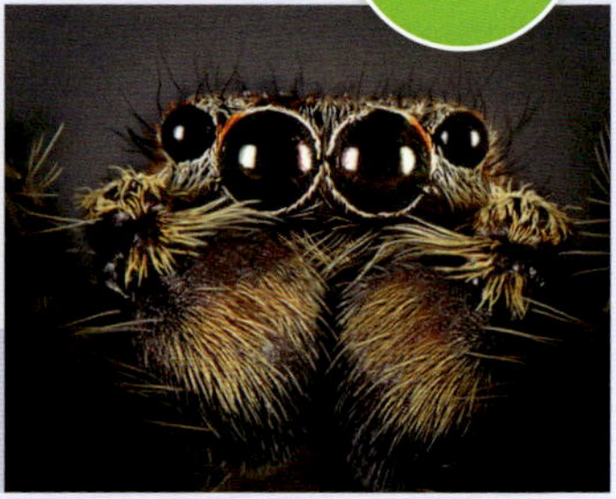

Sony α77 II, 28 mm in Retrostellung, f/5.6, ISO 100, 1/160 s, Focus Stack aus 16 Einzelaufnahmen

Umsetzung

Näher geht immer! Hier noch mal eine Rindenspringspinne, diesmal jedoch ein Männchen, gut zu erkennen an den verdickten, haarigen Vorderextremitäten, den sogenannten Pedipalpen.

Faszinierend sind die riesigen Zentralaugen, die einen förmlich zu verfolgen scheinen.

Für solche extremen Makroaufnahmen brauchst du viel Licht. Leider hilft es nicht, den ISO-Wert auf 6400 oder mehr hoch zu setzen, da durch das entstehende Bildrauschen die feinen Details des Motivs, die man ja gerade hervorheben möchte, verloren gehen. Bei lebenden Motiven ist daher in solchen Fällen das Blitzlicht unabdingbar.

Übrigens: Noch hat sich keine je von mir fotografierte Springspinne am Blitzlicht gestört – und das, obwohl sie mit einem einfachen Sprung Reißaus nehmen könnte. Trotzdem solltest du das Tier natürlich nicht zu lange damit belästigen.

Dahlie

Equipment

- Makroobjektiv

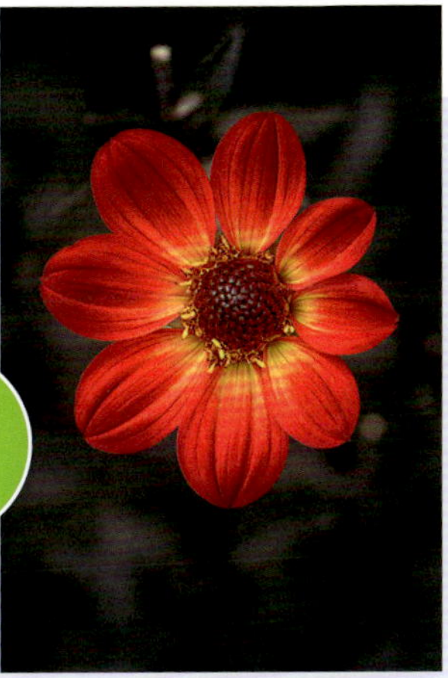

Große Ansicht » S. 157

Sony α7r II, Sony 90 mm, f/3.5, ISO 500, 1/800 s

Umsetzung

Diese Dahliensorte, deren Namen ich leider nicht kenne, besticht durch ihre tolle rote Blüte. Die restliche Pflanze ist relativ grau, wodurch der Eindruck entsteht, ich hätte den Hintergrund schwarzweiß gefärbt. Das ist aber nicht der Fall, sondern im Hintergrund befanden sich die Stängel von anderen Dahlien.

Die offene Blende von f/3.5 lässt den Hintergrund zudem schön harmonisch wirken.

Falls du eine Blüte fotografierst, die ausladender ist, empfiehlt es sich, anstatt weiter abzublenden, einen kleinen Focus Stack aus drei bis fünf Einzelfotos zu machen. Dadurch bekommst du einen größeren Bereich der Blüte scharf, beeinflusst aber die Unschärfe des Hintergrunds nicht negativ (bei Blende f/11 könnten zum Beispiel Stängel vom Hintergrund sichtbar werden).

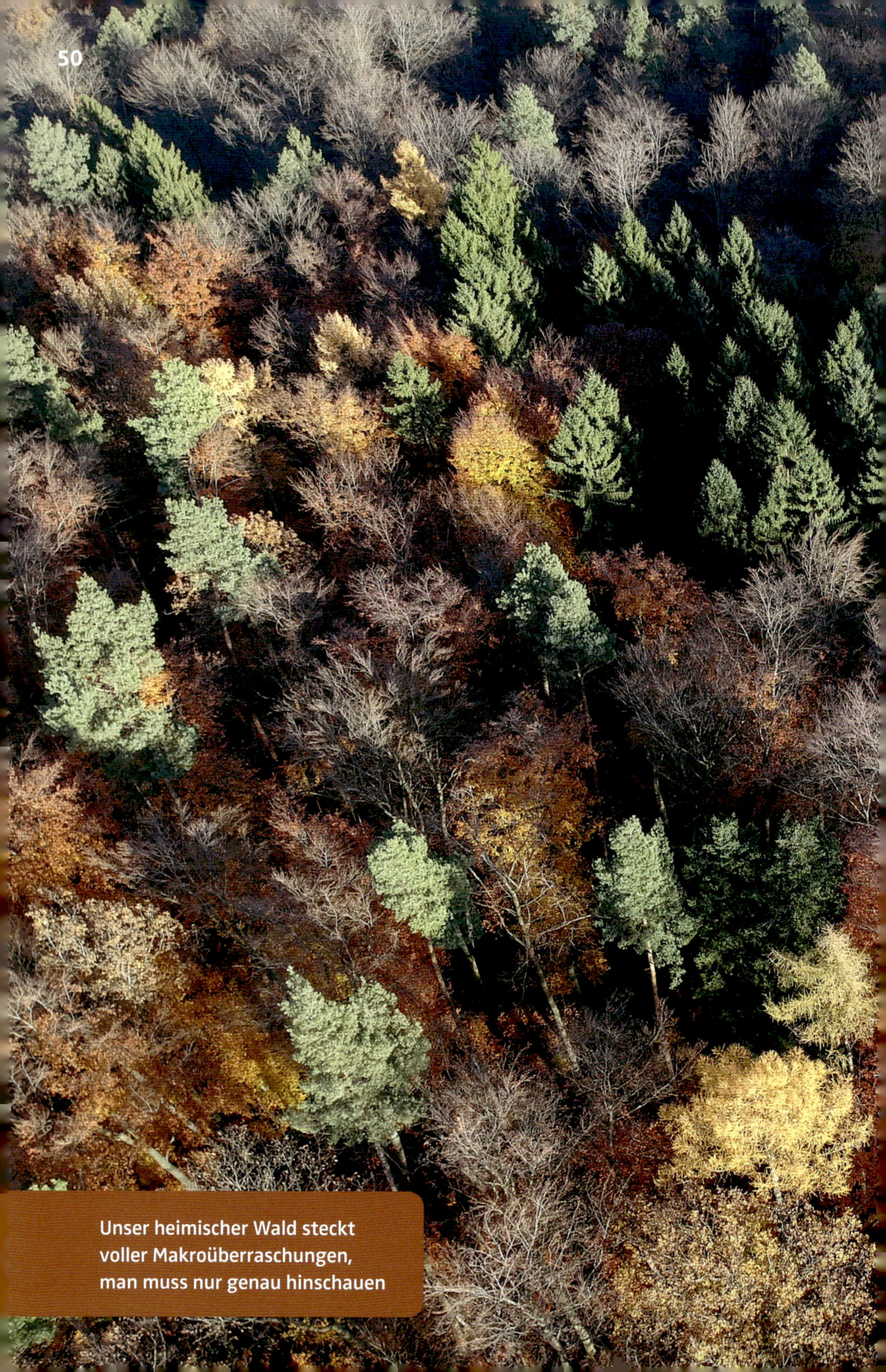

Unser heimischer Wald steckt voller Makroüberraschungen, man muss nur genau hinschauen

MAKROWELT WALD

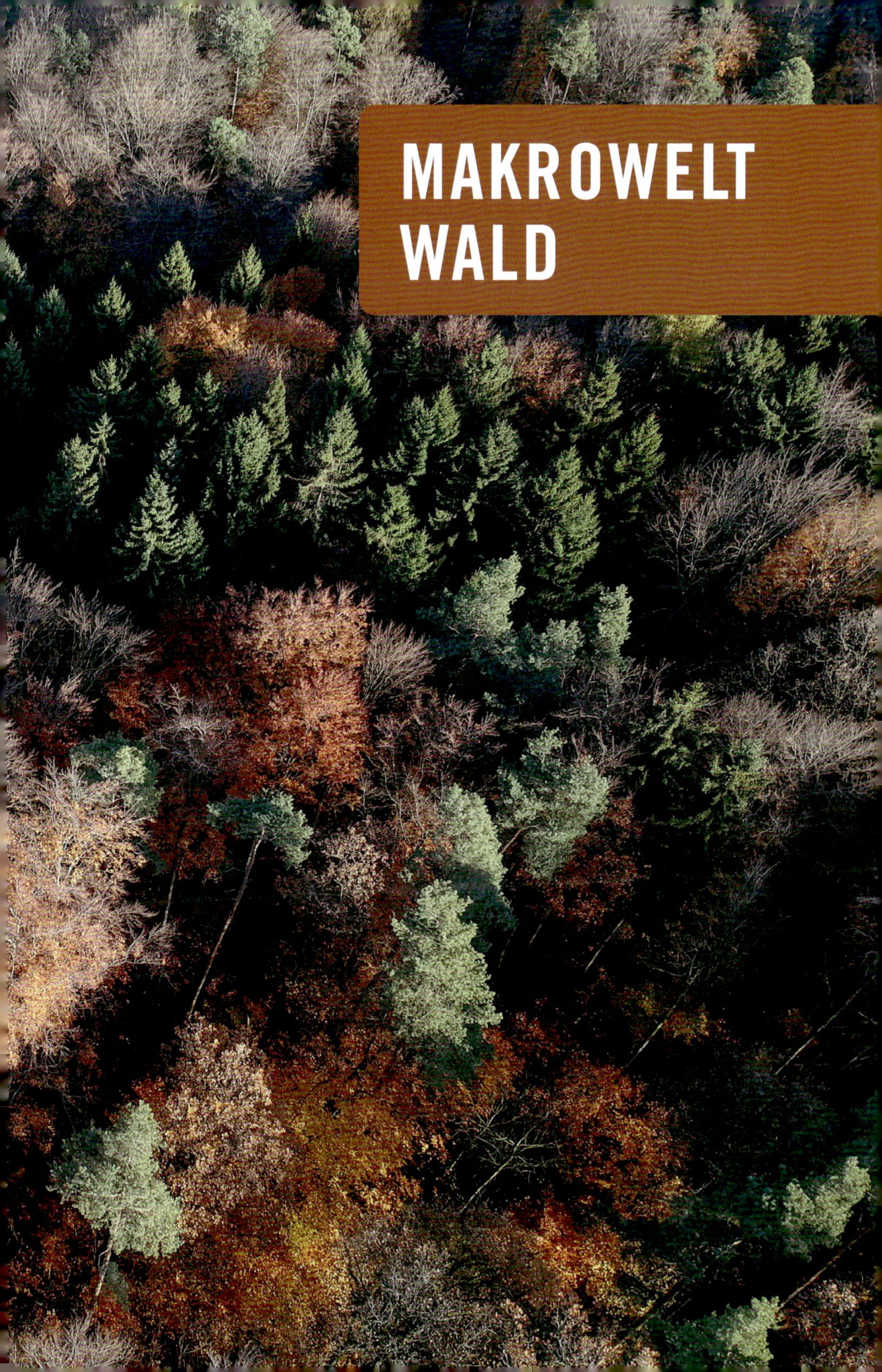

Rüsselkäfer

Equipment

- Makroobjektiv
- Nahlinse
- Blitzlicht

Große Ansicht » S. 158

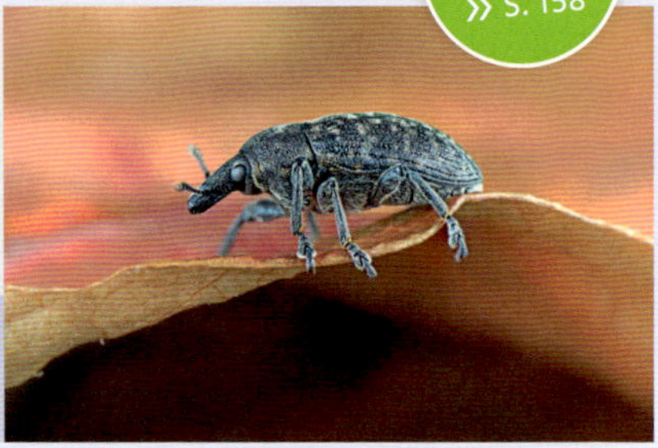

Sony α77 II, Tamron 90 mm, Raynox DCR-250, f/11, ISO 80, 1/200 s

Umsetzung

Diesen Rüsselkäfer *(Curcolionidae)* habe ich auf Herbstlaub gefunden. Dadurch ergeben sich die warmen Braun- und Rottöne. Meist verstecken sich Käfer und andere Insekten unter den Blättern, es lohnt sich also, diese vorsichtig umzudrehen und genauer hinzuschauen.

Da es im Wald meist etwas dunkler ist, hat man hier noch viel eher das Problem des „Lichtmangels“ als auf offenen Flächen. Sind die Motive, wie hier der Rüsselkäfer, dann auch noch recht klein, empfiehlt sich der Einsatz von Blitzlicht.

Sechzehnfleckiger Pilz-Marienkäfer

Große Ansicht » S. 160

Equipment

- Makroobjektiv
- Nahlinse
- Blitzlicht

Sony α77 II, Tamron 90 mm, Nahlinse Raynox MSN-202, f/11, ISO 200, 1/160 s

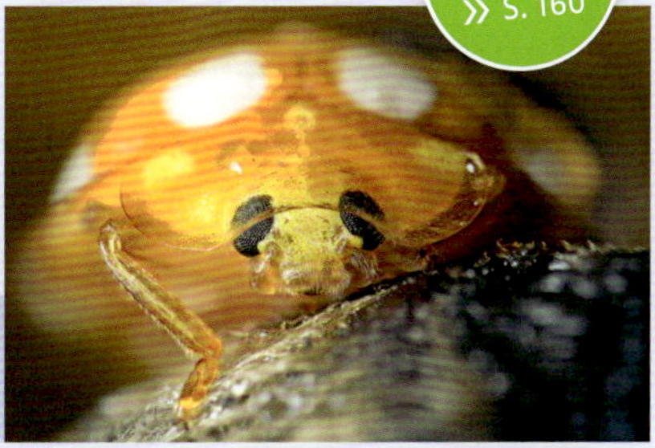

Umsetzung

Dieser faszinierende Marienkäfer *(Halyzia Sedecimguttata)* lebt in Laubwäldern und fliegt von April bis Oktober. Meist sitzen sie auf Blättern, von denen sie den Mehltau abfressen. Wenn es draußen kühler ist, sind sie sehr genügsame Makromotive.

Versuche mit der Kamera auf Augenhöhe zum Marienkäfer zu gehen, das sorgt für eine ansprechende Bildwirkung mit Wow-Effekt.

MARIENKÄFER

Bei uns gibt es über 80 verschiedene Marienkäferarten, die darauf warten, von dir entdeckt und fotografiert zu werden. Eine tolle Übersicht unserer heimischen Marienkäfer findest du auf kerbtier.de

Pilz

Equipment

- 50-mm-Festbrennweite
- Nahlinse

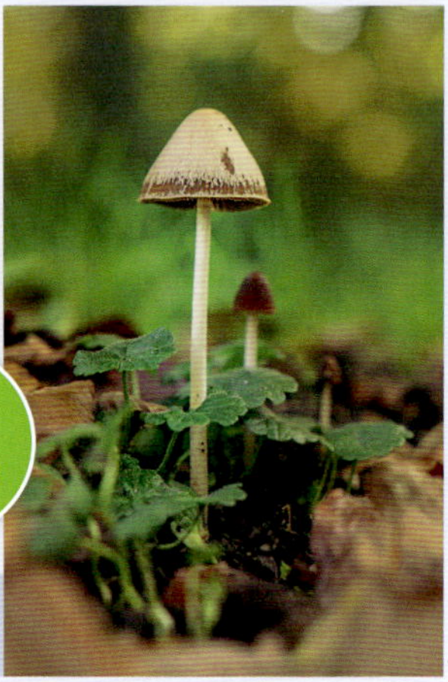

Große Ansicht » S. 178

Sony α77 II, Sony 50 mm, f/2.8, ISO 320, 1/80 s

Umsetzung

Pilze zählen zu den beliebtesten Wald-Makromotiven. Auch hier lohnt es sich, auf Höhe des Motivs zu gehen. Die Kamera befindet sich dann knapp über dem Boden, ein drehbares Display ist hilfreich und verhindert, dass du dich hinlegen musst.

Um den Pilz schön freizustellen, solltest du möglichst offenblendig fotografieren. Übrigens: Hier habe ich eine 50-mm-Festbrennweite in Kombination mit einer Nahlinse verwendet. Durch die geringere Brennweite bekommst du noch etwas mehr von der Umgebung des Motivs auf das Foto. Zudem gelten diese Objektive als sehr „scharf". Für tolle Makrofotos muss es nicht immer ein Makroobjektiv sein.

BOKEH

Die runden Elemente im Hintergrund sind typisch für ein schönes sogenanntes „Bokeh". Diesen Effekt erzielst du, wenn du möglichst offenblendig fotografierst.

Pilz-Explosion

Große Ansicht » S. 179

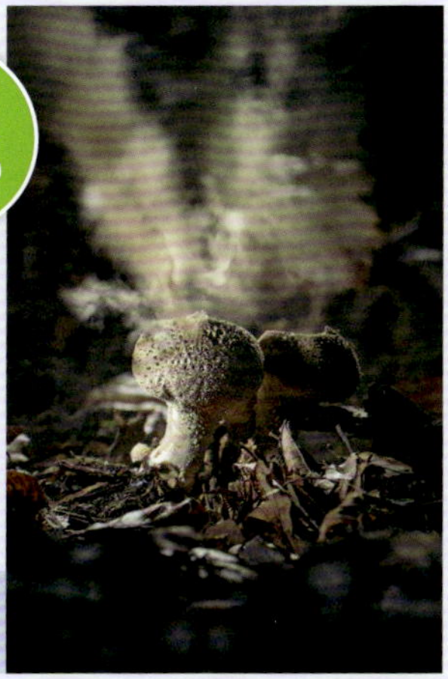

Equipment

- Makroobjektiv
- Blitzlicht
- Gegenstand (kleiner Stein, Wassertropfen etc.), um die „Explosion" auszulösen
- Bohnensack oder Stativ

Sony α77 II, Tamron 90 mm, f/8, ISO 320, 1/125 s

Umsetzung

Mit Hilfe von Blitzlicht lassen sich schnelle Bewegungen „einfrieren". Dazu solltest du eine geringe Blitz-Leistung wählen. Bei diesem Foto habe ich mit der kleinsten Leistung (1/128) gearbeitet. Um einen schwarzen Hintergrund zu vermeiden, habe ich die Belichtungszeit (1/125 s) und den ISO-Wert (320) so gesetzt, dass der Hintergrund noch gut ausgeleuchtet war.

Das Vorgehen war dann relativ simpel. Um die „Explosion" auszulösen, habe ich eine herumliegende Eichel genommen, sie auf die Pilze fallen lassen und gleichzeitig per Funkauslöser ausgelöst. Einfach ein paar Mal wiederholen, bis du den „richtigen" Moment erwischst, Sporen sind genug da! Es eignen sich mit Sporen gefüllte Pilze wie der hier fotografierte Flaschen-Stäubling (Lycoperdon perlatum).

Übrigens: Das ist eine der seltenen Ausnahmen, wo ich ein Stativ empfehle, oder besser noch einen Bohnensack. Allerdings habe ich auch für dieses Foto nichts davon verwendet, sondern die Kamera mit einem Stück Rinde abgestützt.

Leuchten im Wald

Equipment

- Makroobjektiv
- Taschenlampe
- Bohnensack

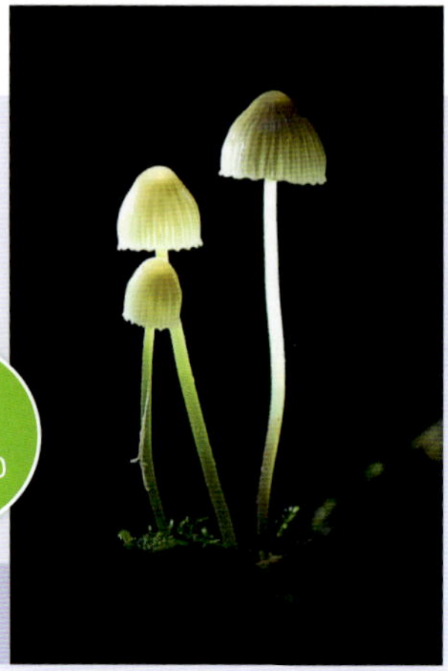

Große Ansicht » S. 180

Sony α57, Tamron 90 mm, f/6.3, ISO 400, 1/6 s

Umsetzung

Leuchtende Pilze – was man nicht so alles trifft im dunklen Wald.

Den Leuchteffekt kannst du mit Hilfe einer kleinen Taschenlampe erzeugen, indem du den Pilz kurz von vorne anleuchtest, während du das Foto machst.

Die Belichtung solltest du so wählen, dass der unbeleuchtete Hintergrund möglichst dunkel bleibt. Als ich das Foto gemacht habe, war es schon ziemlich düster im Wald, weshalb ich sogar mit 1/6 s relativ lang belichten musste. Hier musst du einfach etwas herumprobieren.

LICHT-EXPERIMENTE

Ich habe meistens eine kleine LED-Taschenlampe mit im Fotorucksack, um damit besondere Lichteffekte zu simulieren, zum Beispiel Gegenlicht. Gerade bei Motiven, die eher an dunkleren Orten vorkommen, wie Pilze, führt das zu ganz besonderen, einzigartigen Fotos.

Haselnussbohrer

Große Ansicht » S. 162

Equipment

- Makroobjektiv
- Nahlinse

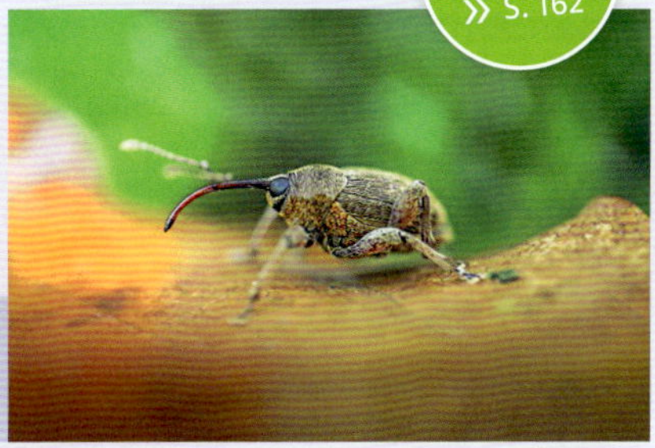

Sony α77 II, Tamron 90 mm, Nahlinse Raynox DCR-250, f/7, ISO 3200, 1/80 s

Umsetzung

Der Haselnussbohrer *(Curculio nucum)* gehört zu den Rüsselkäfern und ist bei uns recht häufig anzutreffen. Die Käfer sind mit einer Größe von sechs bis acht Millimetern recht klein und somit nicht so leicht zu finden. Sie ernähren sich, indem sie an Früchten wie Mirabellen, Kirschen usw. saugen. Haselnussbohrer heißen sie deshalb, da sie zur Eiablage Haselnüsse anbohren und ihr Ei im Inneren platzieren.

Den langen Rüssel dieser Käfer bekommst du nur dann gut auf das Foto, wenn du ihn möglichst parallel zur Kamera ablichtest.

Ich habe hier mit einem sehr hohen ISO-Wert von 3200 gearbeitet und trotzdem noch viele Details des Käfers eingefangen. Inwieweit das gelingt, hängt stark vom Rauschverhalten der verwendeten Kamera ab.

DER ISO-WERT

Experimentiere mit deiner Kamera und dem ISO-Wert, damit du ein Gespür dafür bekommst, wie hoch du diesen setzen kannst, ohne dass zu viele Details verloren gehen.

Violetter Kugelspringer

Equipment

- altes manuelles 50-mm-Objektiv
- Retroadapter
- Blitzlicht

Große Ansicht » S. 164

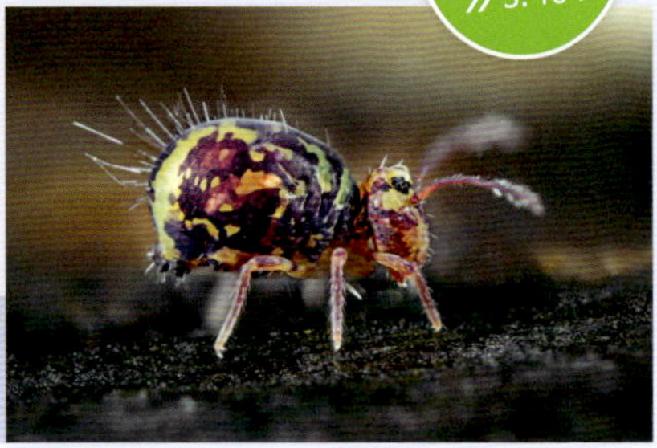

Sony α77 II, manuelles 50-mm-Objektiv in Retrostellung, f/7, ISO 100, 1/160 s

Umsetzung

Mit einer Größe von meist um die 1 mm sind die Kugelspringer *(Symphypleona)* wahre Winzlinge. Sie ernähren sich von zersetzten pflanzlichen und tierischen Zerfallsstoffen, wodurch sie wesentlich zur Bodenfruchtbarkeit und Humusbildung beitragen. Da sie so klein sind, kennt sie kaum jemand, und das, obwohl sie so gut wie überall zu finden sind.

Das Fotografieren dieser Winzlinge ist etwas kniffliger, mit dem richtigen Equipment (siehe oben) aber selbst für Einsteiger machbar.

Halte bei deinem nächsten Waldspaziergang Ausschau nach kleinen Punkten auf Totholz oder unter heruntergefallenen Laubblättern. Hast du welche gefunden, musst du nur noch darauf achten, nicht zu hektische Bewegungen zu machen, sonst sind sie weggesprungen, bevor du sie ablichten kannst.

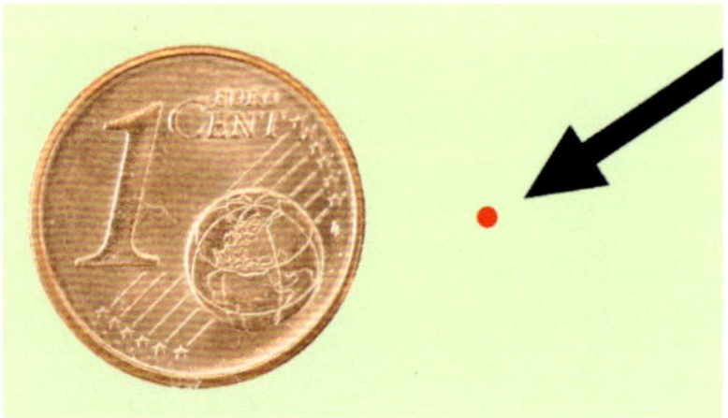

Ein-Cent-Münze im Vergleich zu einem Kugelspringer

Dunkelbrauner Kugelspringer

Equipment

- altes manuelles 50-mm-Objektiv
- Retroadapter
- Blitzlicht

Große Ansicht » S. 166

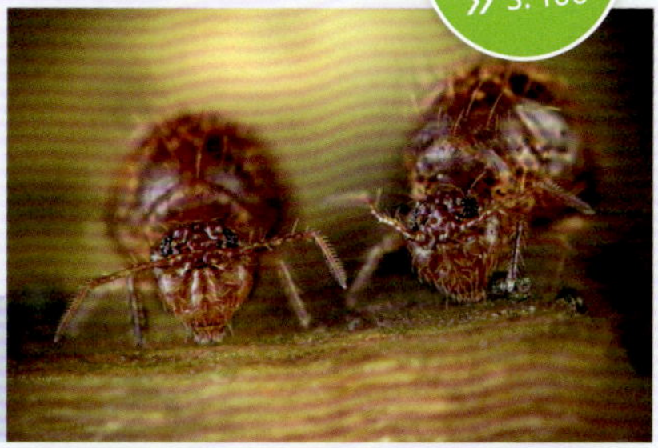

Sony α77 II, manuelles 50-mm-Objektiv in Retrostellung, f/7, ISO 200, 1/160 s

Umsetzung

Mit einer Größe von ein bis vier Millimetern ist der Dunkelbraune Kugelspringer (*Allacma fusca)* eines der „größeren" Exemplare der Klasse der Springschwänze, zu denen er gehört.

Man sieht sie oft auf Baumstümpfen oder feuchtem Laub. Er kommt überall recht häufig vor und ist, da er nicht so schreckhaft ist, leichter zu fotografieren als die anderen Kugelspringer.

VORHER ÜBEN

Am besten übst du das Handling unter diesen hohen Abbildungsmaßstäben vorher zu Hause an unbeweglichen Motiven.

Haselnussbohrer auf Mirabelle

Equipment

- Makroobjektiv
- Nahlinse
- Blitzlicht

Große Ansicht » S. 168

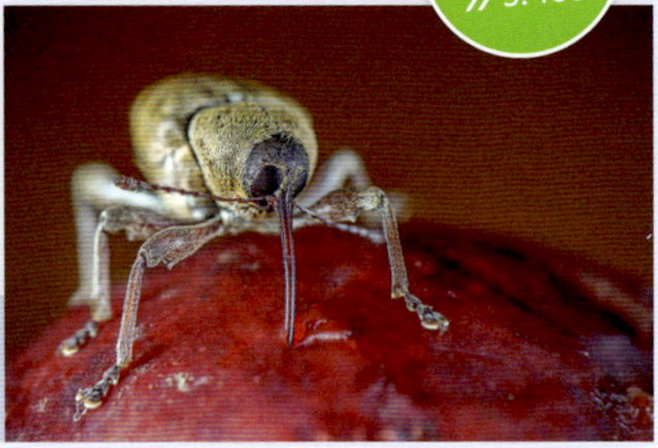

Sony α57, Tamron 90 mm, Nahlinse Raynox DCR-250, f/11, ISO 200, 1/160 s

Umsetzung

Dieser Haselnussbohrer *(Curculio nucum)* saugte genüsslich an einer Mirabelle. In so einem Moment lassen sie sich kaum stören, und du kannst den Käfer in aller Ruhe fotografieren.

Es lohnt sich immer, im Spätsommer oder Frühherbst unter Obstbäumen auf Motivjagd zu gehen: Viele Insekten laben sich an dem heruntergefallenen überreifen Obst.

Alien im Wald

Equipment

- altes manuelles 28-mm-Objektiv
- Retroadapter
- Blitzlicht

Große Ansicht » S. 170

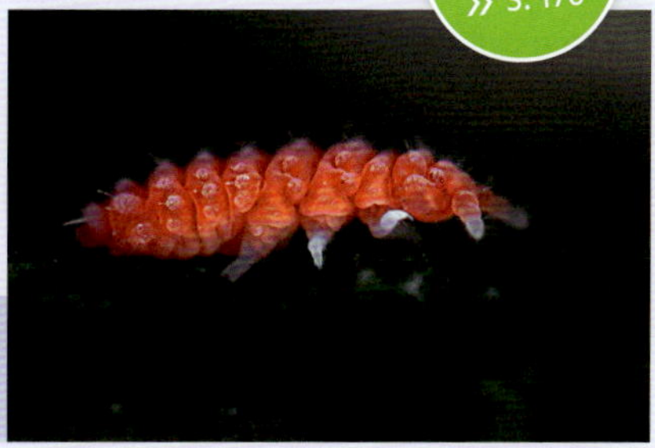

Sony α77 II, manuelles 28-mm-Objektiv in Retrostellung, f/7, ISO 100, 1/160 s

Umsetzung

Der Wald als Makrowelt birgt so manche Überraschung. Ich entdecke auf fast allen meiner Fototouren immer wieder neue Lebewesen, die ich zuvor noch nie gesehen habe. So ging es mir auch mit diesem knallroten Springschwanz *(Bilobella braunera)*, den ich unter einem Stück Rinde gefunden habe. Das Tier war nur etwa ein oder zwei Millimeter groß, und der Abbildungsmaßstab lag bei dem extremen Verhältnis 8 : 1 (!).

TIERE UND PFLANZEN BESTIMMEN

Ich kann dir nur empfehlen, immer im Nachhinein zu recherchieren, was du fotografiert hast. Es gibt zahlreiche Naturführer und Bestimmungsbücher, doch auch das Internet bietet mittlerweile zahlreiche Möglichkeiten, etwa Foren oder Facebook-Gruppen.

Ich möchte hier keine generellen Empfehlungen machen, da es stark davon abhängt, wonach du suchst (Schmetterlinge, Wildbienen etc.). Du kannst dich aber gern an mich wenden, wenn du spezielle Tipps brauchst! Meine Kontaktdaten findest Du im Schlusswort.

Blaustern

Equipment

- Makroobjektiv

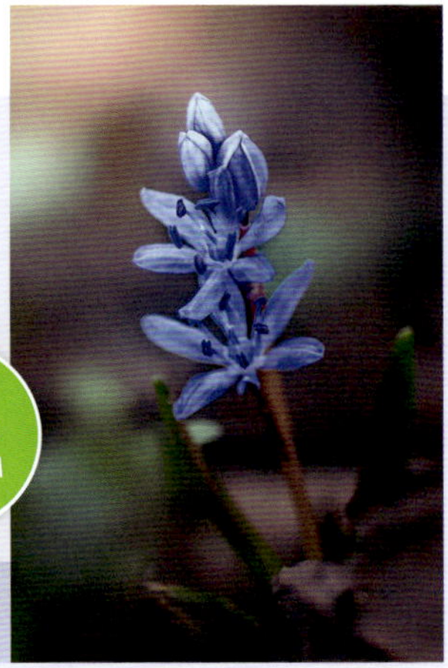

Große Ansicht » S. 181

Sony α77 II, Tamron 90 mm, f/5, ISO 100, 1/60 s

Umsetzung

Die Blausterne *(Scilla)* sind wunderschöne Frühblüher, die in lichten Laubmischwäldern und Auwäldern wachsen. Sie sind relativ selten, stehen unter Naturschutz und dürfen deshalb nicht gepflückt werden. Um die Pflanze schön freizustellen, solltest du eine möglichst offene Blende wählen.

PFLANZEN SELBER ZIEHEN

Es sollte selbstverständlich sein, nichts aus der Natur mit nach Hause zu nehmen! Viele Pflanzen stehen unter Naturschutz, und wir als Fotografen haben hier eine große Verantwortung, nichts zu zerstören.

Von vielen seltenen Pflanzen (zum Beispiel den Blausternen oder Küchenschellen) bekommst du auch Samen oder Pflanzen im Gartencenter. So kannst du sie in deinen Garten oder in den Blumenkasten setzen und musst nicht kilometerweit fahren, um sie zu fotografieren.

Weberknecht

Große Ansicht » S. 172

Equipment

- Makroobjektiv
- Nahlinse
- Blitzlicht

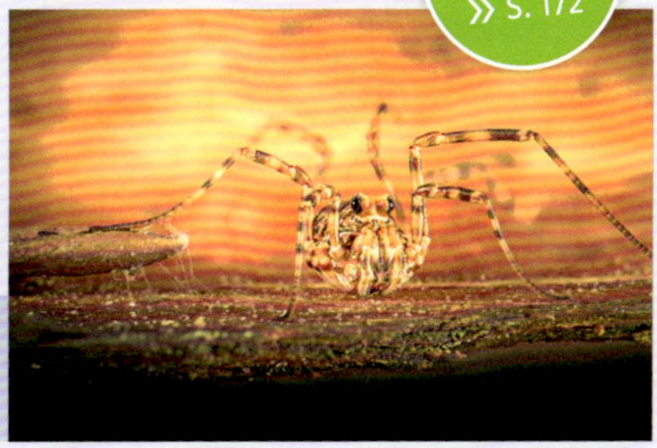

Sony α77 II, Tamron 90 mm, Nahlinse Raynox DCR-250, f/11, ISO 50, 1/200 s

Umsetzung

Diese Weberknechtart *(Rilaena triangularis)* ist im Frühling und Frühsommer in bodennahen Habitaten zu finden. Dieses Exemplar habe ich auf einem Stück Totholz gefunden. Es sind Jäger, die ich schon dabei beobachtet habe, wie sie sich einen Kugelspringer geschnappt haben. Mit ihren merkwürdigen Augen wirken sie wie eine Spezies von einem anderen Stern. Wenn du sie vorsichtig aufspürst, halten sie durchaus für ein paar Fotos still.

WEBERKNECHTE

Die Weberknechte *(Opiliones)* sind vertraute Bekannte aus dem eigenen Garten, der Garage oder dem Keller. Bei uns gibt es etwa 40 verschiedene Arten. Sie zählen zwar zu den Spinnentieren, unterscheiden sich jedoch von dem, was viele für die typischen Spinnen (Webspinnen) halten, in einigen Punkten: Der Vorder- und Hinterkörper sind miteinander verwachsen, und außerdem verfügen die Weberknechte weder über Spinn- noch über Giftdrüsen.

Grünrüssler

Große Ansicht » S. 174

Equipment

- Makroobjektiv
- Nahlinse

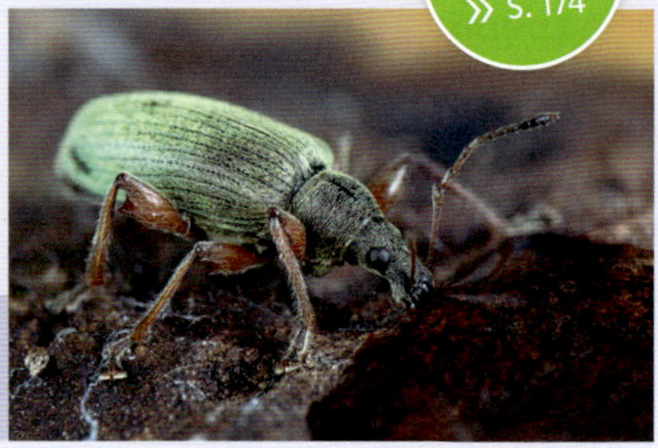

Sony α57, Tamron 90 mm, Nahlinse Raynox DCR-250, f/11, ISO 100, 1/200 s

Umsetzung

Die Grünrüssler (*Phyllobius)* sind faszinierende Rüsselkäfer, auch wenn sie bei Landwirten und Förstern nicht gerade beliebt sind, da sie gerne an Blättern nagen. Die meisten Arten sind durch ihre Schuppen lebhaft grün gefärbt – ein tolles Makromotiv!

Die adulten Tiere findest du im Frühjahr und Frühsommer, dann oft massenweise.

Finsterspinne

Equipment

- Makroobjektiv
- Nahlinse
- Blitzlicht

Große Ansicht » S. 176

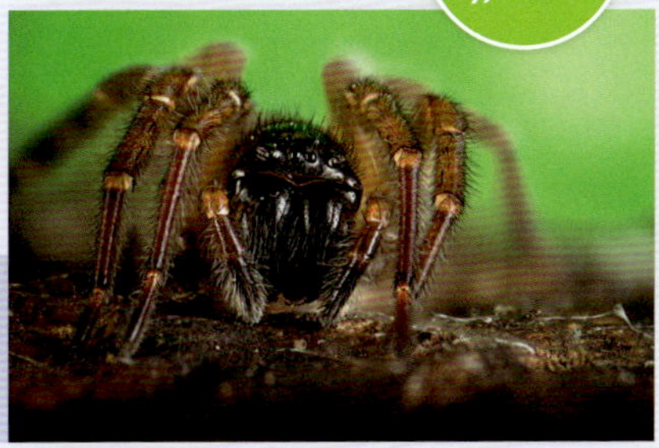

Sony α57, Tamron 90 mm, Nahlinse Raynox DCR-250, f/7.1, ISO 400, 1/160 s, Focus Stack aus 14 Einzelfotos

Umsetzung

Hier siehst du eine lustig dreinblickende Finsterspinne *(Amaurobiidae)*, die ich unter einem Stück Rinde gefunden und fotografiert habe. Viele Menschen fürchten sich vor Spinnen, doch wenn man sie von Nahem betrachtet, sehen sie meist gar nicht so fürchterlich aus, im Gegenteil!

Ich kann dir also nur empfehlen, dich auch an Motive heranzuwagen, die du vielleicht eklig findest. Auf dem Foto und in groß sehen sie oft faszinierend aus. Als eingefleischter Makronist wirst du bald deine Scheu ablegen und irgendwann so gut wie alles ablichten.

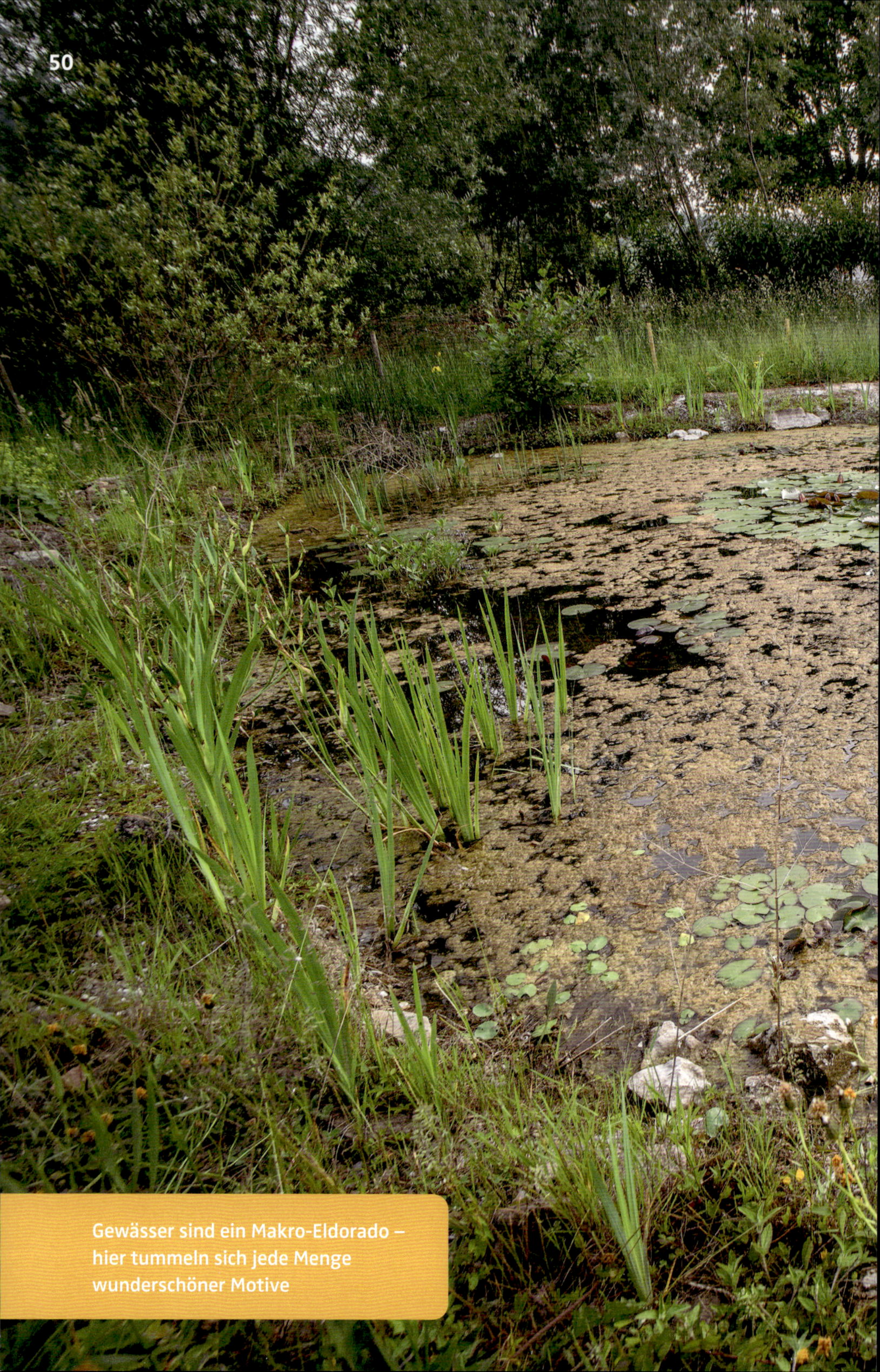

Gewässer sind ein Makro-Eldorado – hier tummeln sich jede Menge wunderschöner Motive

MAKROWELT GEWÄSSER

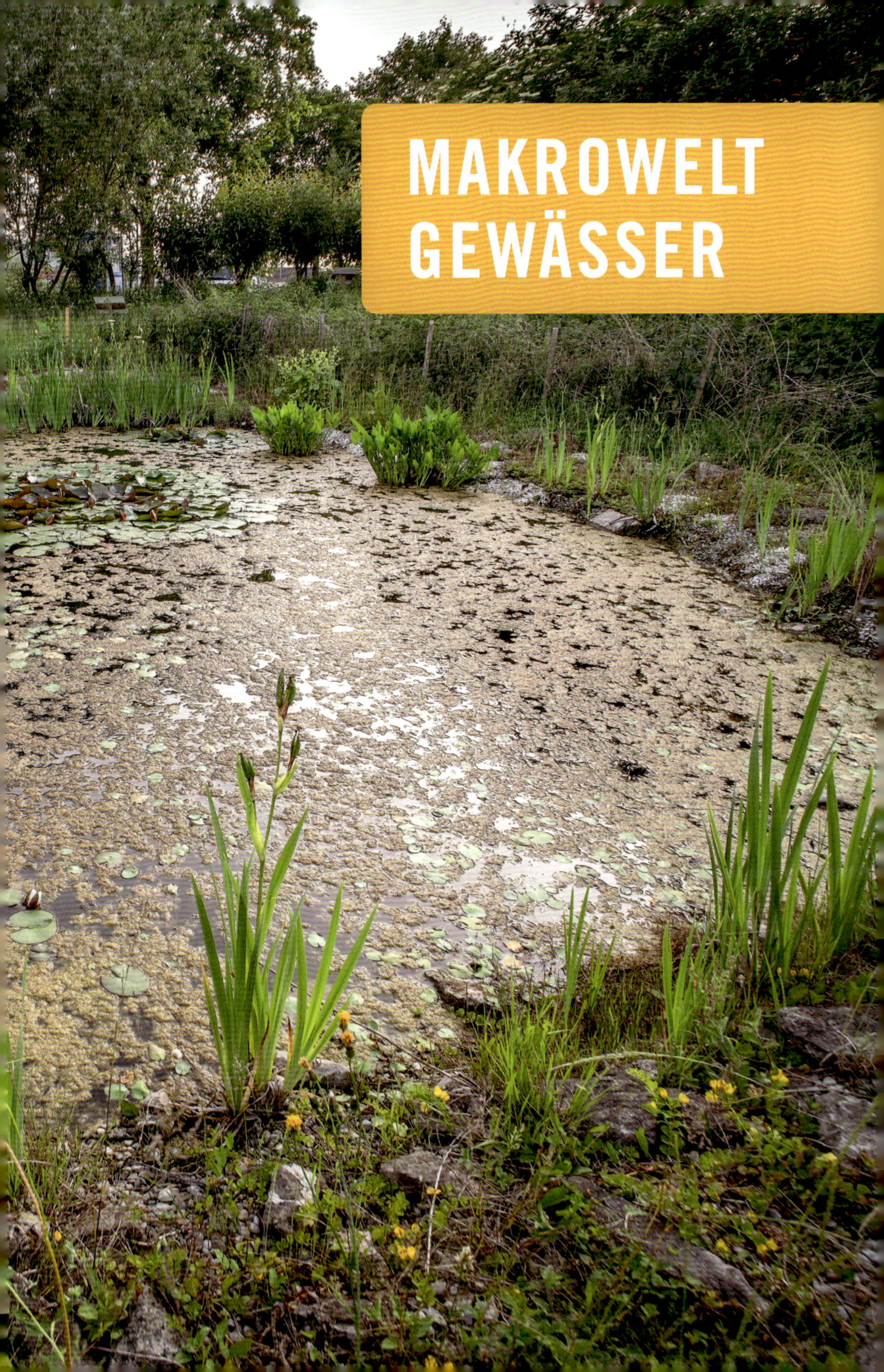

Frühe Heidelibelle

Große Ansicht » S. 182

Equipment

- Makroobjektiv

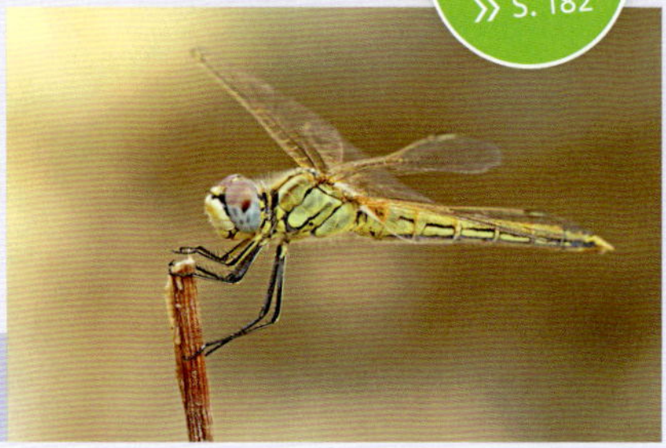

Sony α77 II, Tamron 90 mm, f/8, ISO 100, 1/160 s

Umsetzung

Libellen sind wahre Meister der Lüfte und immer ein tolles Makromotiv. Wenn du sie ablichtest, solltest du darauf achten, sie von der Seite zu fotografieren, um möglichst alles von ihrem dünnen Körper auf das Bild zu bekommen.

Sie sind meist ziemlich scheu, daher musst du dich vorsichtig heranpirschen. Es lohnt sich, die Libellen einen Moment zu beobachten, oft haben sie einen oder zwei Ansitze, zu denen sie immer wieder zurückkehren. Sobald du weißt, wo diese sind, kannst du dich dort positionieren und warten, bis die Libelle wieder angeflogen kommt.

HEIDELIBELLEN

Die Frühe Heidelibelle hat ihren Namen daher, dass sie im Vergleich zu anderen Heidelibellen schon sehr früh im Jahr fliegt. Bei uns findest du sie bereits ab Mai und kannst sie bis etwa Oktober beobachten und fotografieren.

Bergmolch

Equipment

- Makroobjektiv

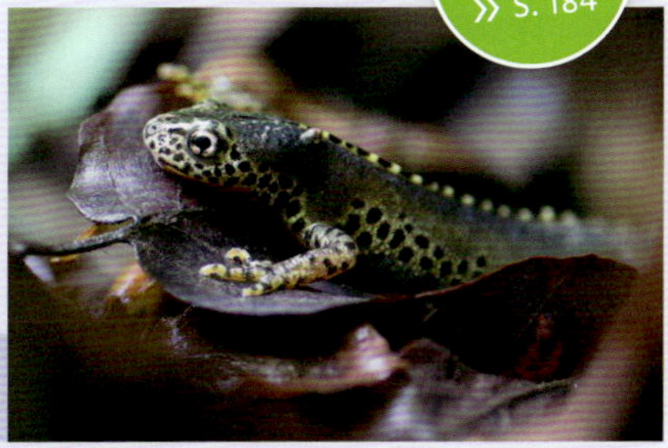

Große Ansicht » S. 184

Sony α57, Tamron 90 mm, f/2.8, ISO 400, 1/40 s

Umsetzung

Molche findest du in kleinen Tümpeln oder Pfützen an Waldrändern. Sie leben nur phasenweise im Wasser, nämlich zur Paarung und als Larve. Du kannst sie deshalb auch außerhalb von Gewässern finden und fotografieren.

Diesen Bergmolch *(Ichthyosaura alpestris)* habe ich nach einem Regenschauer Anfang Mai im Wald gefunden.

Übrigens: Je nachdem, ob sie gerade im Wasser oder an Land leben, unterscheiden sie sich in ihrer Färbung. Man spricht hier von der sogenannten Wasser- und Landtracht.

Leben im Wassertropfen

Equipment

- Makroobjektiv
- Nahlinse

Große Ansicht » S. 186

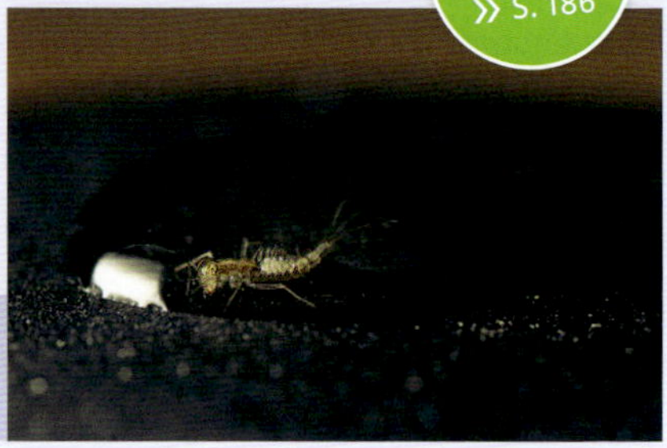

Sony α77 II, Tamron 90 mm, Nahlinse Raynox DCR-250, f/8, ISO 100, 1/160 s

Umsetzung

Unglaublich, was man als Makronist so alles entdecken kann. Hier siehst du eine winzige (kleiner als 1 cm) Eintagsfliegenlarve in einem Wassertropfen. Die adulten Eintagsfliegen leben später nur wenige Tage, ganz anders die Larven, die ein bis drei Jahre (!) im Wasser leben. Sie ernähren sich dabei von lebenden oder abgestorbenen Pflanzen. Übrigens kann man sie anhand der charakteristischen Tracheenkiemen am Hinterleib leicht von den Libellenlarven unterscheiden.

Wegen der unterschiedlichen Lichtbrechung in Luft und in Wasser ist es nicht ganz einfach, sie scharf zu fotografieren. Am besten nutzt du die Fokusvergrößerung und Focus Peaking. Damit kannst du den Fokus genau auf die Larve setzen.

Die Larve hatte ich zum Fotografieren in einem Wassertropfen auf meinen Objektivdeckel gesetzt und danach wieder freigelassen.

Regenbremse

Große Ansicht » S. 188

Equipment

- Makroobjektiv
- Nahlinse
- Blitzlicht

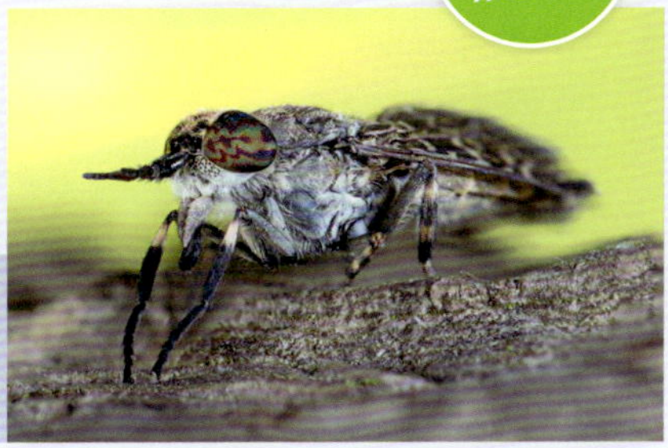

Sony α57, Tamron 90 mm, Nahlinse Raynox DCR-250, f/11, ISO 100, 1/160 s, Focus Stack aus 5–10 Einzelfotos

Umsetzung

Es gibt nichts Nervigeres an Gewässern als Stechmücken? Nicht ganz, Bremsen tun noch um einiges mehr weh. Du kennst das Gefühl, oder?

Doch auch wenn sie (fast) jeder hasst, sind sie doch wunderschön! Hier siehst du eine Regenbremse (*Haematopota pluvialis*), auch Regenbogenbremse, Blinde Fliege, Gewitterbremse oder Faulstich genannt.

Bis ich dieses Foto im Kasten hatte, wurde ich mindestens dreimal von diesen Tieren gestochen. Man braucht etwas Geduld, aber auch Bremsen setzen sich irgendwann hin (besonders wenn sie sich vollgesaugt haben), und diesen Moment musst du nutzen, um sie zu fotografieren.

Rinderbremse

Equipment

- Makroobjektiv
- Nahlinse
- Blitzlicht

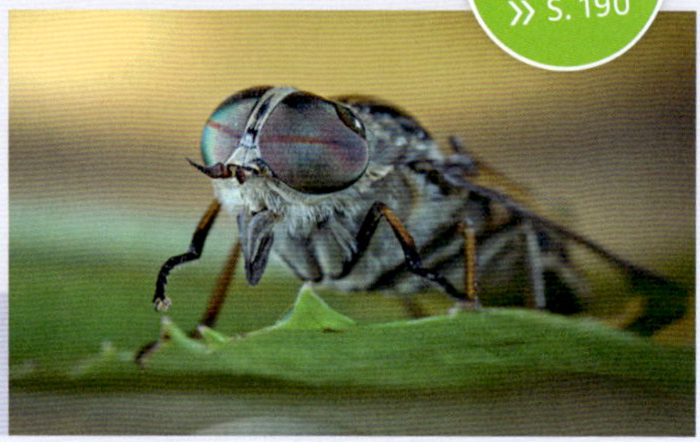

Sony α57, Tamron 90 mm, Nahlinse Raynox DCR-250, f/11, ISO 100, 1/160 s

Große Ansicht » S. 190

Umsetzung

Ich kann dir leider nicht verraten, ob der Stich der Rinder- oder der Regenbremse mehr wehtut – schmerzhaft sind sie definitiv beide! Für ein gutes Foto muss man manchmal Opfer bringen. Das Faszinierendste an diesen Bremsen sind ihre Augen. Versuche deshalb, möglichst mit der Kamera auf Augenhöhe zu den Tieren zu gehen.

Die schillernden Farben kommen am besten zur Geltung, wenn du die Bremse abschattest oder, falls du mit Blitzlicht fotografierst, eine gute Softbox verwendest. Dadurch wird das Licht breiter gestreut und wirkt weicher. Das vermeidet die Bildung von harten Kontrasten, also zu dunklen oder zu hellen Stellen auf dem Motiv.

SICH GEGEN STICHE SCHÜTZEN

Ich selber schütze mich überhaupt nicht, wenn ich unterwegs bin, viele Menschen sind aber bei Insektenstichen oder -bissen empfindlich. Hier helfen auf alle Fälle lange Hosen, die du in die Socken stecken kannst.

We are family

Equipment

- altes manuelles 28-mm-Objektiv
- Retroadapter
- Blitzlicht

Große Ansicht » S. 192

Sony α77 II, 28-mm-Objektiv in Retrostellung, f/7, ISO 64, 1/160 s

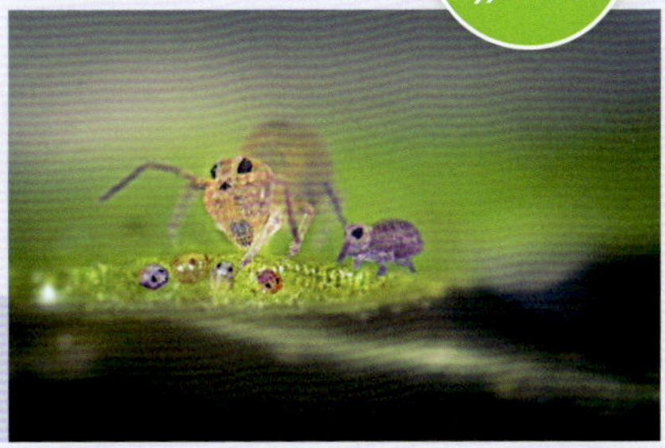

Umsetzung

Hier sieht man eine kleine Sensation – eine komplette Kugelspringerfamilie (*Sminthurides aquaticus var. viridulus*). In der Mitte das „große" Weibchen (in Wirklichkeit ist es kleiner als 0,5 mm), daneben das winzige Männchen (kleiner als 0,2 mm) und davor noch kleinere Babykugelspringer beziehungsweise Eiablagen, bei denen man schon beinahe das komplette Jungtier erkennen kann. Bis die Jungtiere schlüpfen, braucht es einige Wochen.

Diese Kugelspringer sind extrem winzig, und die Eier erkennt man eigentlich nicht mehr mit bloßem Auge. Es war reiner Zufall, dass ich sie entdeckt habe! Die Szene spielte sich auf einer Wasserlinse auf einem Tümpel ab.

Dieses Foto ist wieder ein tolles Beispiel dafür, wie sich durch die Makrofotografie ein Tor in eine neue, unbekannte Welt öffnet. Ich bin sicher, beim nächsten Besuch eines Tümpels wirst du dir die Wasserlinsen mal etwas genauer anschauen.

Wasserläufer

Equipment

- Makroobjektiv

Große Ansicht » S. 194

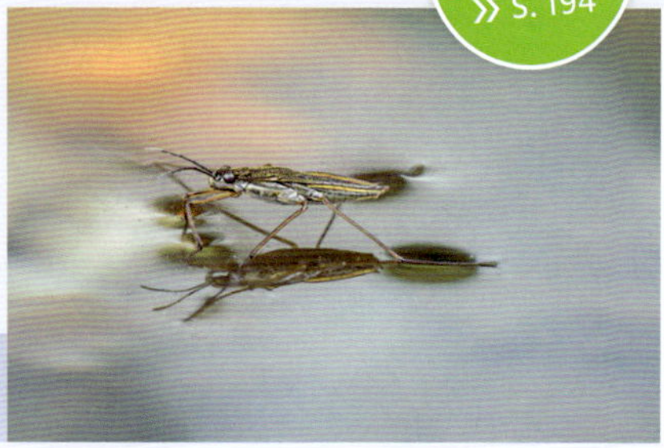

Sony α7r II, Sony 90 mm, f/7, ISO 1000, 1/80 s

Umsetzung

Wasserläufer *(Gerridae)* zählen zu den Wanzen und sind flinke Insekten. Sie haben feine Härchen an ihren Füßen, den sogenannten Tarsen, mit deren Hilfe sie mühelos über die Wasseroberfläche gleiten können, ohne einzusinken.

Halte deine Kamera gut fest, wenn du sie über das Wasser hältst – ein klappbares Display ist hier ein Muss. Auch hier gilt: Möglichst auf Augenhöhe mit dem Motiv gehen, dann spiegelt sich der Wasserläufer auch schön auf der Wasseroberfläche.

WIESO GEHEN DIE WASSERLÄUFER NICHT UNTER?

Im Teich tummelt sich das Leben, aber oben, direkt auf der Wasseroberfläche, können nur wenige leben. Eines dieser speziellen Tiere ist der Wasserläufer. Er kann dank der Oberflächenspannung des Wassers und seiner Härchen am Ende der Beine auf dem Wasser laufen, ohne unterzugehen.

Waffenfliege bei der Eiablage

Große Ansicht » S. 196

Equipment

- Makroobjektiv
- Nahlinse (+ 5 dpt)

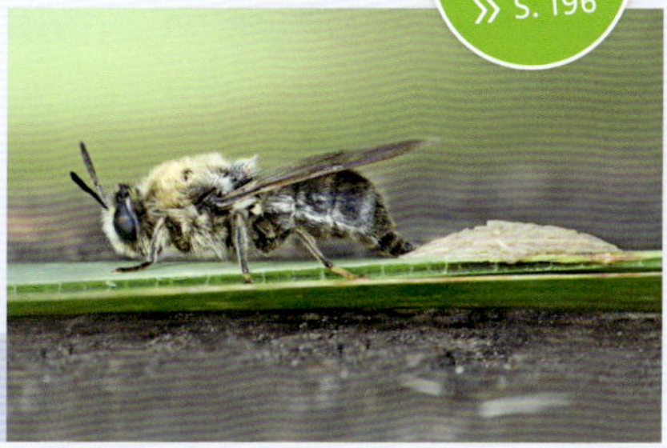

Sony α7r II, Sony 90 mm, f/11, ISO 1000, 1/160 s

Umsetzung

Die Langhorn-Waffenfliege *(Stratiomys longicornis)* findest du in der Nähe von stehenden Gewässern. Hier habe ich sie gerade während der Eiablage auf einem Schilfblatt erwischt. Die später schlüpfenden Larven entwickeln sich in schlammigen flachen Teichen, indem sie sich von Wasserpflanzen ernähren.

Bei Tieren, die gerade bei der Eiablage sind, solltest du äußerst vorsichtig vorgehen, damit du diesen wichtigen Vorgang nicht störst. Es besteht meist auch kein Grund zur Hektik – die Langhorn-Waffenfliege hier hat sich fast 30 Minuten Zeit gelassen. Das reicht für einige Fotos.

Erdkröte

Große Ansicht » S. 198

Equipment

- Makroobjektiv
- Nahlinse

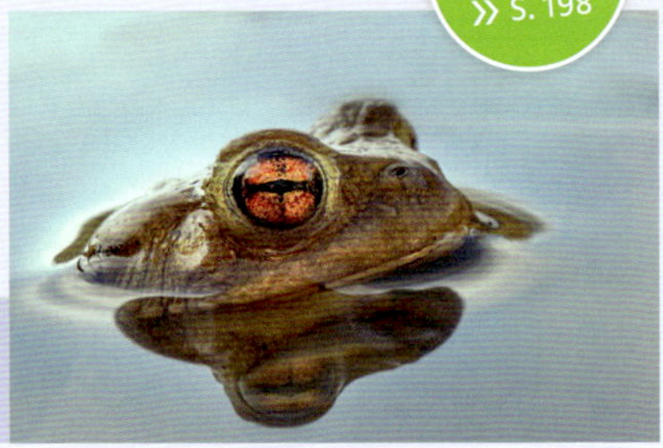

Sony α57, Tamron 90 mm, Nahlinse Raynox DCR-250, f/16, ISO 800, 1/40 s

Umsetzung

Im Frühjahr laichen die Erdkröten in stehenden Gewässern. Ein guter Zeitpunkt, um sie zu fotografieren. Doch sei vorsichtig, denn für ein solches Foto musst du die Kamera knapp über der Wasseroberfläche halten und möglichst nah an die Kröten herankommen.

Ich habe mich dazu an den Rand des Sees gelegt und die Kamera so weit weg von mir gehalten, wie es ging. Durchführung auf eigene Gefahr! Als Alternative kannst du es, falls vorhanden, mit einem Makroobjektiv mit längerer Brennweite (zum Beispiel 180 mm) versuchen, oder gleich mit einem Teleobjektiv.

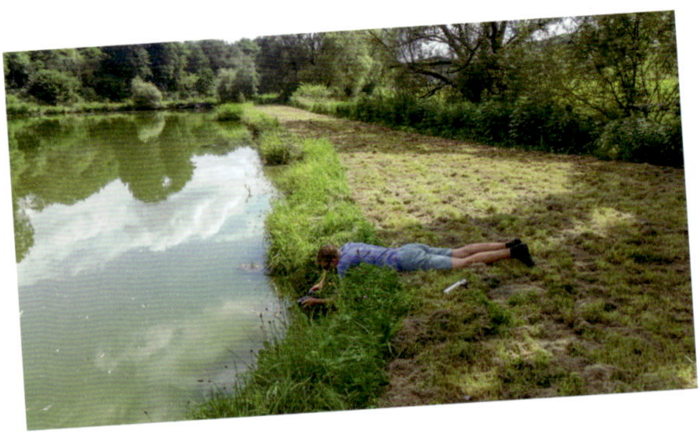

Die Fotografie am Gewässer erfordert ganzen Einsatz

Selfie

Equipment

- Makroobjektiv
- Nahlinse (+ 5 dpt)

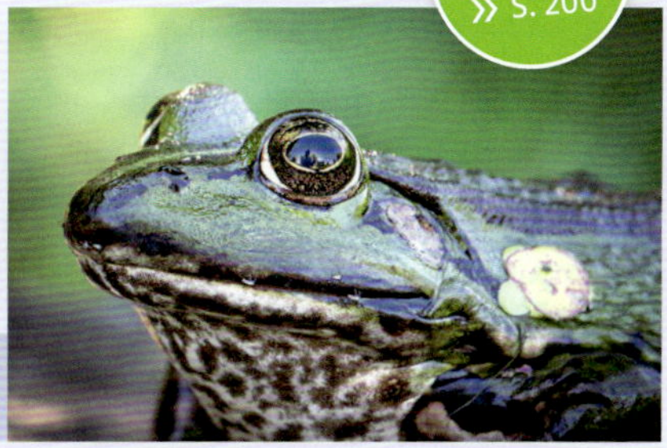

Große Ansicht » S. 200

Sony α7r II, Sony 90 mm, f/9, ISO 1000, 1/40 s

Umsetzung

Dieser Teichfrosch *(Pelophylax kl. esculentus)* ließ sich von mir und meiner Kamera kaum stören, so gelang mir ein Selfie der anderen Art, und zwar als Spiegelung im Auge des Frosches.

Bitte nachmachen! Falls es dir auch gelingt, lass es mir unbedingt zukommen! Meine Kontaktdaten findest du im Schlusswort.

TEICHFROSCH – EINE BESONDERE MISCHFORM

Der Teichfrosch ist keine eigene Art im klassischen Sinne, sondern ein Hybride aus dem Seefrosch *(Pelophylax ridibundus)* und dem Kleinen Wasserfrosch *(Pelophylax lessonae)*, der sich trotzdem fortpflanzen kann.

Verkannter Wasserschlauch

Equipment

- Makroobjektiv

Große Ansicht » S. 202

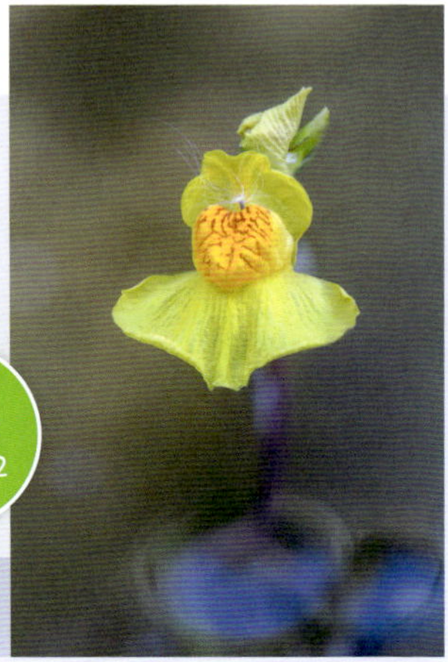

Sony α7r II, Sony 90 mm, f/6.3, ISO 1000, 1/320 s

Umsetzung

Der Verkannte Wasserschlauch *(Utricularia australis)* ist eine wurzellose Wasserpflanze, die zwischen Juni und August wunderschöne gelbliche Blütenstände ausbildet. Diese ragen knapp aus dem Wasser heraus und sind tolle Makromotive.

Such dir ein einzelnes Exemplar heraus und achte darauf, dass der Hintergrund möglichst frei von anderen Pflanzen und Objekten ist. Die Pflanze selbst sollte im Schatten stehen oder abgeschattet werden, damit das Gelb der Blüte schön zur Geltung kommt.

PROBLEMATISCHES GELB

Gelbe Bereiche neigen sehr stark zur Überblendung, das heißt, die Details wie zum Beispiel Oberflächenstrukturen gehen verloren. Du kannst das umgehen, indem du das Foto leicht unterbelichtest und später in der Nachbearbeitung die Lichter minimierst und gleichzeitig die Helligkeit anpasst.

Kleiner Wasserfrosch

Equipment

- Makroobjektiv

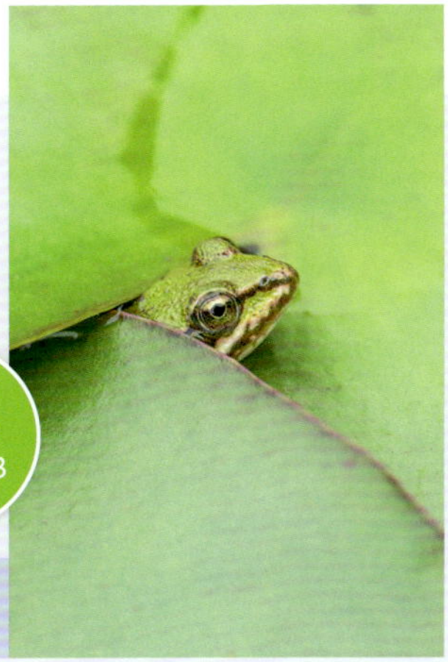

Große Ansicht » S. 203

Sony α7r II, Sony 90 mm, f/11, ISO 800, 1/80 s

Umsetzung

Ein Teich mit Seerosen ist für uns Makronisten immer eine vielversprechende Location.

Hier habe ich einen neugierigen Kleinen Wasserfrosch *(Pelophylax lessonae)* entdeckt. Schau beim nächsten Besuch mal etwas genauer hin – ich bin mir sicher, du wirst ebenfalls den ein oder anderen Frosch zwischen den Seerosenblättern entdecken.

Wenn du vorsichtig bist, kannst du die Frösche auch abschatten, ohne dass sie gleich abtauchen.

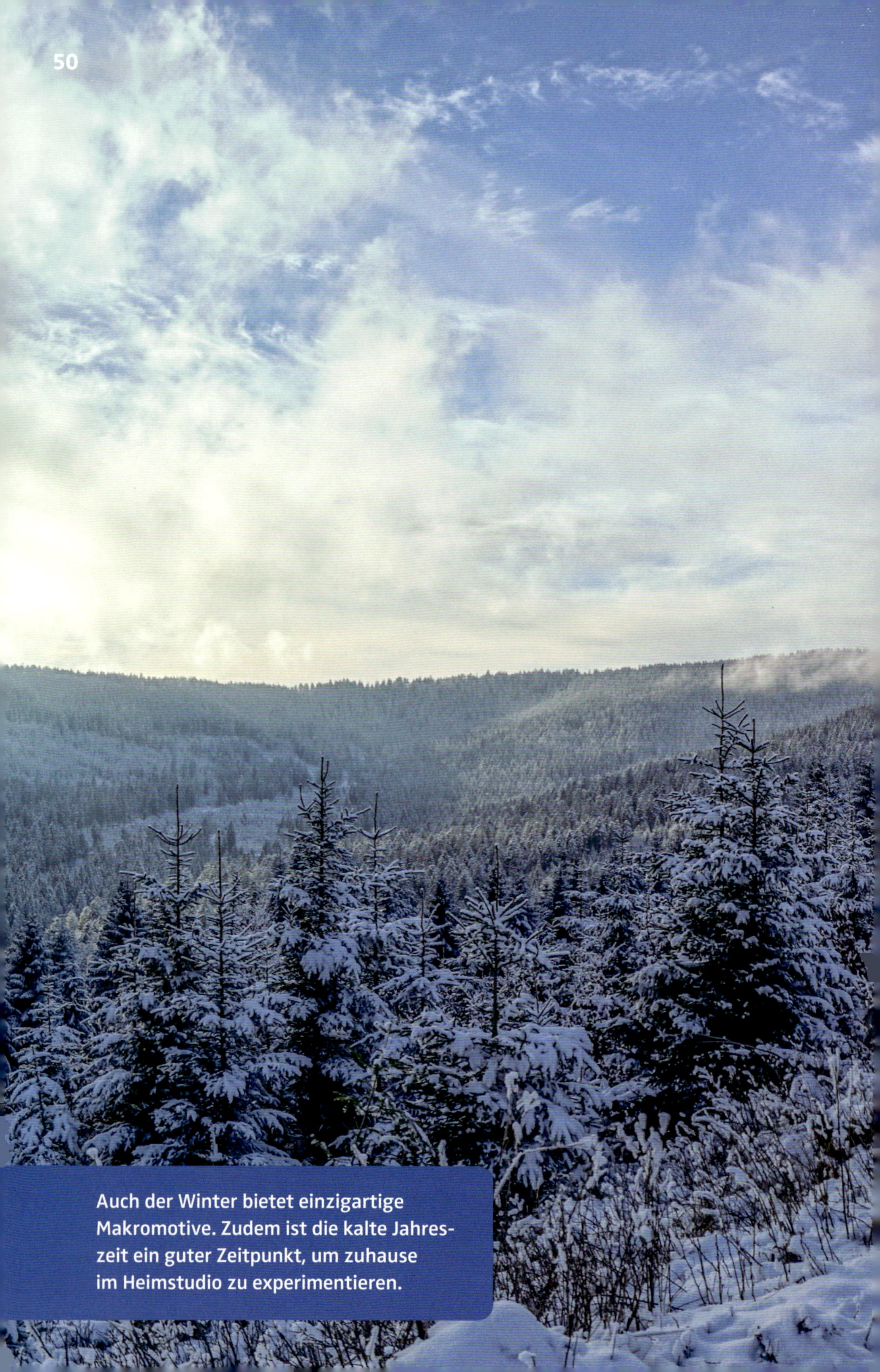

Auch der Winter bietet einzigartige Makromotive. Zudem ist die kalte Jahreszeit ein guter Zeitpunkt, um zuhause im Heimstudio zu experimentieren.

MAKROWELT WINTER

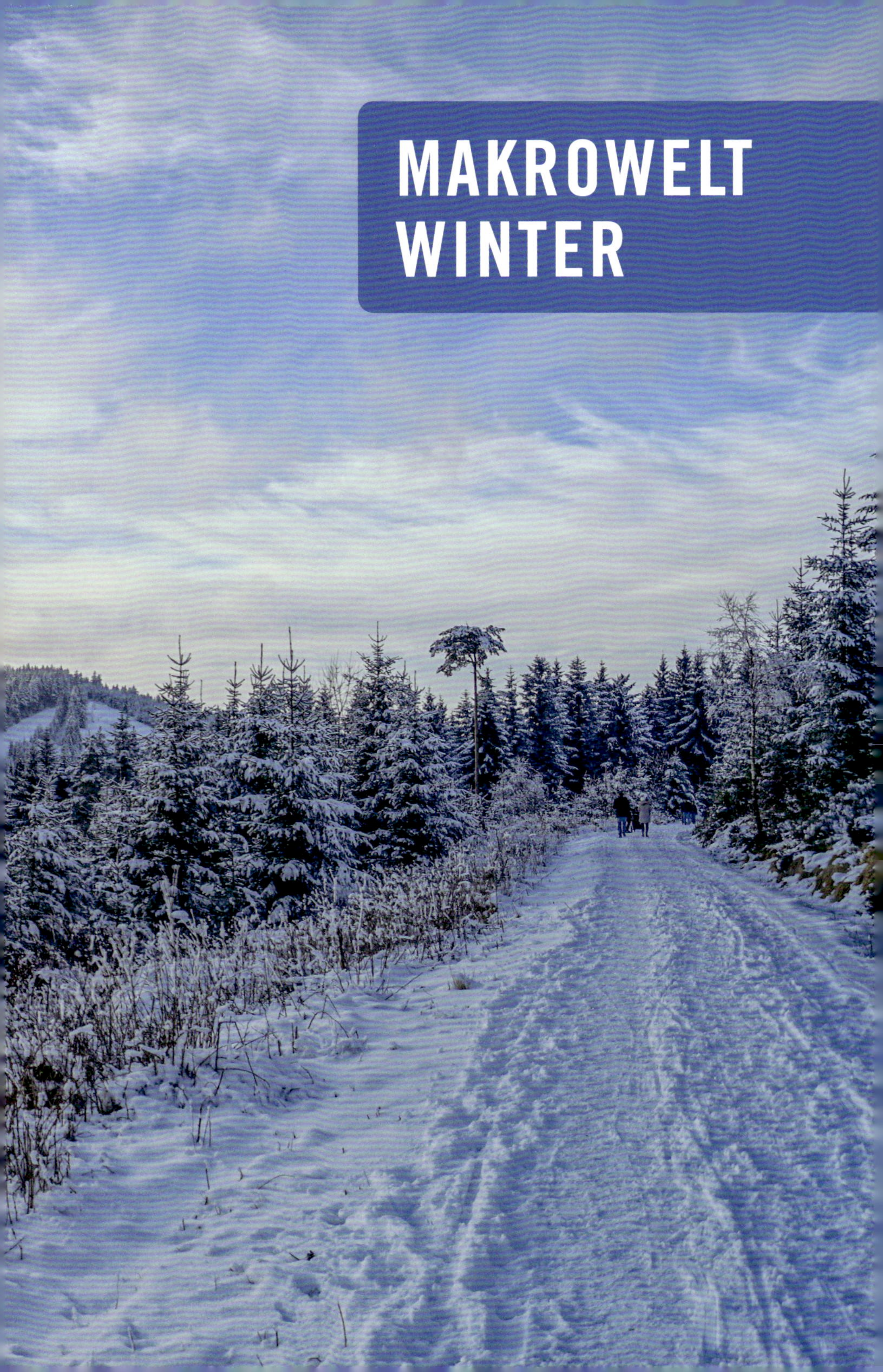

Schneeflocke

Equipment

- Makroobjektiv
- Nahlinse
- ggf. Blitzlicht oder Taschenlampe
- ein Stück Stoff oder eine Wollsocke

Große Ansicht » S. 204

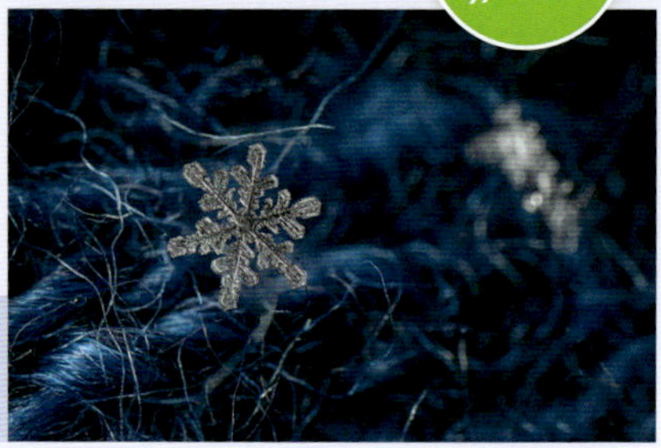

Sony α77 II, Tamron 90 mm, Nahlinse Raynox DCR-250, f/11, ISO 100, 1/160 s

Umsetzung

Schneeflocken bergen, wenn man genau hinschaut, ein wunderschönes Geheimnis: die Schneekristalle! Sie haben allesamt wunderschöne sechseckige Formen, wobei keine der anderen gleicht. Dieses Foto zeigt einen solchen Schneekristall mit einer Größe von etwa zwei bis drei Millimetern. Schneekristalle bilden sich, wenn hoch oben Temperaturen von –12 °C und weniger herrschen. Auf dem Weg zur Erde wachsen die Kristalle noch, schließen sich zu Schneeflocken zusammen und schweben langsam zu Boden.

Um die Schneekristalle zu fotografieren, kannst du sie, wenn es schneit, mit einem Stück Stoff oder den Wollsocken von Oma auffangen. Damit die empfindlichen Eiskristalle nicht gleich schmelzen, solltest du die Socke vorher schon draußen lagern. Und: Beim Fotografieren aufpassen, dass dein heißer Atem nicht an die Schneeflocken kommt!

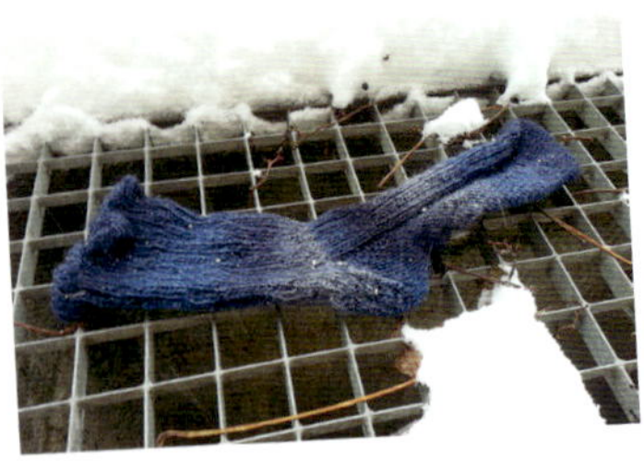

Wollsocke mit aufgefangenen Schneekristallen

Eiskristall #1

Equipment

- Makroobjektiv
- Nahlinse (+ 5 dpt)

Große Ansicht » S. 212

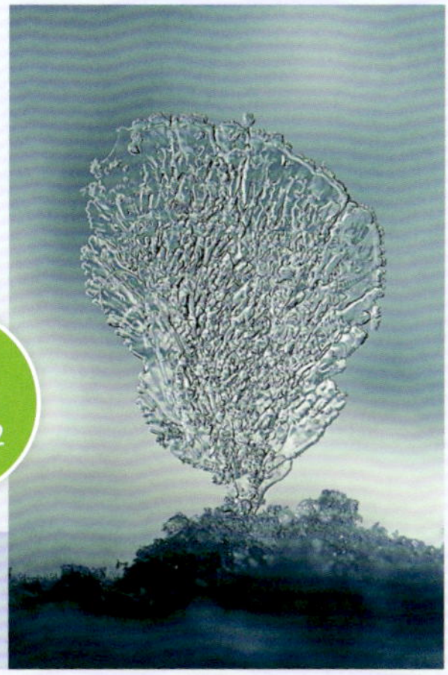

Sony α7r II, Sony 90 mm, f/3.2, ISO 50, 1/200 s, Foto Stack aus etwa 10–15 Einzelfotos (aufgenommen im Eispavillon in Saas-Fee)

Umsetzung

Wenn Wasser gefriert, bilden sich wunderschöne, filigrane Eiskristalle, wobei keiner dem anderen gleicht. Von mächtigen und ausladenden Formen bis hin zu fein verästelnden Strukturen, die winzigen Bäumchen ähneln – die Natur kennt keine Grenzen und bietet uns Makronisten einzigartige Motive.

DER EISPAVILLON IN SAAS-FEE

Der Eispavillon in Saas-Fee in der Schweiz liegt auf 3500 m und ist eine der höchsten und schönsten Gletschereis-Grotten der Welt. Meine Fotos der Eiskristalle sind dort entstanden. Mehr über meinen Aufenthalt dort erfährst du in der 4. Ausgabe von „MAKROFOTO".
Eiskristalle findest du im Winter natürlich auch in der freien Natur.

Eiskristall #2

Equipment

- Makroobjektiv
- Nahlinse (+ 5 dpt)

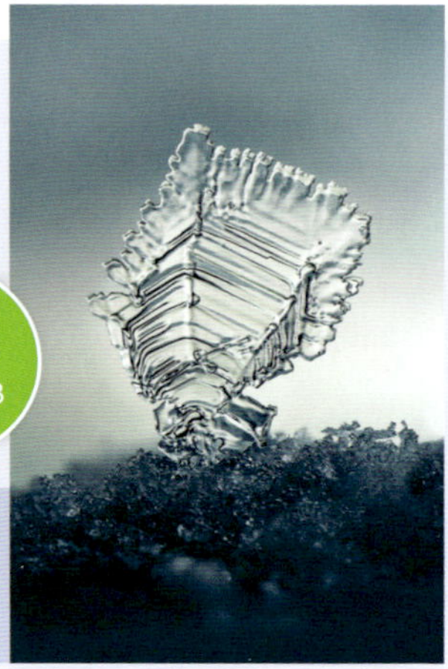

Große Ansicht » S. 213

Sony α7r II, Sony 90 mm, f/3.2, ISO 50, 1/200 s, Focus Stack aus etwa 10–15 Einzelfotos (aufgenommen im Eispavillon in Saas-Fee)

Umsetzung

Hier ein weiteres Beispiel eines Eiskristalls aus der gleichen Serie. Experimentiere beim Fotografieren mit dem Licht, um den Eiskristall bestmöglich zur Geltung zu bringen. Ich habe hier mit leichtem Gegenlicht gearbeitet, um den durchscheinenden Charakter des Eises hervorzuheben.
Um den enormen Abbildungsmaßstab der zwei von mir fotografierten Eiskristalle deutlich zu machen, habe ich hier, mit einem erheblich kleineren Abbildungsmaßstab, eine „Übersicht“ von Eiskristallen aufgenommen, so wie man sie üblicherweise draußen vorfindet. Diese habe ich auf einem kleinen Ast entdeckt.

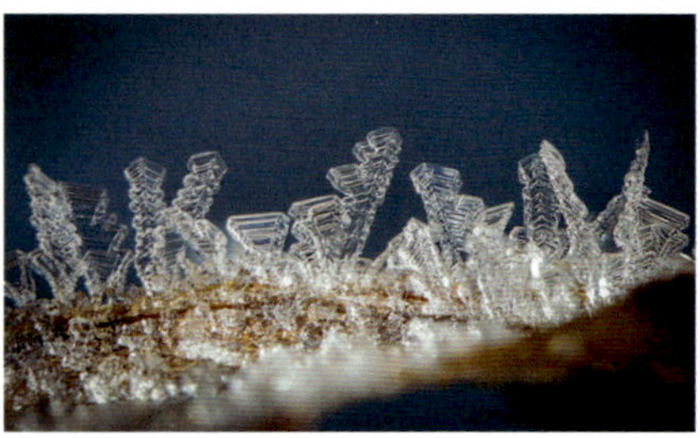

Größenvergleich: Eiskristalle auf einem Ast

Schneefloh

Equipment

- altes manuelles 50-mm-Objektiv
- Retroadapter
- Blitzlicht

Große Ansicht » S. 204

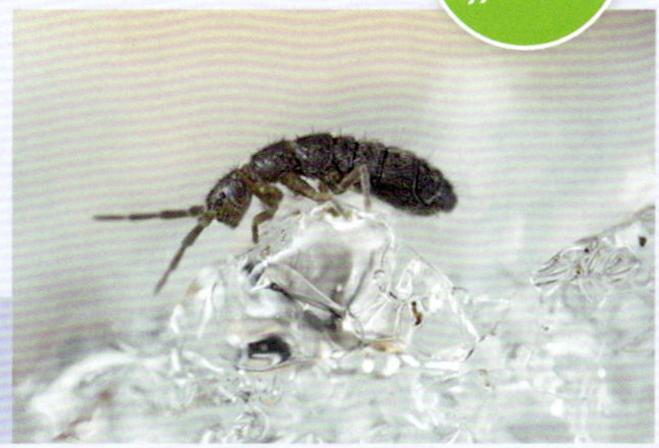

Sony α77 II, 50 mm in Retrostellung, f/7, ISO 50, 1/200 s, Focus Stack aus mehreren Einzelfotos

Umsetzung

Auch im Winter kann man Leben finden. Die Schneeflöhe sind keine echten Flöhe, sondern zählen wie die Kugelspringer zu den Springschwänzen *(Collembola)*. Sie mögen es gerne frostig und kommen bei Temperaturen wenig über dem Gefrierpunkt, im Februar oder März, aus dem Boden hervor. Die Tiere produzieren eine Art Frostschutzmittel aus verschiedenen Zuckerverbindungen. Das ermöglicht ihnen ein Überleben auch bei zweistelligen Minusgraden.

Du findest die Schneeflöhe, oft in Massenvorkommen, auf der Schneeoberfläche von Versenkungen, beispielsweise in Traktorspuren.

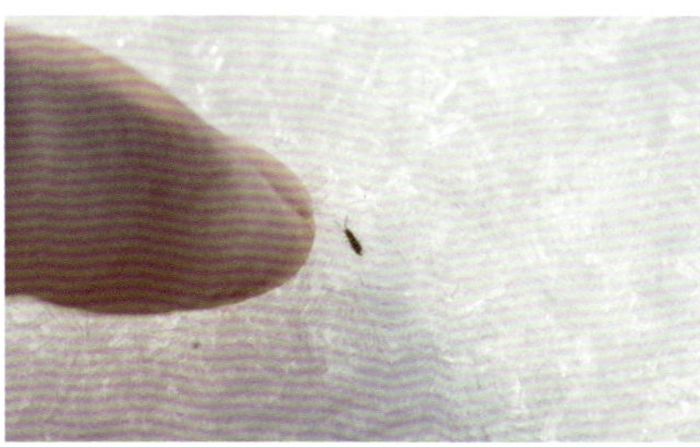

Größenvergleich:
mein Finger vs. Schneefloh

Eisstrukturen

Equipment

- Makroobjektiv

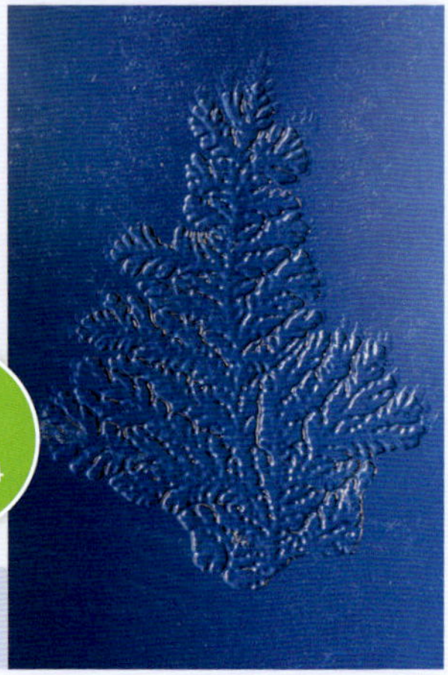

Große Ansicht » S. 214

Sony α7r II, Sony 90 mm, f/7.1, ISO 200, 1/200 s

Umsetzung

Eistrukturen an Fensterscheiben sind tolle Makromotive, und wenn du sie von innen fotografierst, kannst du sie auch ohne Unterkühlungsgefahr ablichten.

Der blaue Hintergrund kommt von einer blauen Regentonne, die hinter der Glasscheibe stand.

Gefrorene Seifenblase

Equipment

Große Ansicht » S. 215

- Makroobjektiv
- Seifenblasen (Pustefix oder eine eigene Mischung aus Wasser mit Spülmittel)
- Strohhalm (macht das Platzieren der Seifenblasen leichter!)

Sony α7r II, Sony 90 mm, f/8, ISO 1000, 1/160 s

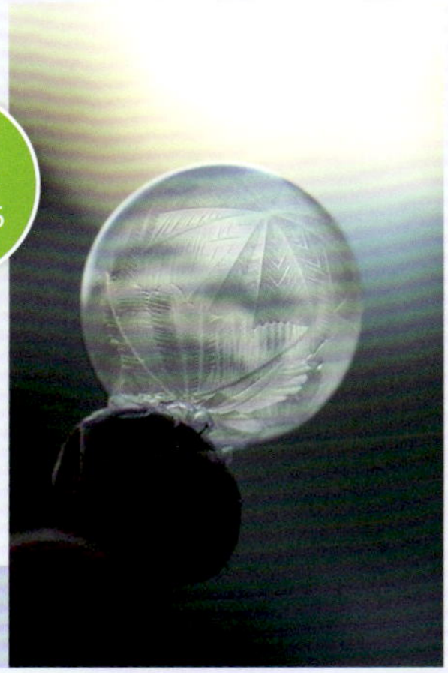

Umsetzung

Wenn die Temperaturen ordentlich im Keller sind und die Luftfeuchtigkeit hoch ist, herrschen optimale Bedingungen, um mit gefrorenen Seifenblasen zu experimentieren. Je nach Mischung der Seifenblasenlösung und den Außenbedingungen entstehen einzigartige, wunderschöne Gebilde.

SEIFENBLASEN SELBER HERSTELLEN

- Mit dem Strohhalm nimmst du etwas Seifenflüssigkeit auf.
- Vorsichtig pusten.
- Die entstehende Seifenblase bleibt am Strohhalm hängen, und du kannst sie mit Gefühl am Wunschort (möglichst windstill!) platzieren.
- Je nach Witterung gefriert sie sofort und ist bereit für das Fotoshooting.

Pfauenfeder

Equipment

- Makroobjektiv
- Pfauenfeder
- Sprühflasche mit Wasser
- ggf. Blitzlicht oder eine andere Lichtquelle

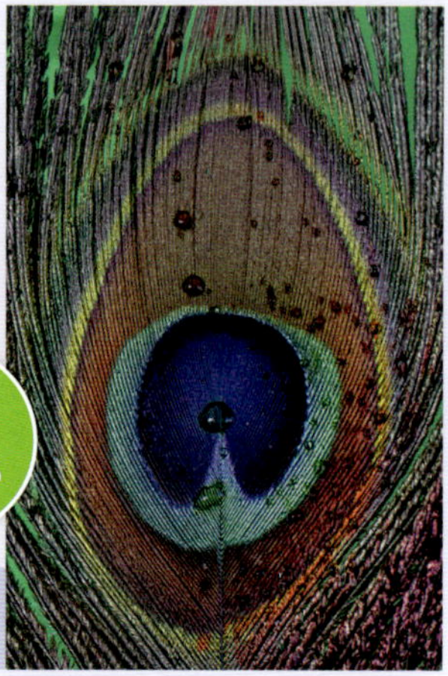

Große Ansicht » S. 216

Sony α77 II, Tamron 90 mm, f/11, ISO 100, 1/200 s

Umsetzung

Pfauenfedern eignen sich hervorragend, um im Heimstudio damit zu experimentieren. Das macht besonders im Herbst oder Winter Spaß, wenn es für Makrotouren draußen zu unwirtlich ist.

Mit einer Sprühflasche aus dem Baumarkt oder einer Pipette aus der Apotheke kannst du die Wassertropfen auf der Pfauenfeder platzieren.

ANDERE LICHTQUELLEN

Bei deinen Experimenten bietet es sich auch an, unterschiedliche Lichtquellen wie Blitzlicht, Taschenlampe oder LED-Leuchte und Positionen auszuprobieren. Das hilft dir dabei, ein Gespür und ein gewisses Maß an Routine dafür zu entwickeln, was wiederum hilfreich ist, wenn du dann später lebende, sich bewegende Motive ablichten möchtest.

M&M's in Wasser

Große Ansicht » S. 217

Equipment

- Makroobjektiv
- schwarzes Papier zum Unterlegen
- Glas- oder Plastikschale
- bunte M&M's
- heißes Wasser (mit heißem geht das Auflösen schneller)
- ggf. Stativ

Sony α7r II, Sony 90 mm, f/11, ISO 800, 1/10 s

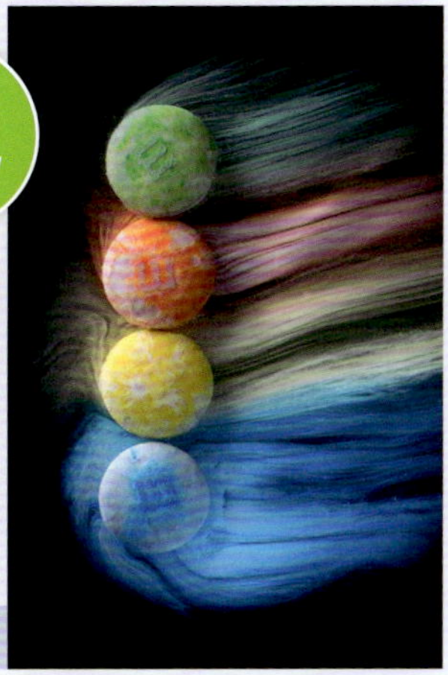

Umsetzung

Hast du dich nicht schon immer mal gefragt: Was passiert eigentlich, wenn man M&M's in Wasser legt? Nein? Egal, probier es einfach mal aus, denn es ist eine wahre Farbexplosion.

So funktioniert es: Erst die M&M's in die Schale legen, dann vorsichtig Wasser hinzugeben, bis sie knapp bedeckt sind. Ich habe die M&M's per Hand platziert. Vielleicht fällt es dir leichter, wenn du eine Pinzette verwendest. Es empfiehlt sich, einen dunklen Untergrund (zum Beispiel schwarzen Karton) zu nutzen.

Übrigens: Smarties eignen sich weniger gut!

VIDEO STATT FOTO

Neben Fotos kannst du auch versuchen, ein Video vom Auflösungsprozess zu machen. Auf YouTube findest du dazu ein Video von mir, wenn du die Stichwörter „M&M's in Wasser Gutekunst" eingibst.

Kerzenrauch

Equipment

- Makroobjektiv
- Kerze
- Blitzlicht
- Funkauslöser
- ggf. Stativ oder Bohnensack

Große Ansicht » S. 208

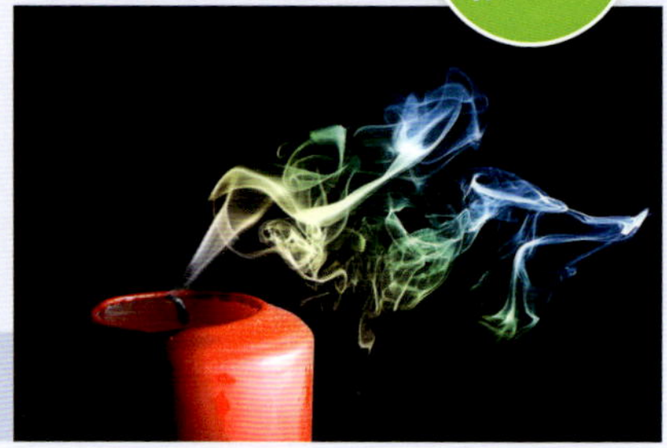

Sony α57, Tamron 90 mm, f/8, ISO 100, 1/160 s

Umsetzung

Rauch riecht zwar nicht gerade angenehm, besonders wenn man damit in den eigenen vier Wänden experimentiert, aber er sieht einfach faszinierend aus! Den Blitz positionierst du schräg hinter der Kerze und stellst ihn auf die schwächste Leistung, um den Rauch bestmöglich „einzufrieren“. Die Einstellungen der Kamera wählst du so, dass das Foto ohne Blitz komplett schwarz ist. Nun bläst du die zuvor angezündete Kerze vorsichtig aus. Die Form des Rauches kannst du noch etwas beeinflussen, wenn du noch mal sanft Luft nachbläst. Dadurch entstehen tolle Rauchverwirbelungen. Nicht vergessen: gleichzeitig Fotos machen, am besten per Funkauslöser. Den Rauch habe ich in Lightroom mit Hilfe von Verlaufsfiltern noch farbig etwas aufgepeppt.

NACHBEARBEITUNG

Auf YouTube findest du ein Video von mir, das die genaue Nachbearbeitung des Rauchs zeigt. Suche nach „Foto Howto – Rauch fotografieren und nachbearbeiten“.

Leuchtende Physalis

Equipment

- Makroobjektiv
- Physalis (aus dem Nachbargarten)
- Taschenlampe
- farbiges Papier
- Blitzlicht für den Hintergrund

Sony α77 II, Sony 90 mm, f/11, ISO 100, 1/200 s

Große Ansicht » S. 210

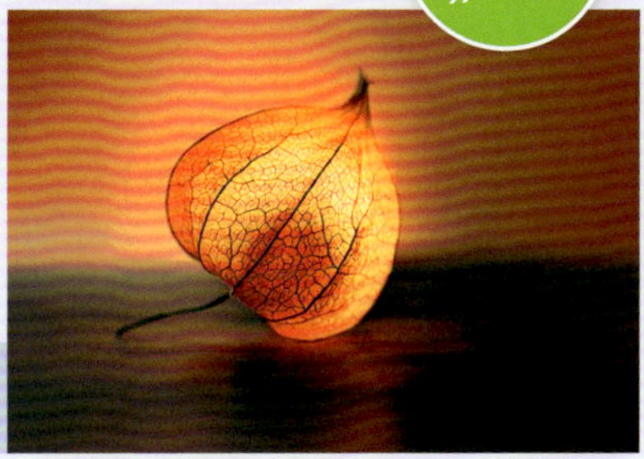

Umsetzung

Die Physalis, auch Blasenkirsche genannt, gehört zu den Nachtschattengewächsen. Es gibt zahlreiche verschiedene Physalis-Arten. In Europa kommt jedoch nur die sogenannte Lampionblume *(Physalis alkekengi)* vor. Für dieses Foto habe ich die Physalis mit dem Licht einer Taschenlampe zum Leuchten gebracht. Das Bild strahlt dadurch eine enorme positive Energie aus.

Mit dem Blitzlicht (oder einer anderen Lichtquelle) beleuchtest du den Hintergrund (farbiges Papier), und mit der Taschenlampe von hinten die Physalis.

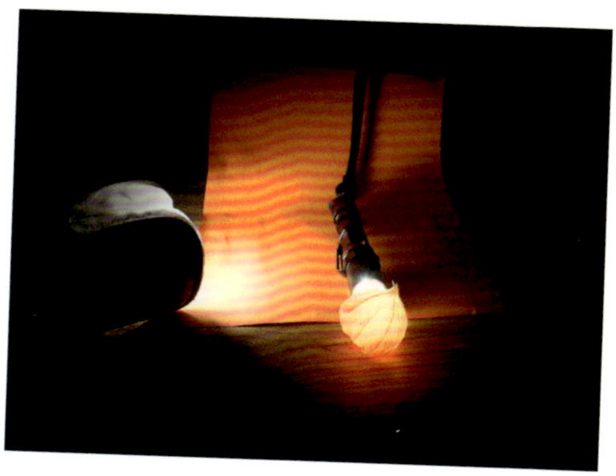

Der Aufbau – der Blitz mit Softbox beleuchtet den Hintergrund, die Taschenlampe die Physalis

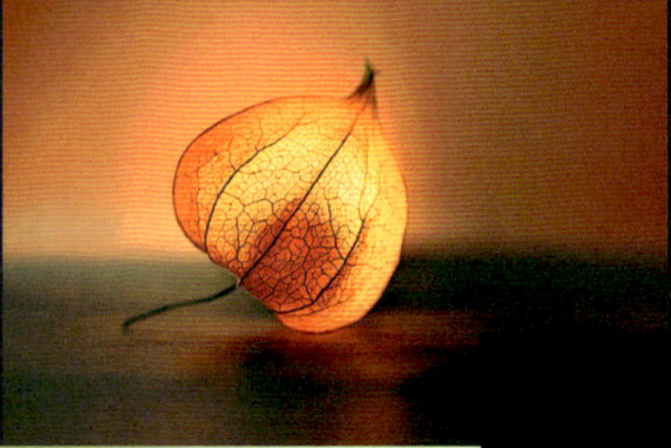

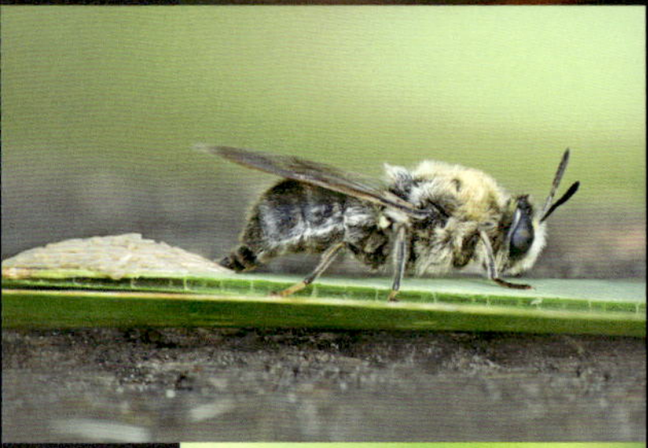

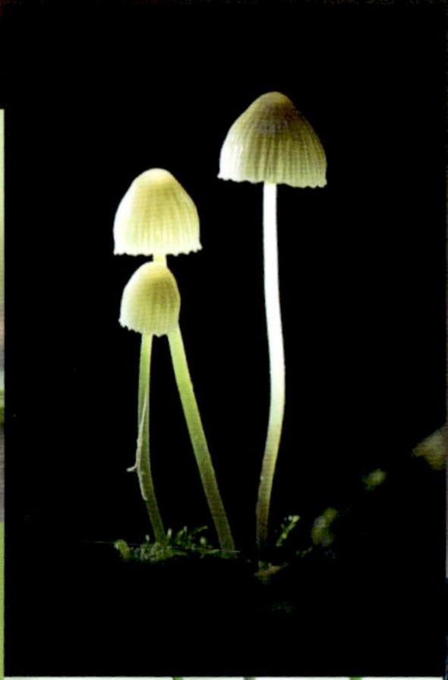

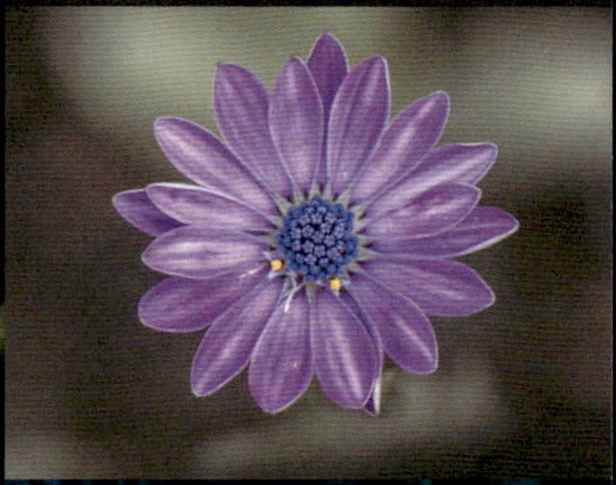

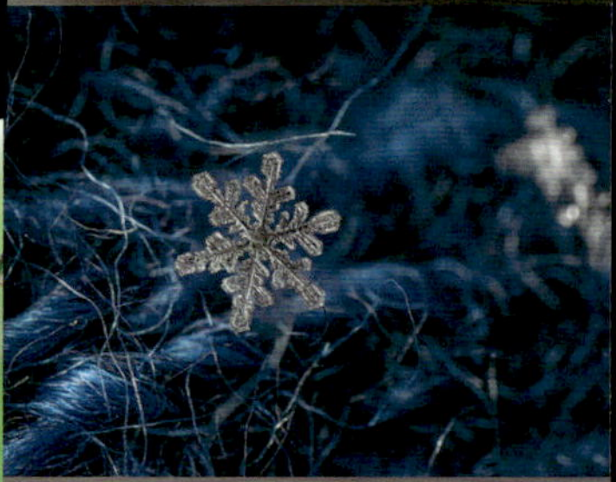

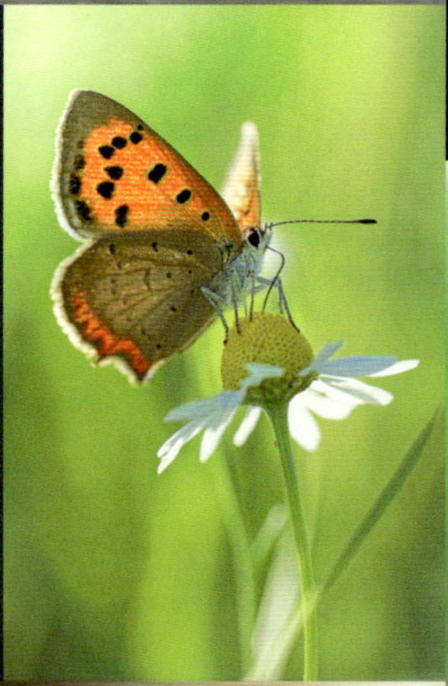

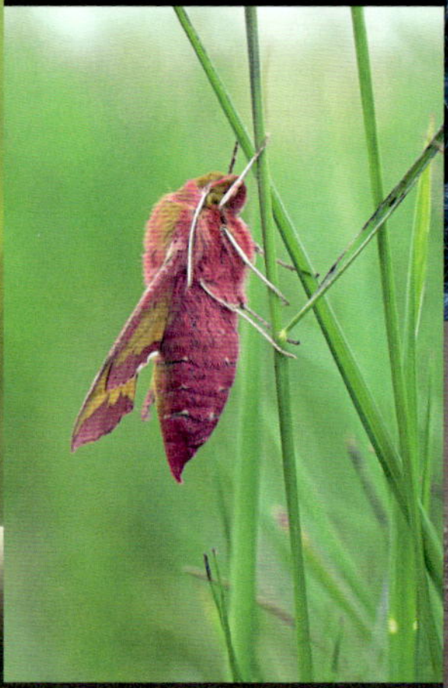

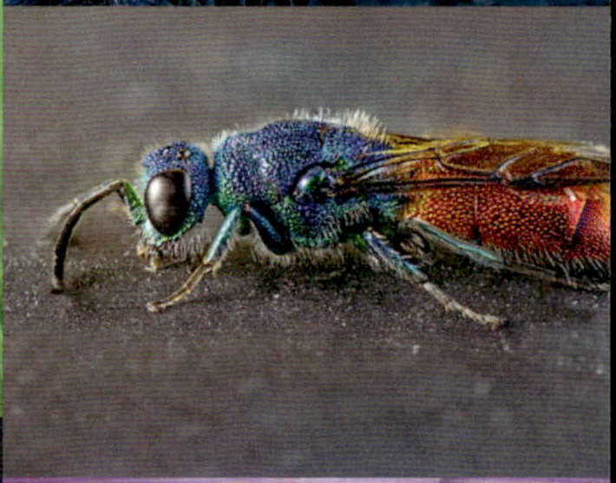

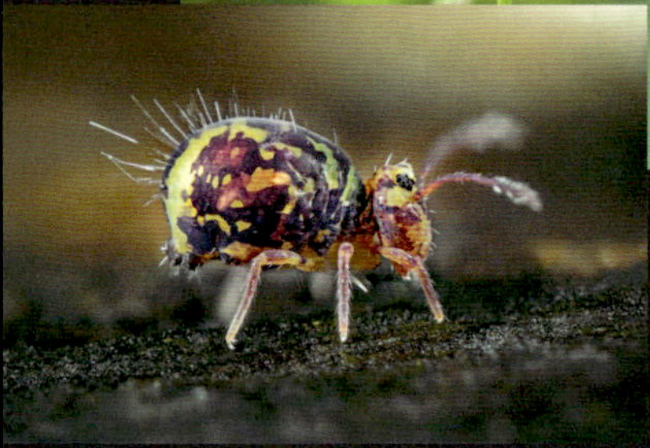

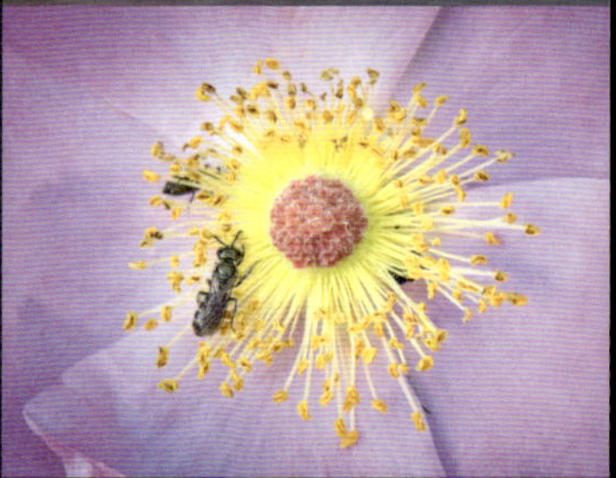

GROSSANSICHTEN DER WORKSHOP-FOTOS

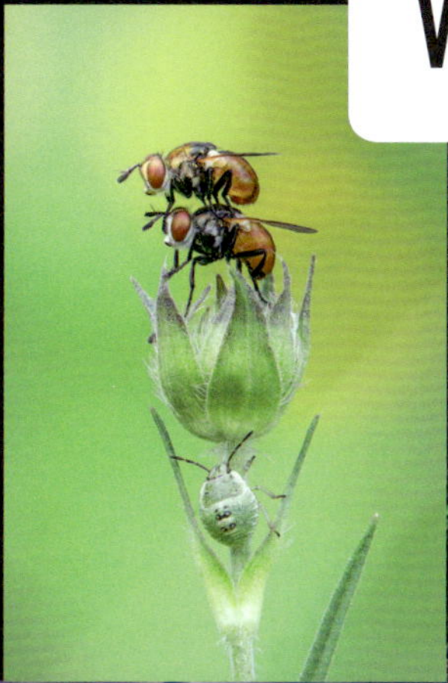

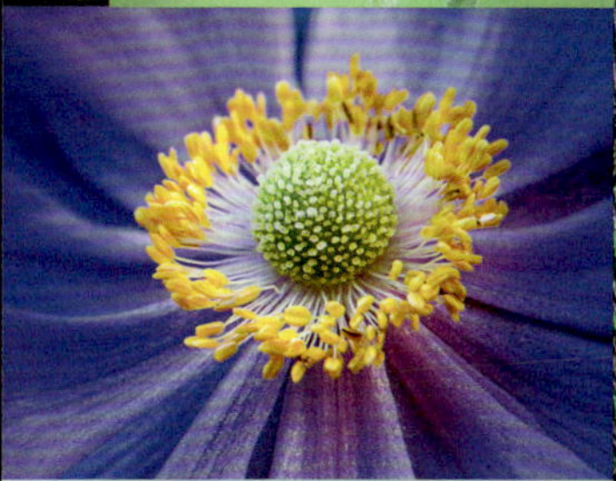

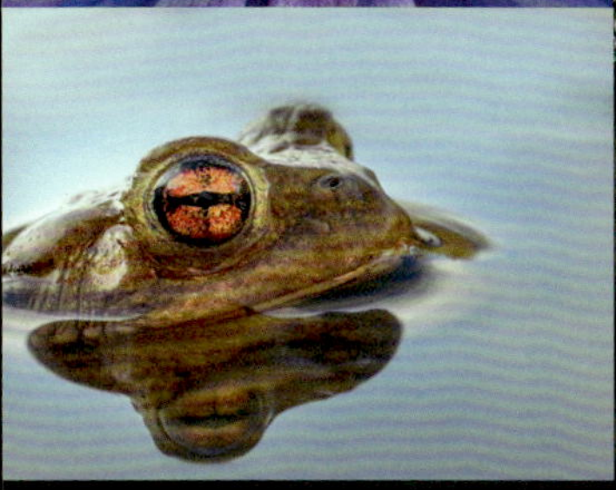

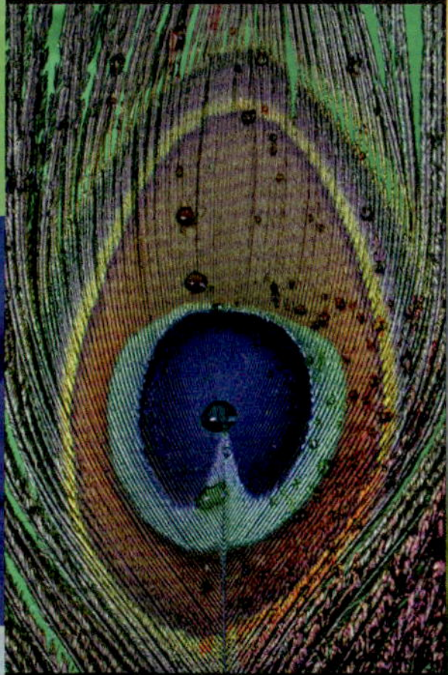

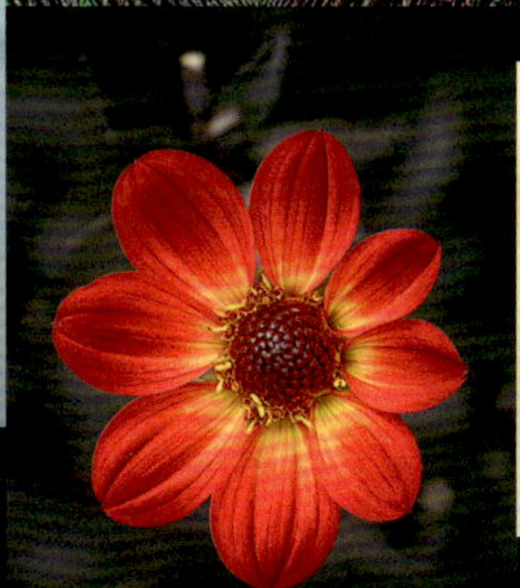

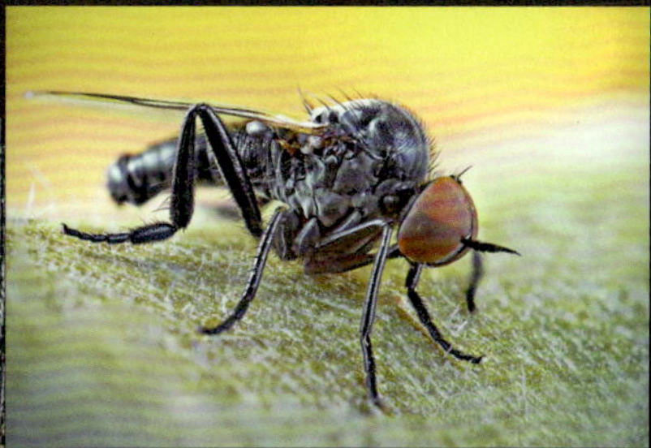

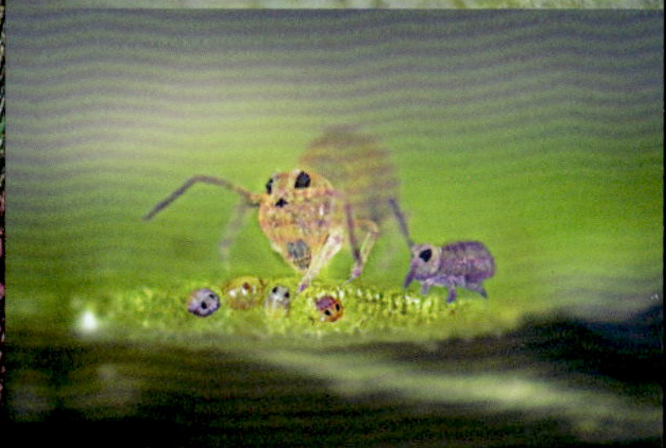

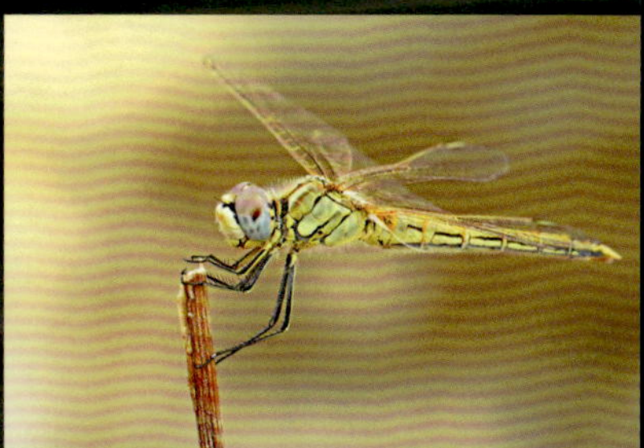

Workshop » S. 38

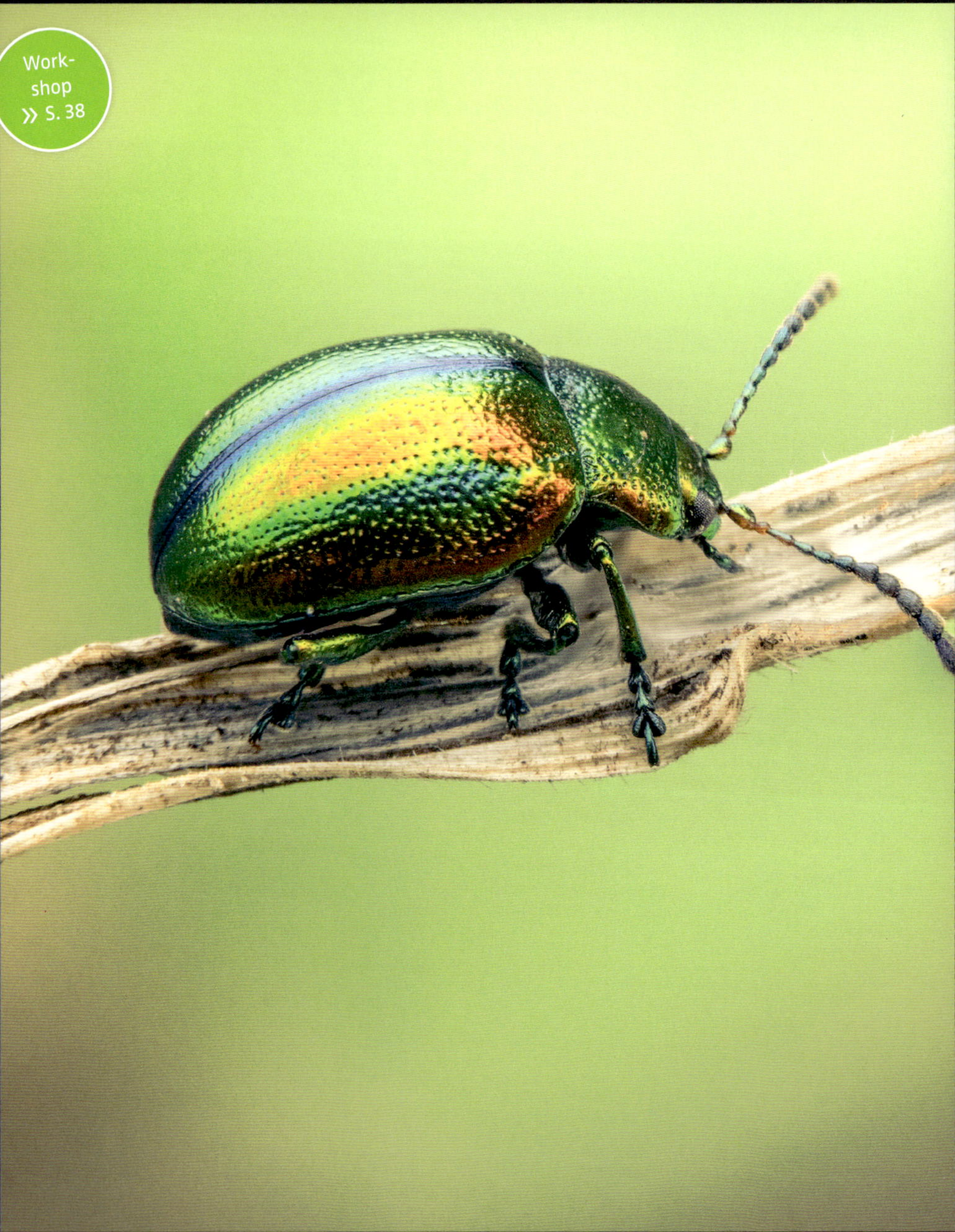

Sony α7r II, Sony 90 mm, f/11, ISO 2000, 1/160 s

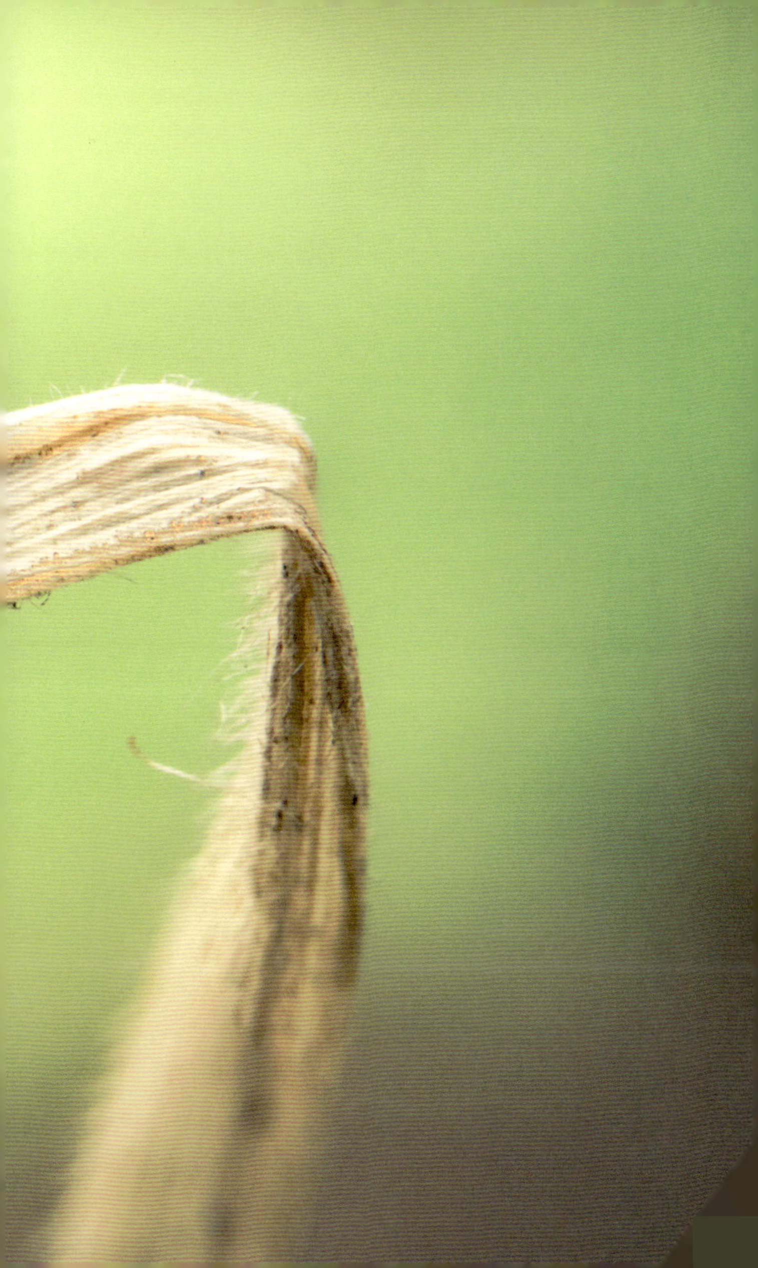

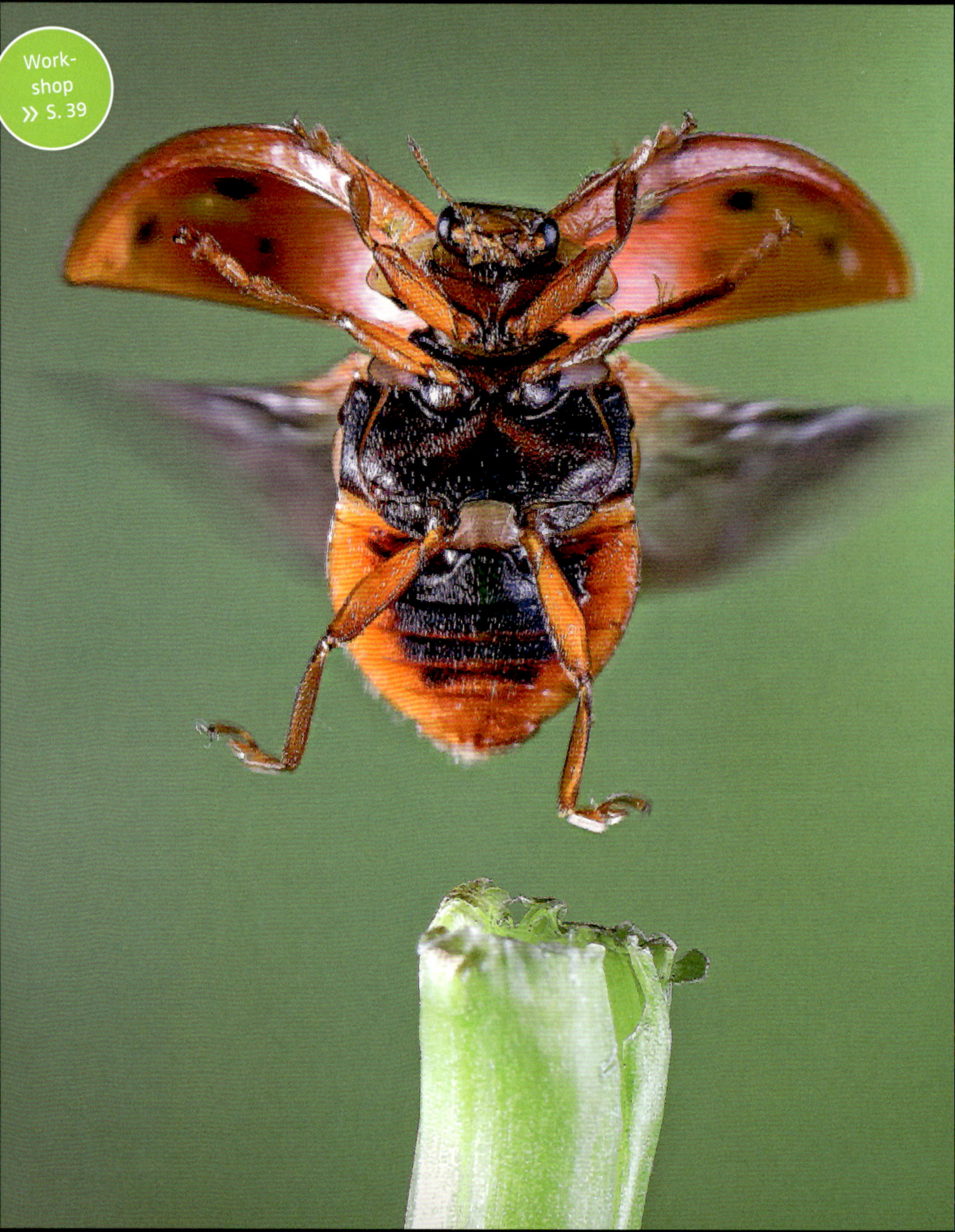

Workshop » S. 39

Sony α57, Tamron 90 mm, Nahlinse Raynox DCR-250, f/11, ISO 200, 1/160 s

Workshop » S. 40

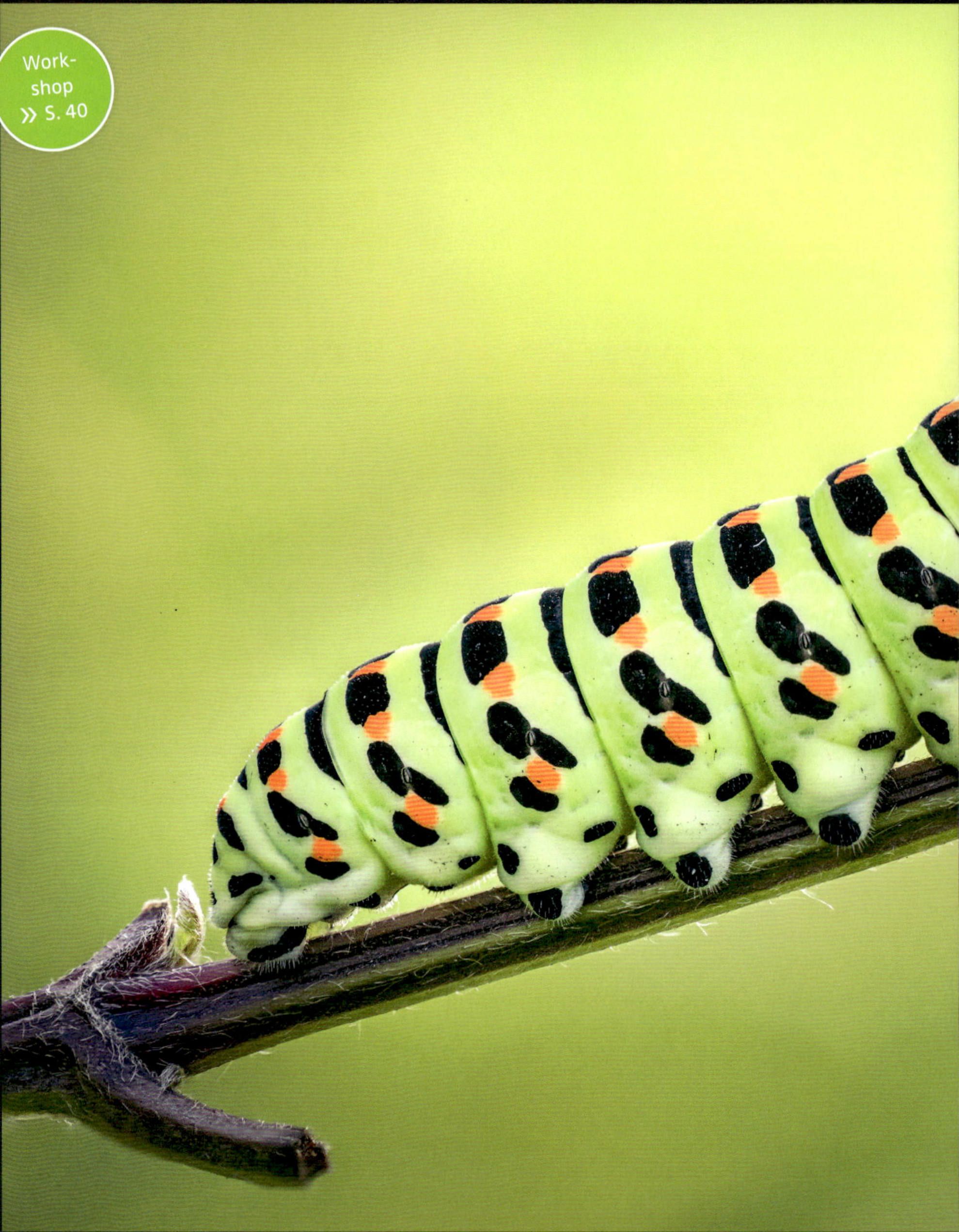

Sony α7r II, Sony 90 mm, f/11, ISO 2000, 1/400 s

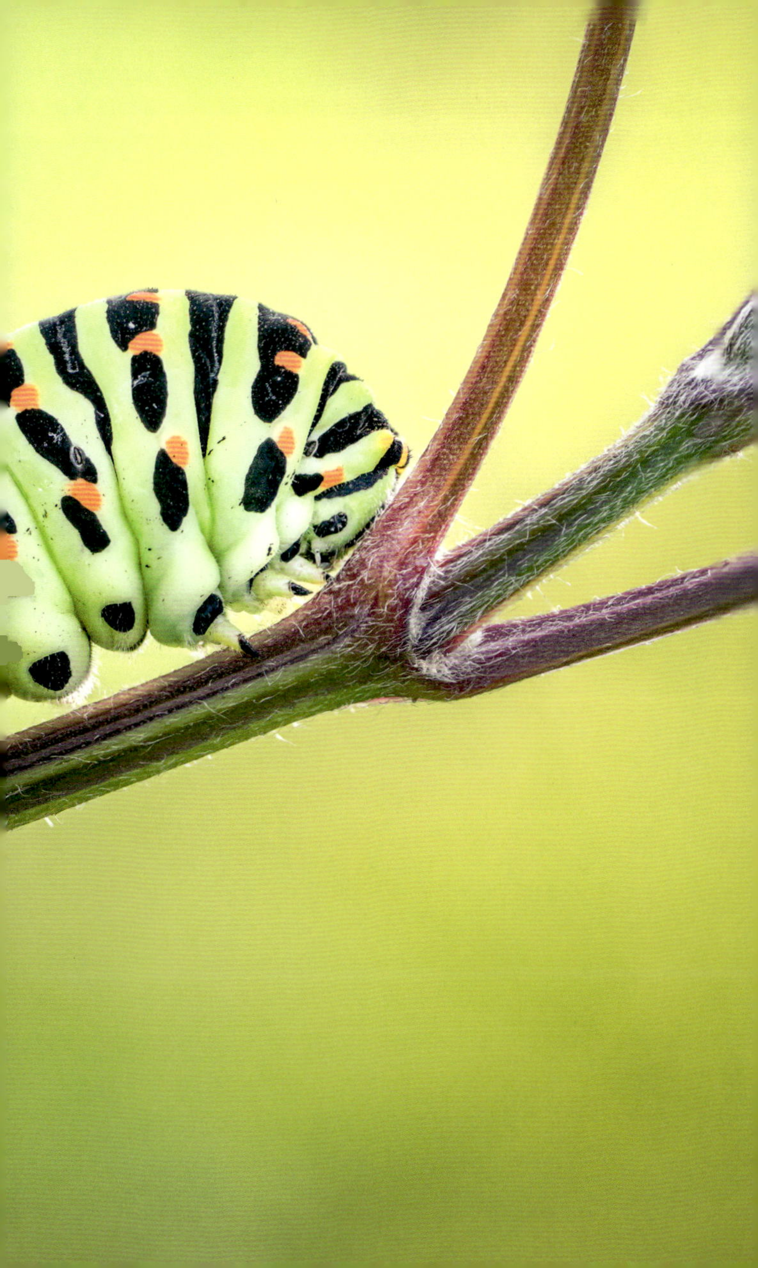

Work-
shop
» S. 41

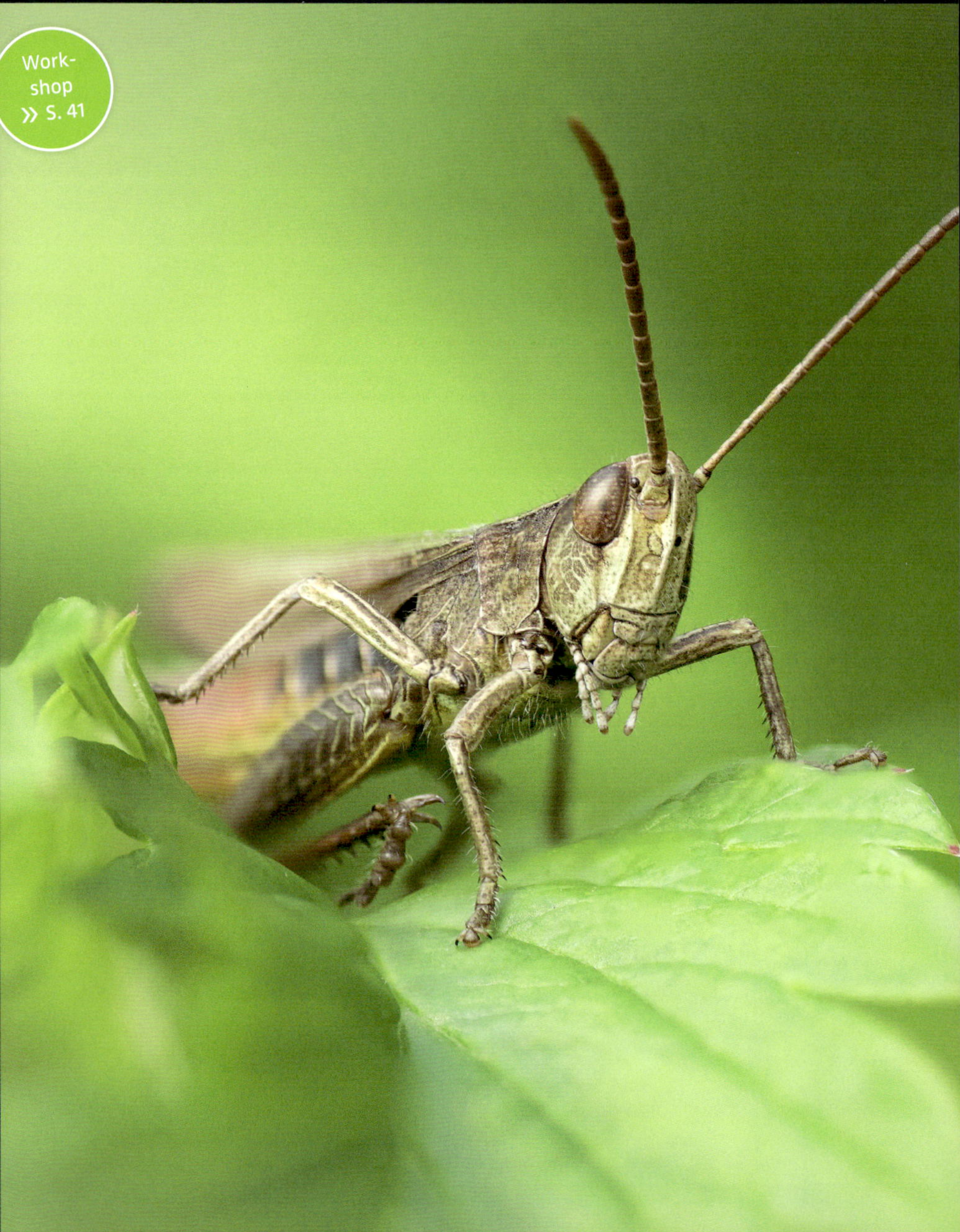

Sony α77 II, Tamron 90 mm, Nahlinse Raynox DCR-250, f/8, ISO 320, 1/250 s

Workshop
» S. 42

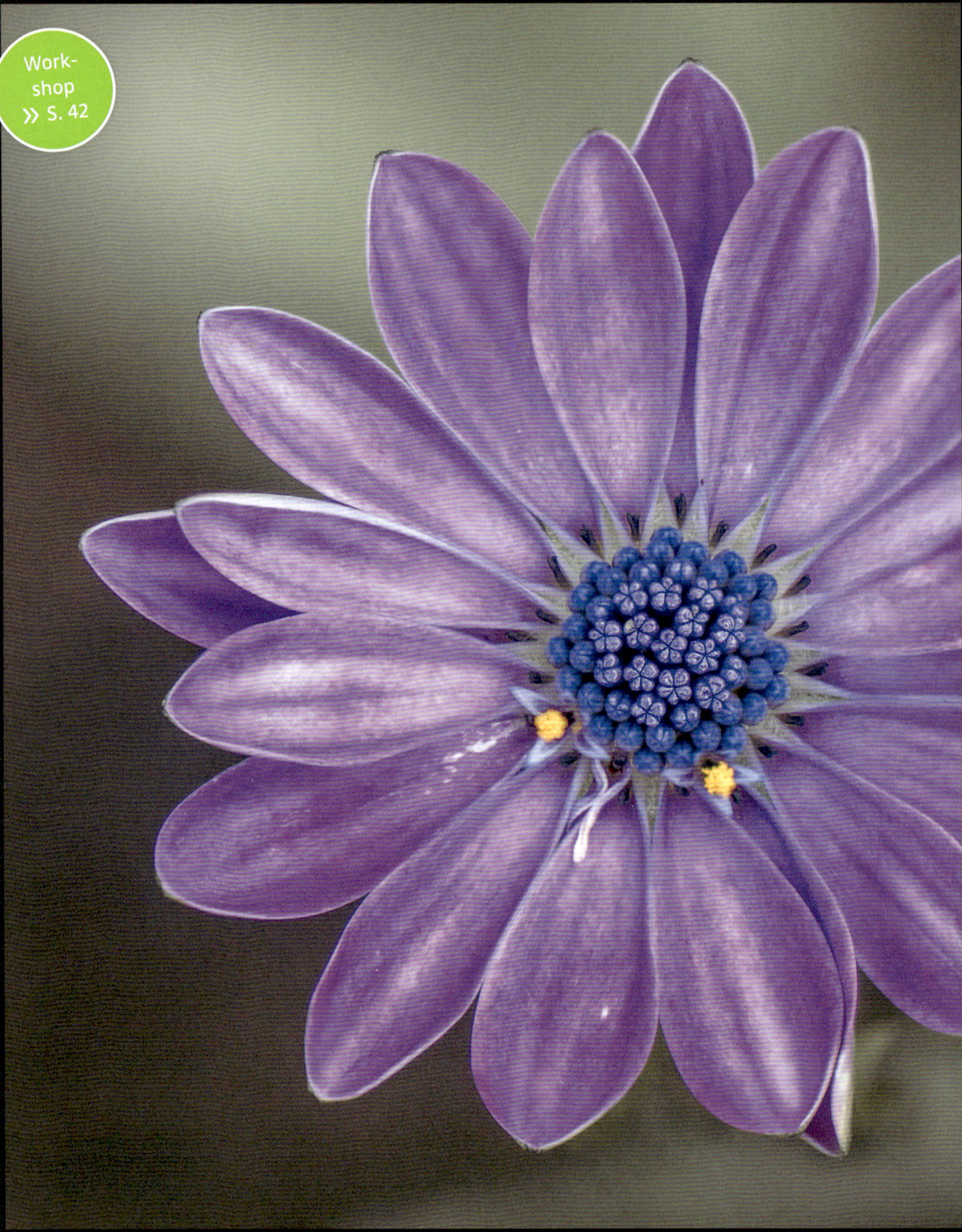

Sony α77 II, Tamron 90 mm, f/4, ISO 250, 1/500 s

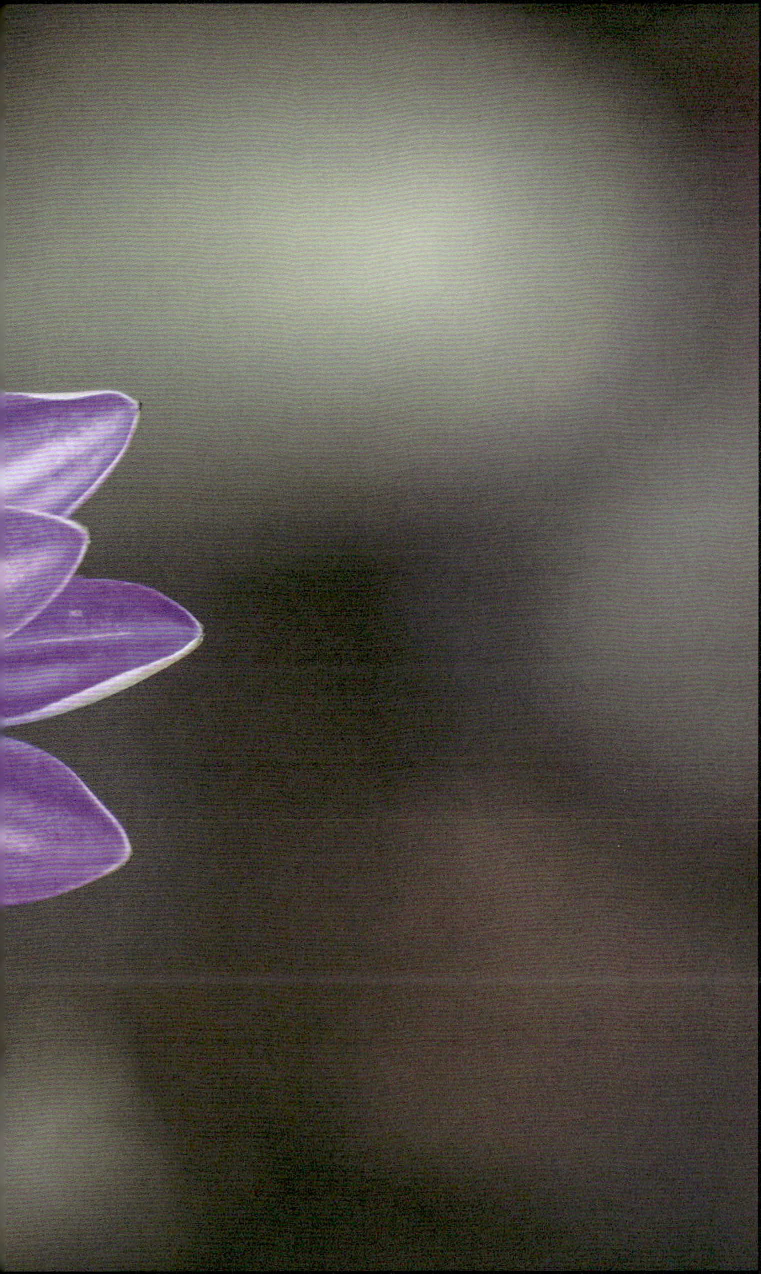

Workshop » S. 45

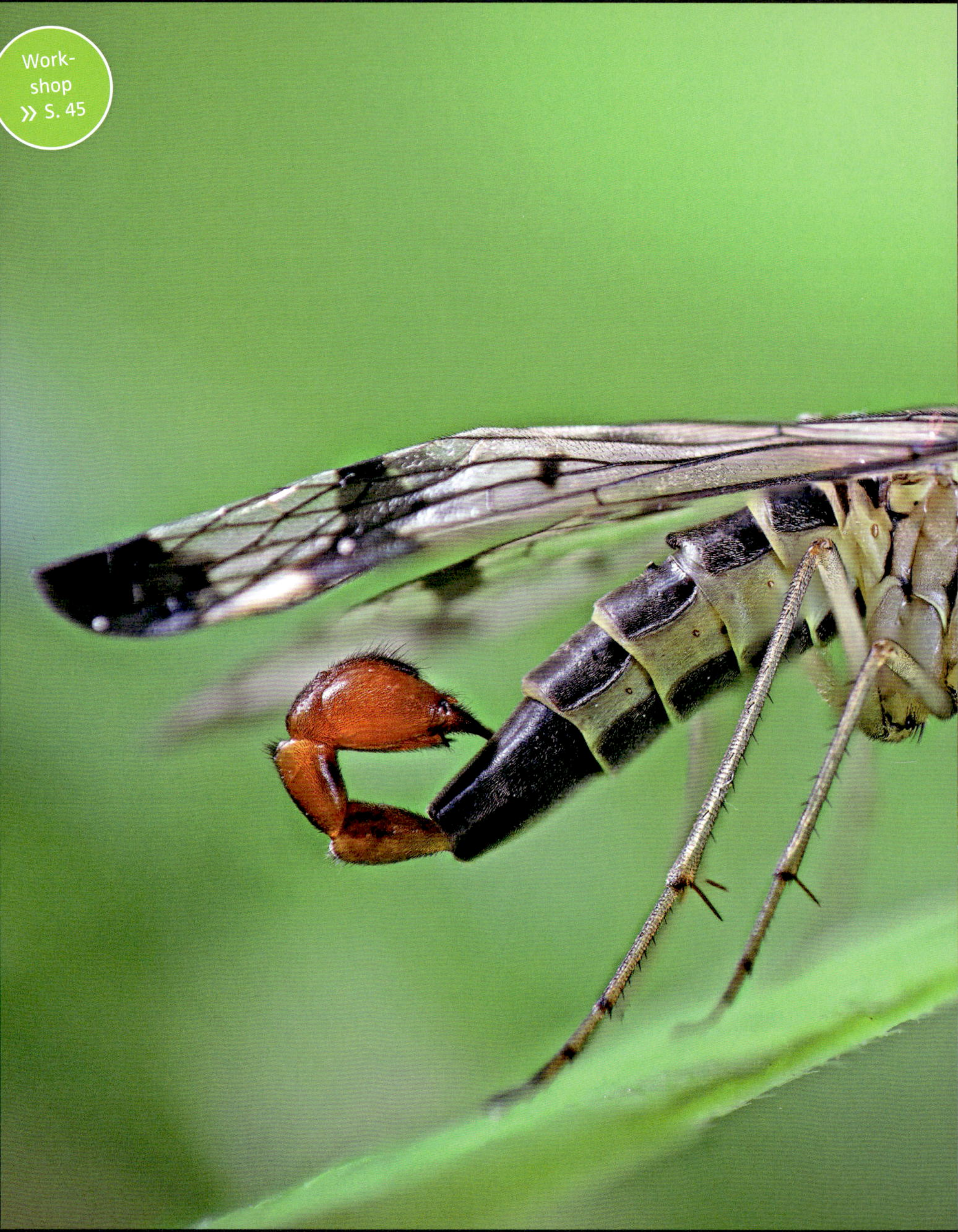

Sony α57, Tamron 90 mm, Nahlinse Raynox DCR-250, f/7.1, ISO 100, 1/80 s, Focus Stack aus 5–6 Einzelaufnahmen

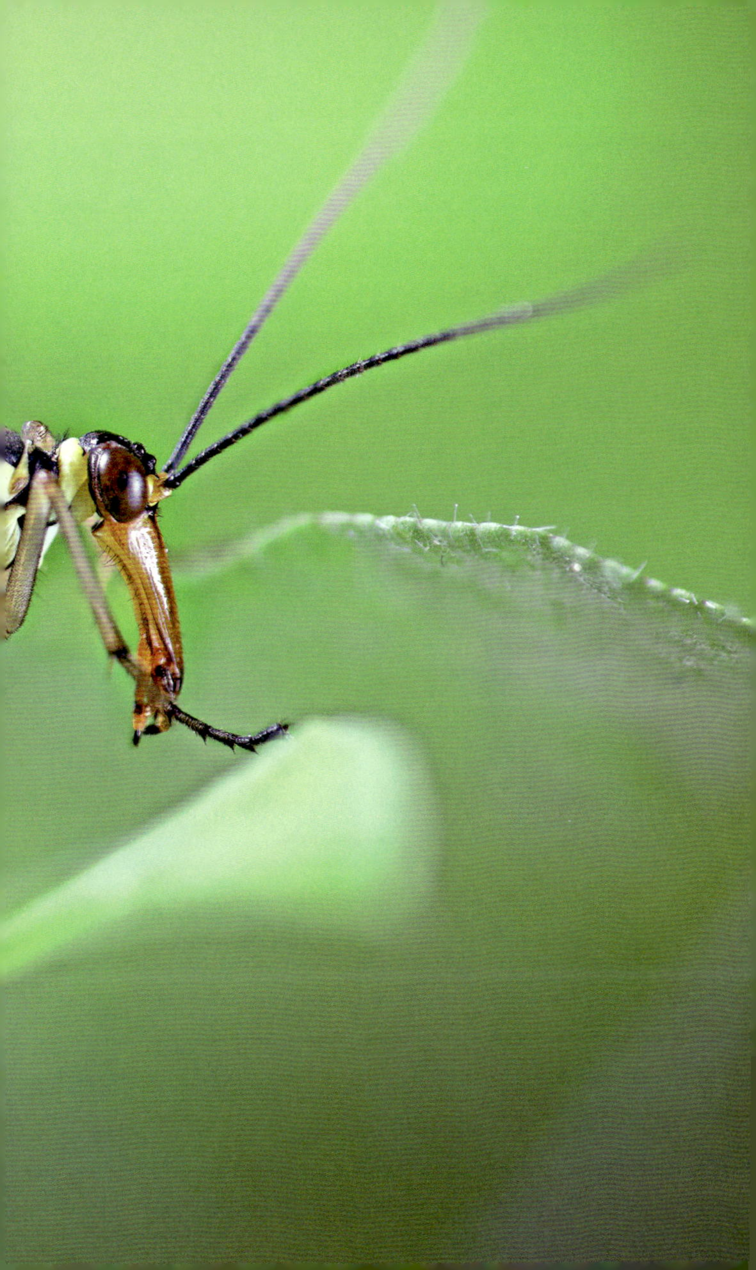

Workshop
» S. 49

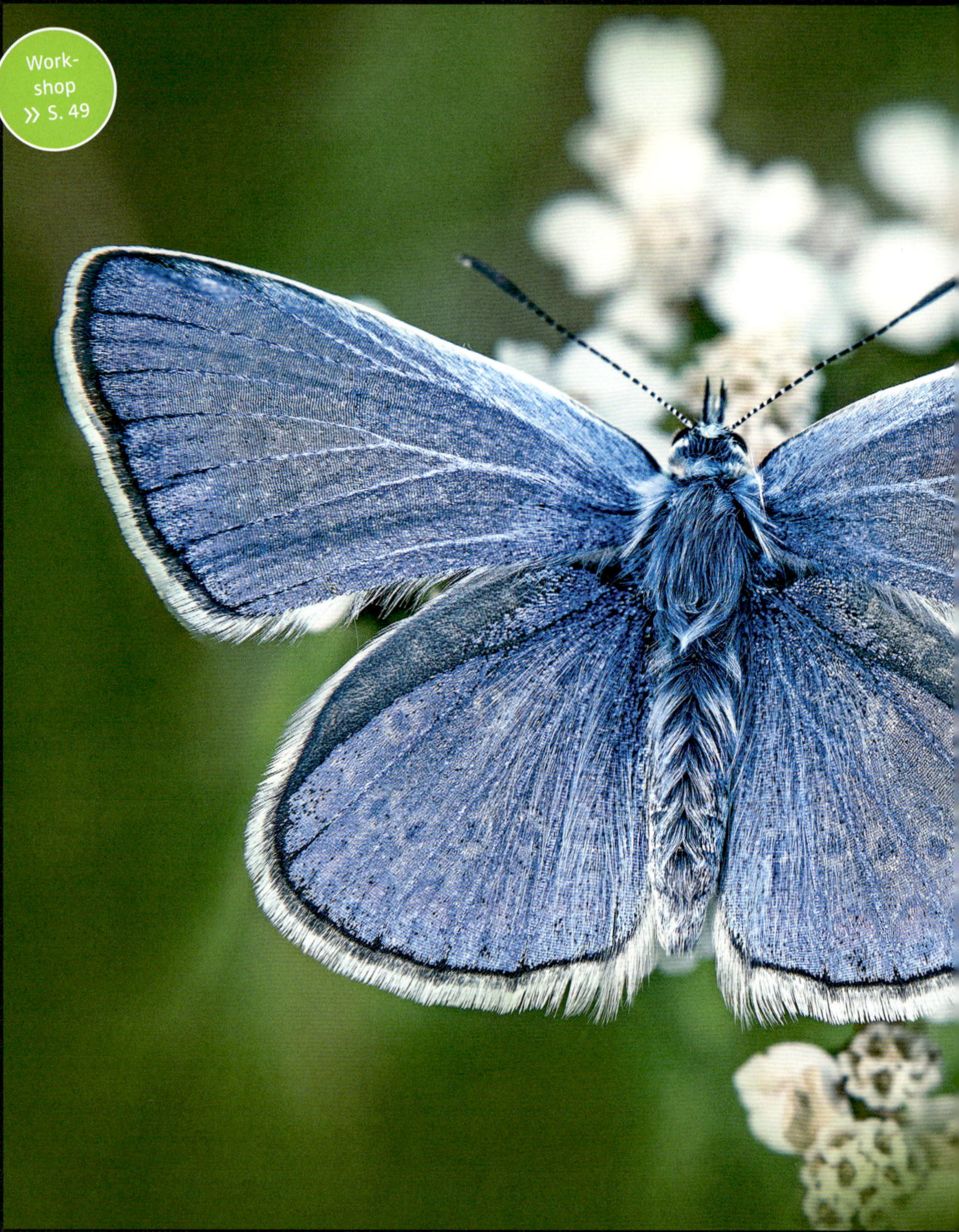

Sony α7r II, Sony 90 mm, f/9, ISO 250, 1/320 s

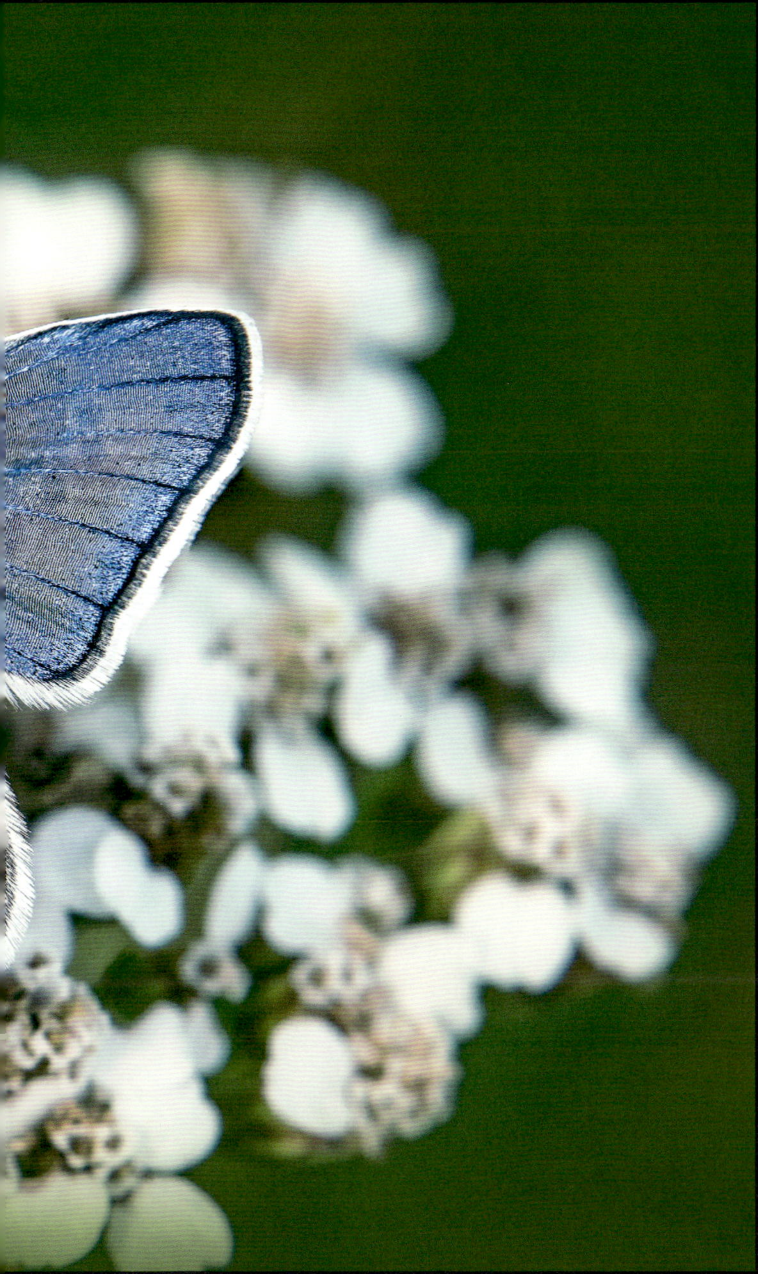

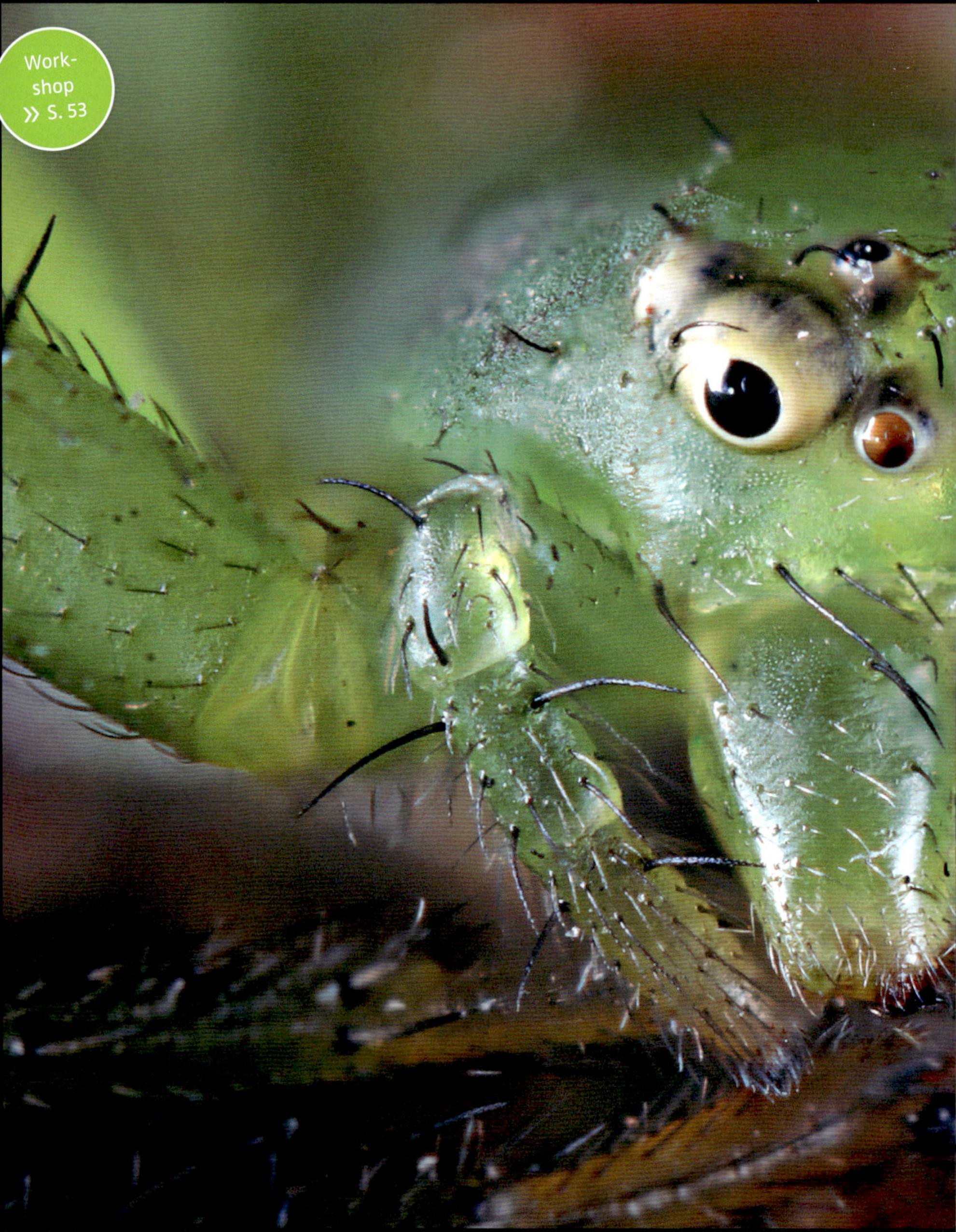

Sony α57, 28-mm-Objektiv in Retrostellung, f/5.6, ISO 100, 1/160 s,
Focus Stack aus etwa 10–15 Einzelfotos

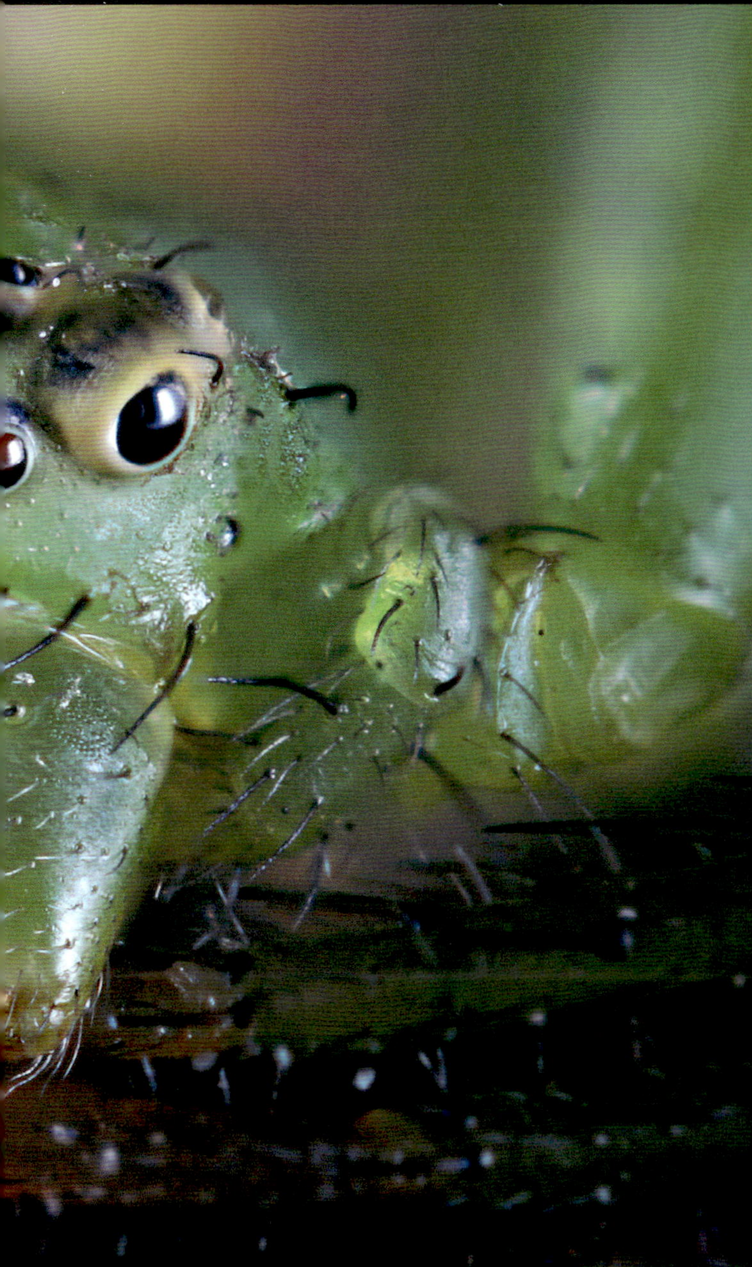

Workshop » S. 54

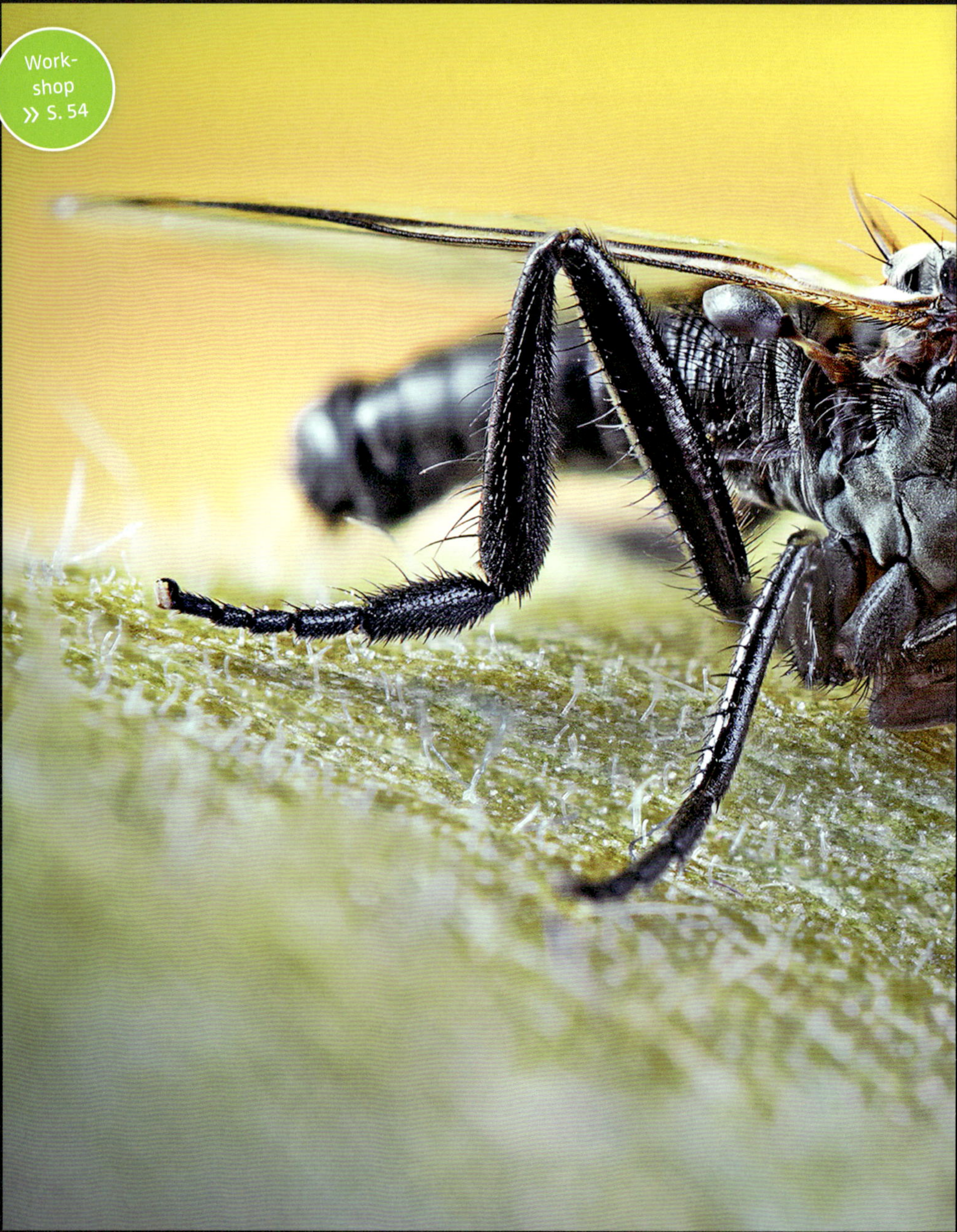

Sony α57, 28-mm-Objektiv in Retrostellung, f/5.6, ISO 100, 1/160 s, Focus Stack aus etwa 10–15 Einzelfotos

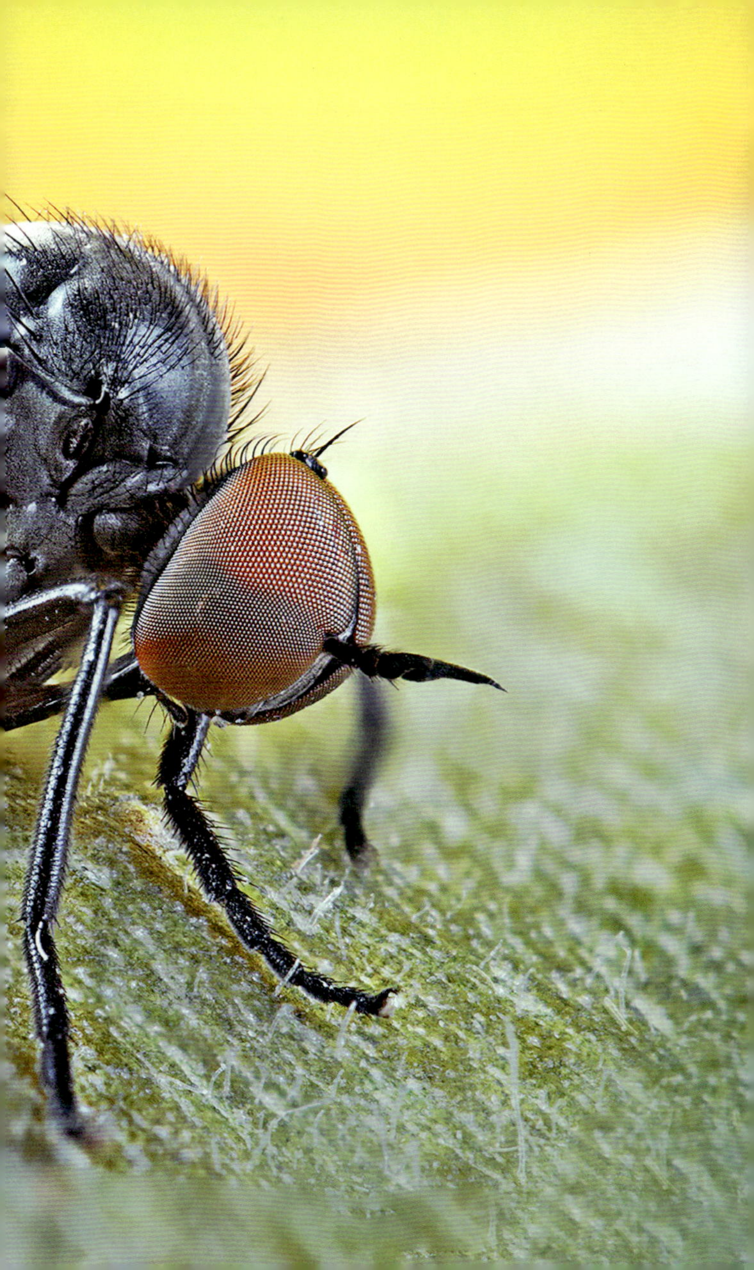

Workshop » S. 58

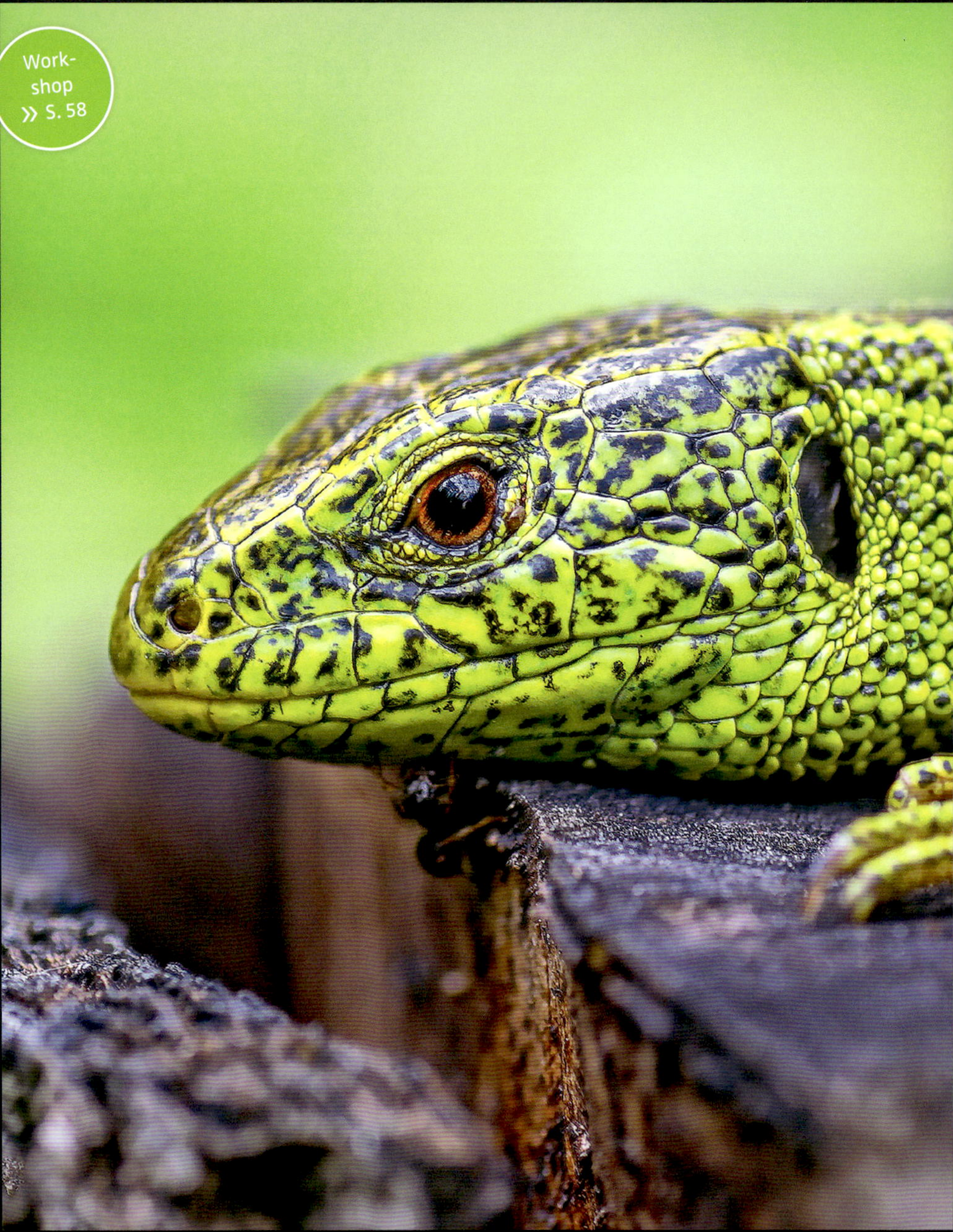

Sony α57, Tamron 90 mm, f/4.5, ISO 200, 1/100 s

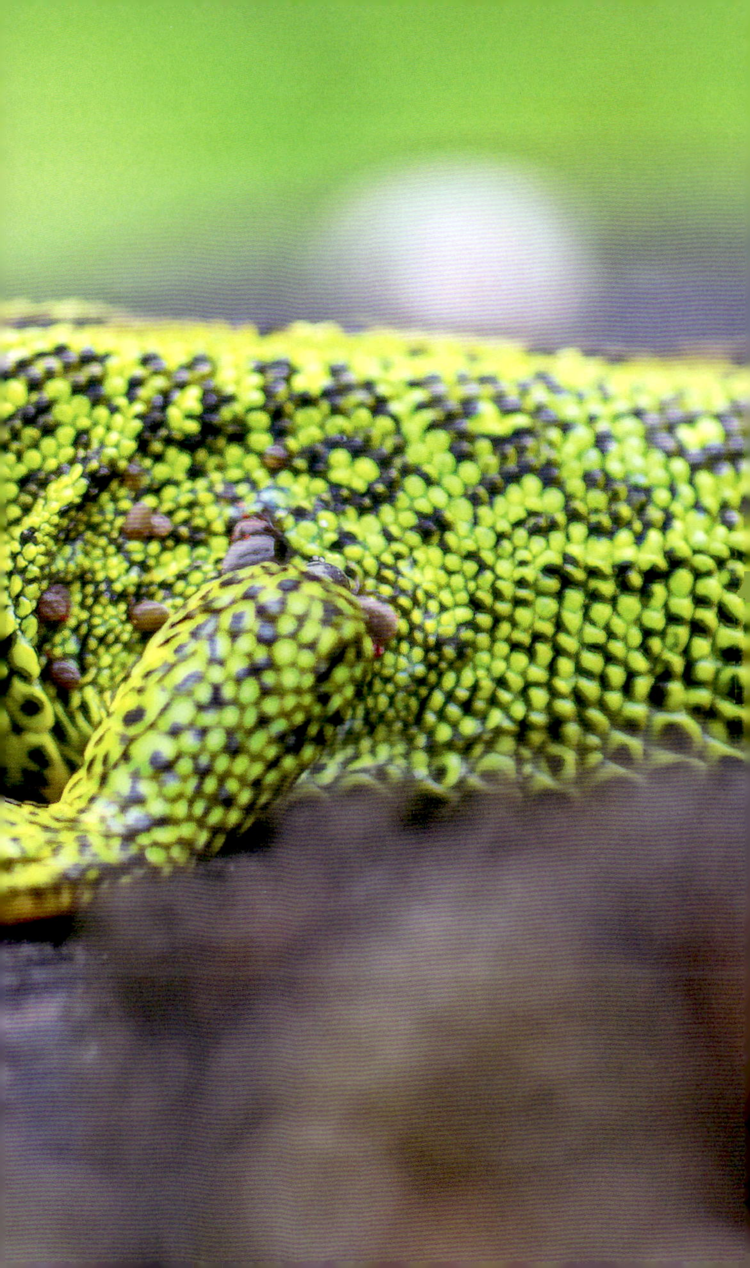

Work-
shop
» S. 61

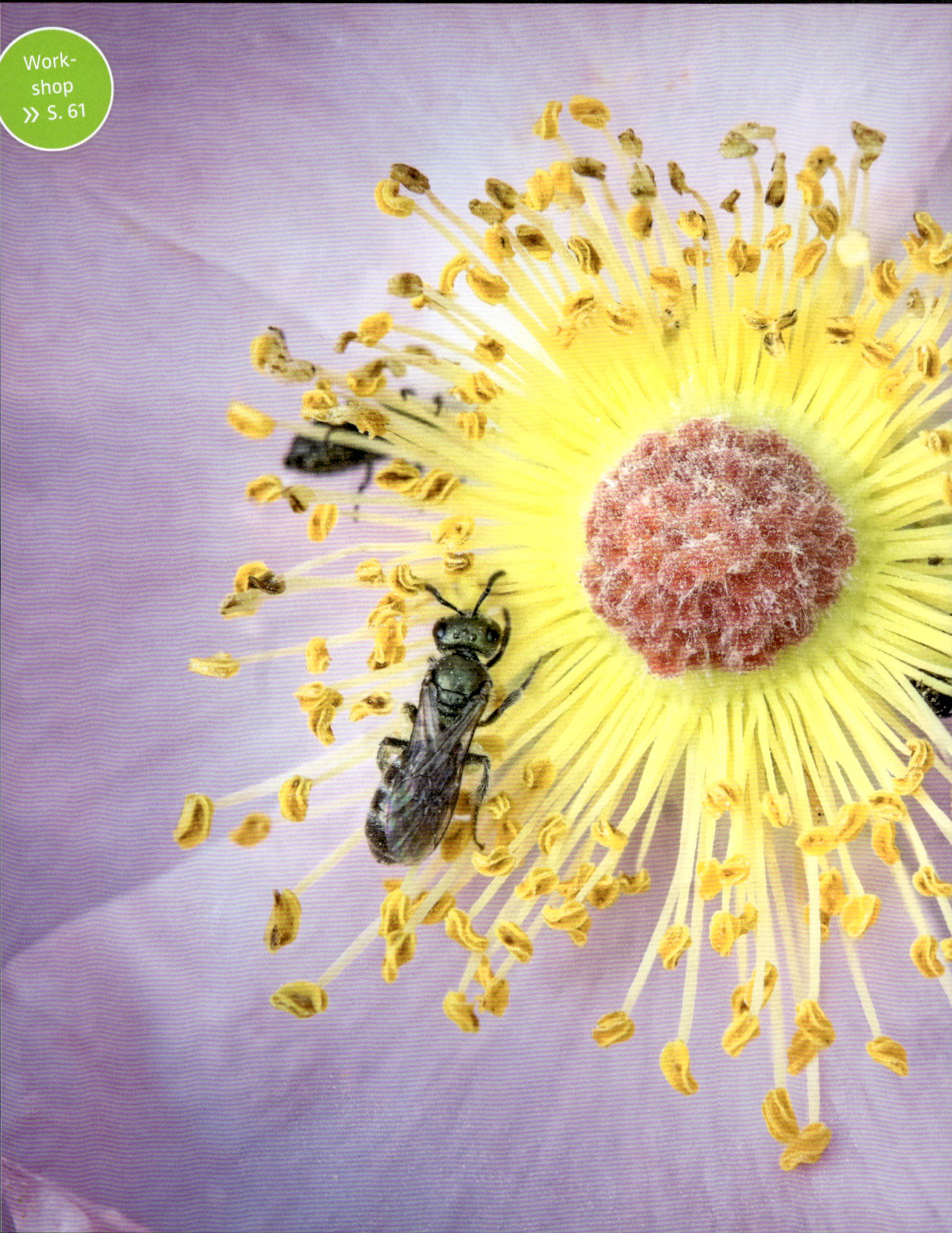

Sony α7r II, Sony 90 mm, f/9, ISO 3200, 1/500 s

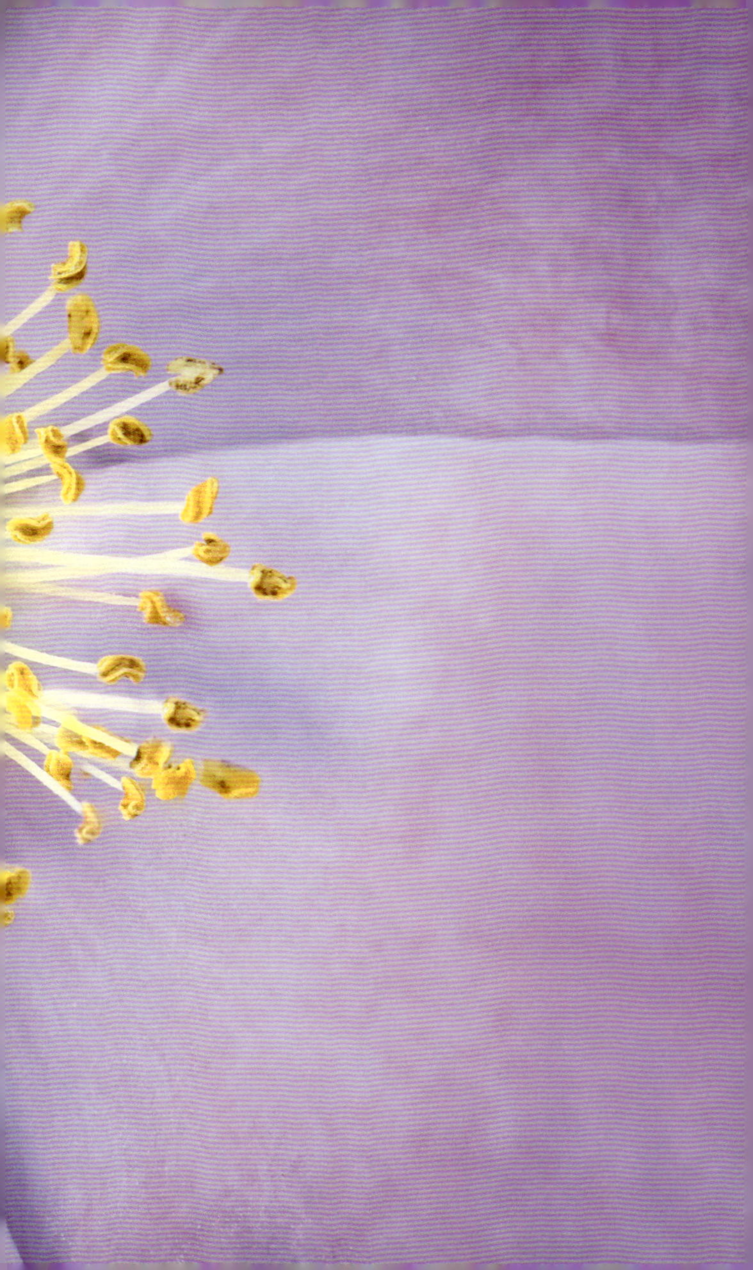

Work-
shop
» S. 62

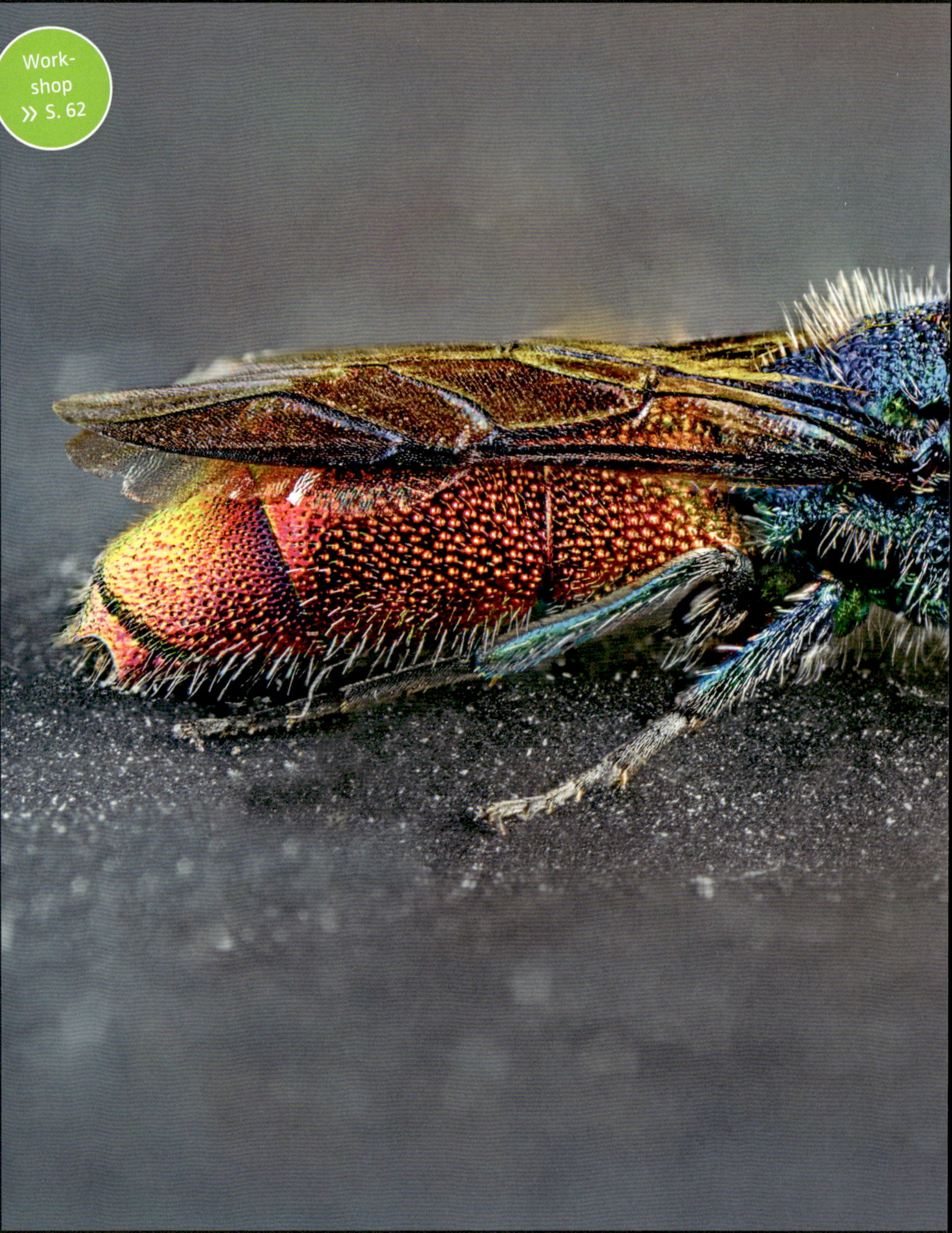

Sony α77 II, Sony 90 mm, Nahlinse Raynox DCR-250, f/7.1, ISO 100, 1/160 s, Focus Stack aus 10–15 Einzelfotos

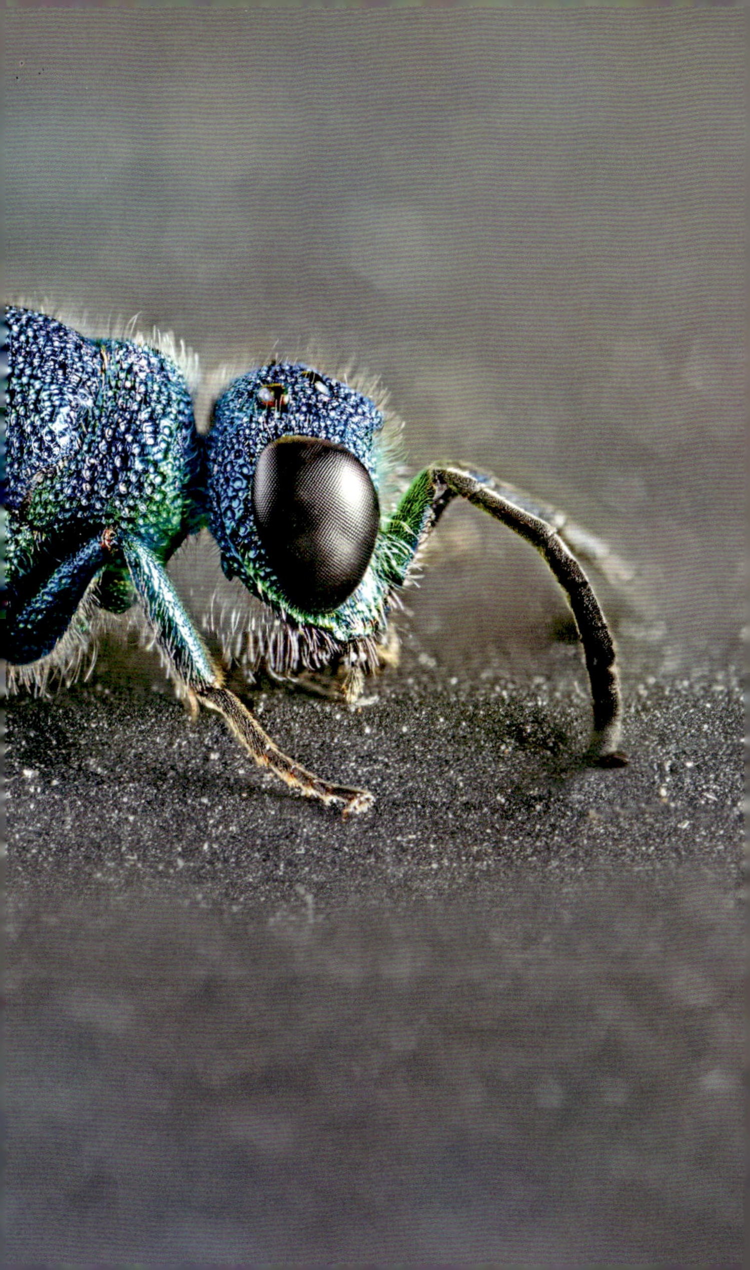

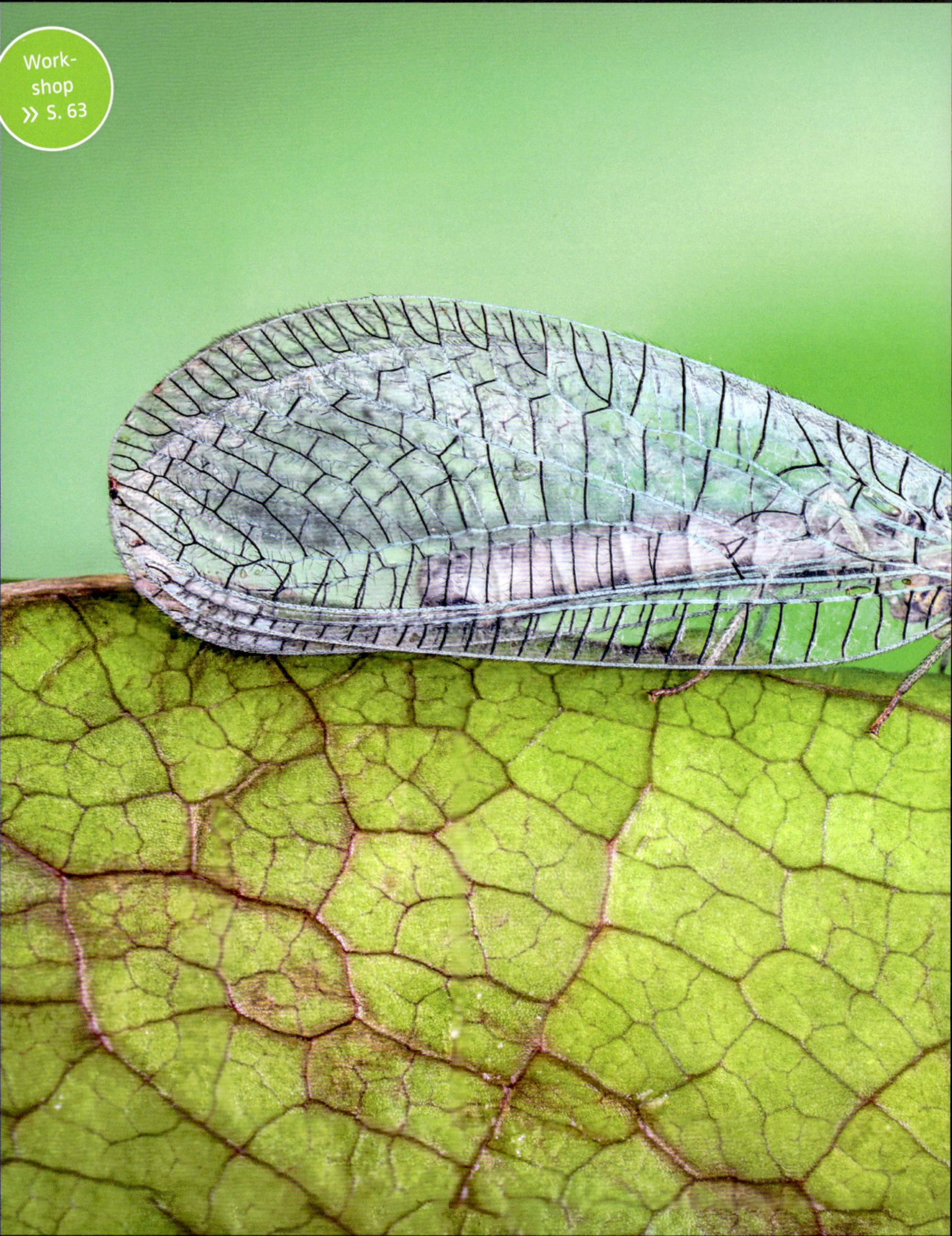

Workshop » S. 63

Sony α77 II, Tamron 90 mm, Nahlinse Raynox DCR-250, f/11, ISO 50, 1/200 s

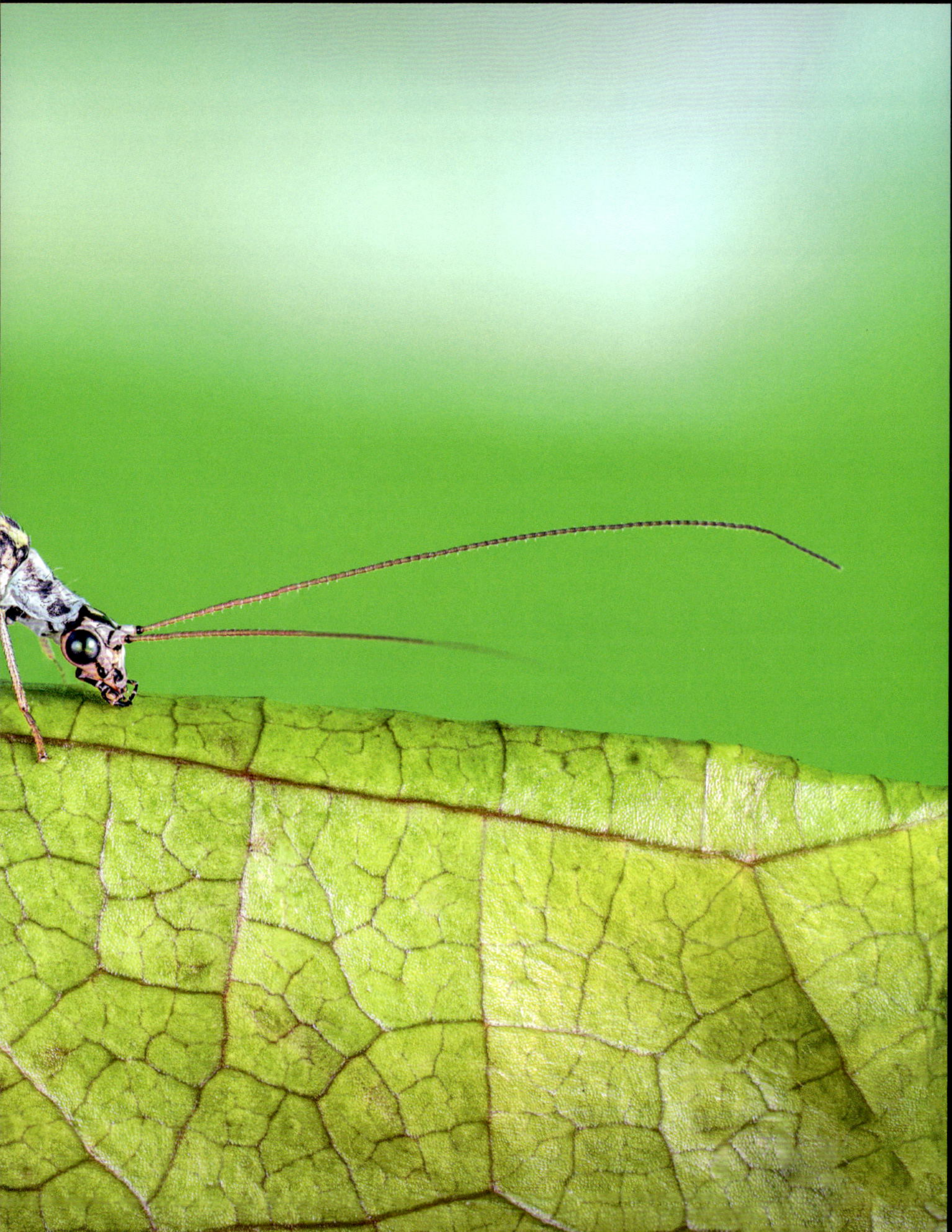

Workshop » S. 64

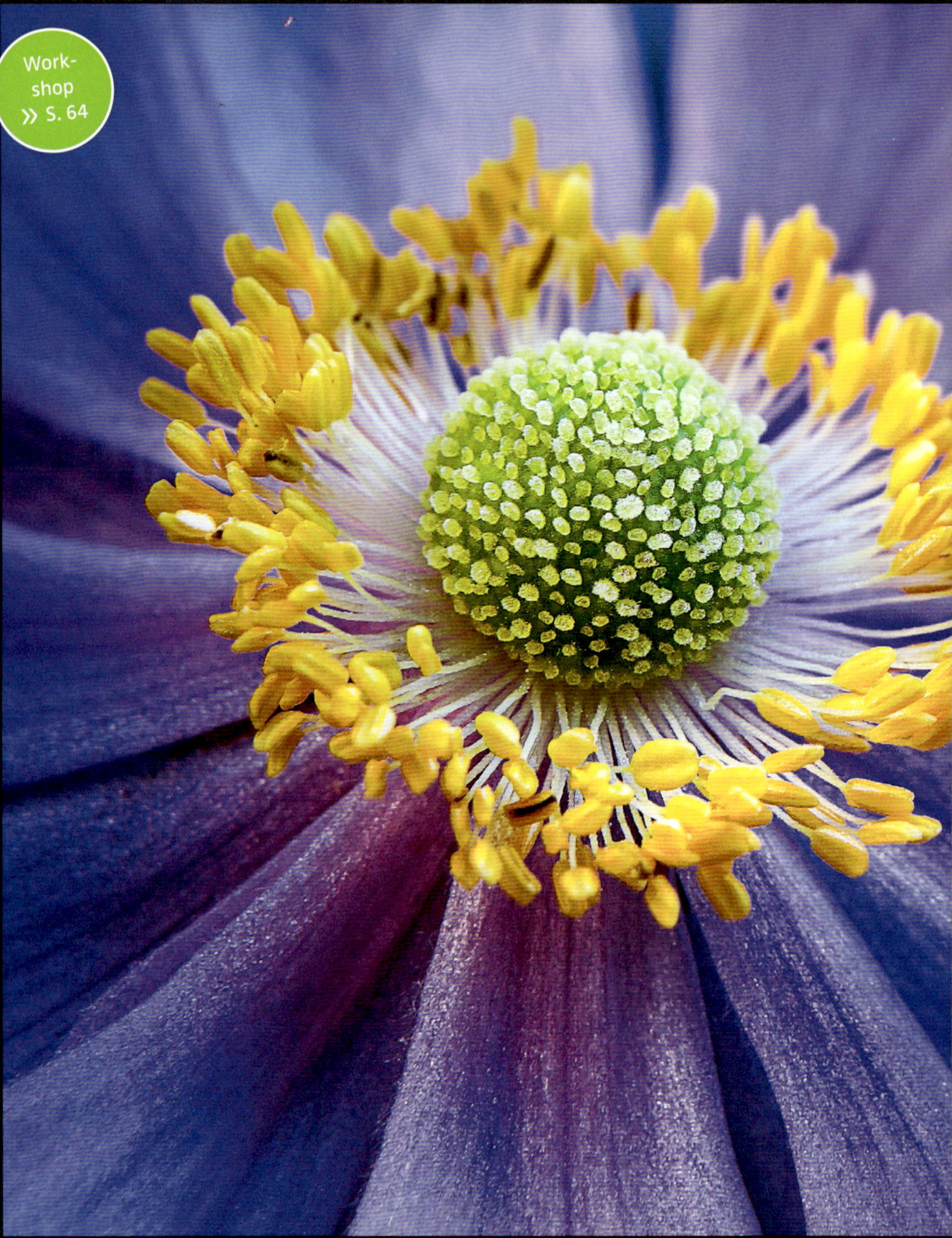

Sony α57, Sony 18-55 mm Kit-Objektiv, Nahlinse Raynox DCR-250, f/16, ISO 160, 1/13 s

Workshop » S. 65

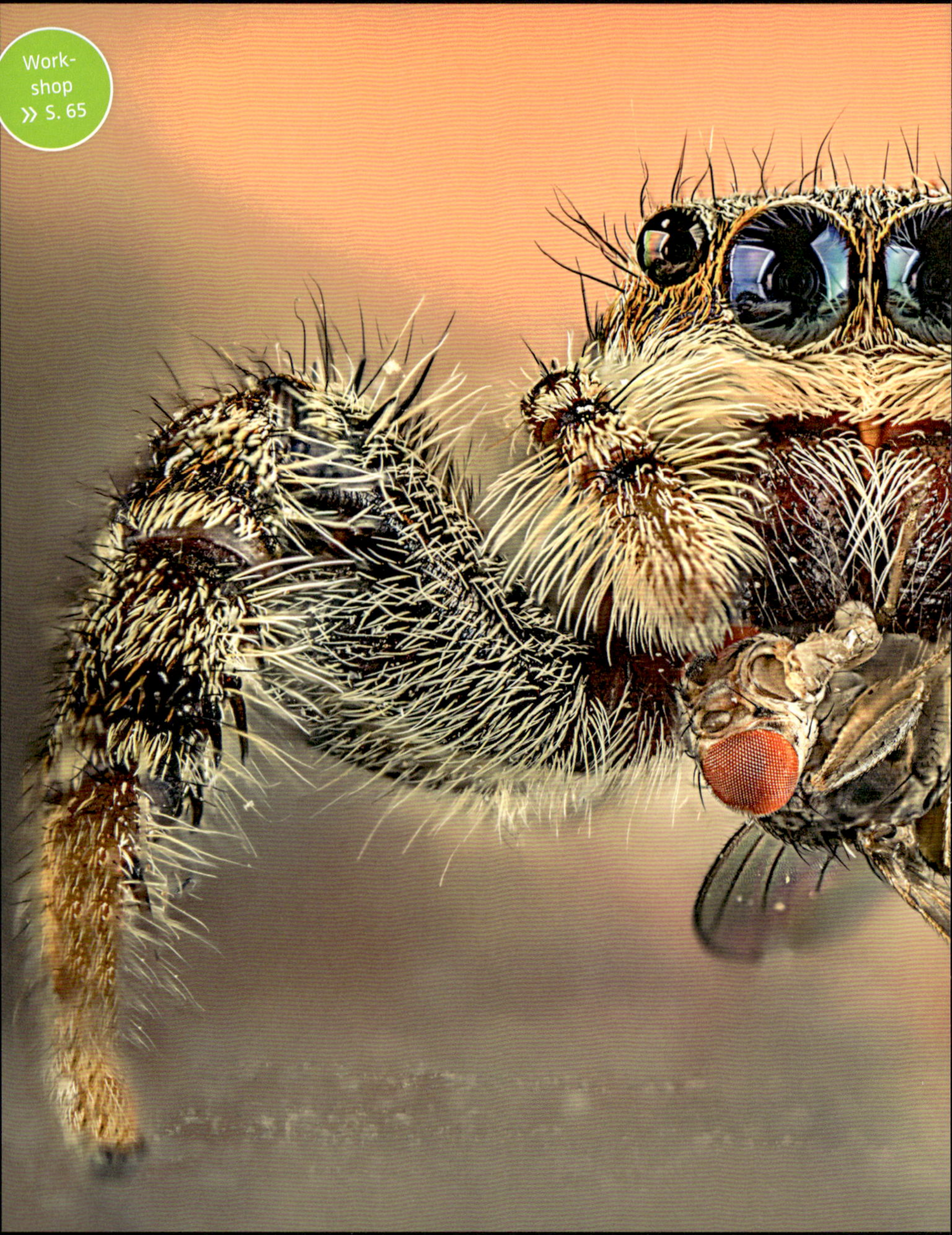

Sony α7r II, 50 mm in Retrostellung, f/5.6, ISO 200, 1/160 s, Focus Stack aus 22 Einzelaufnahmen

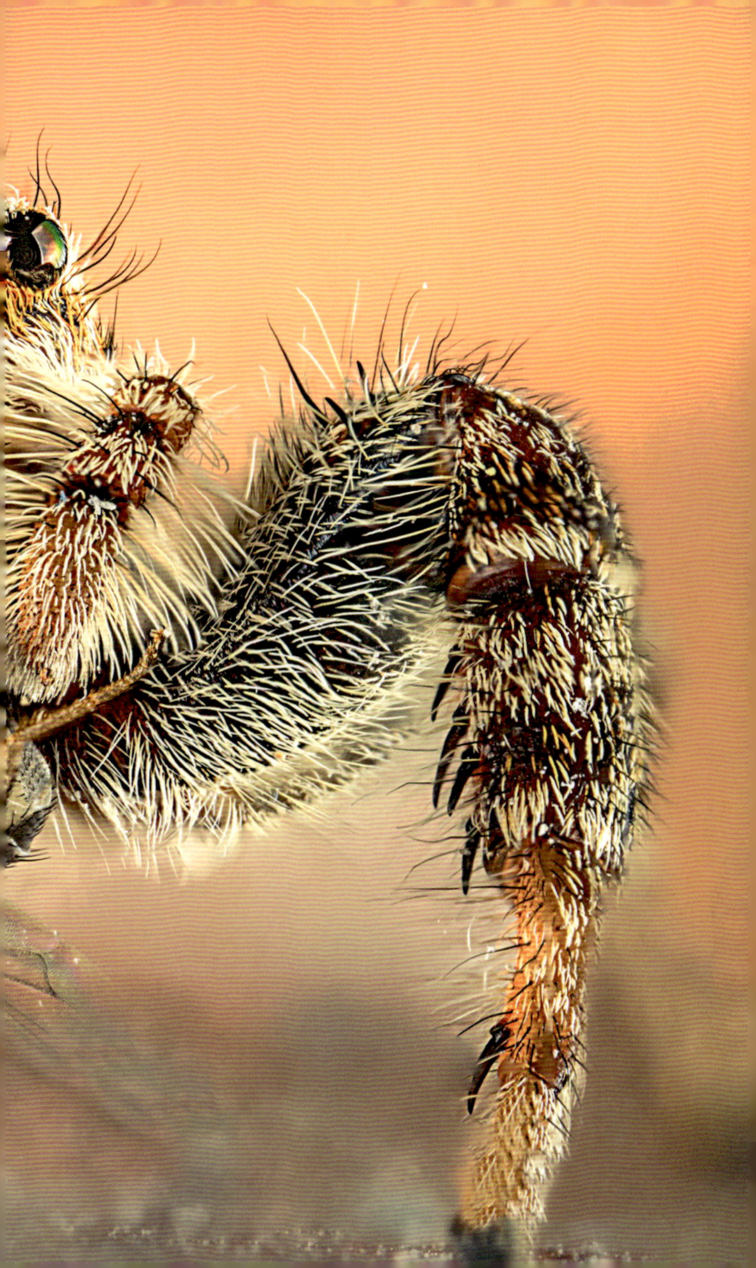

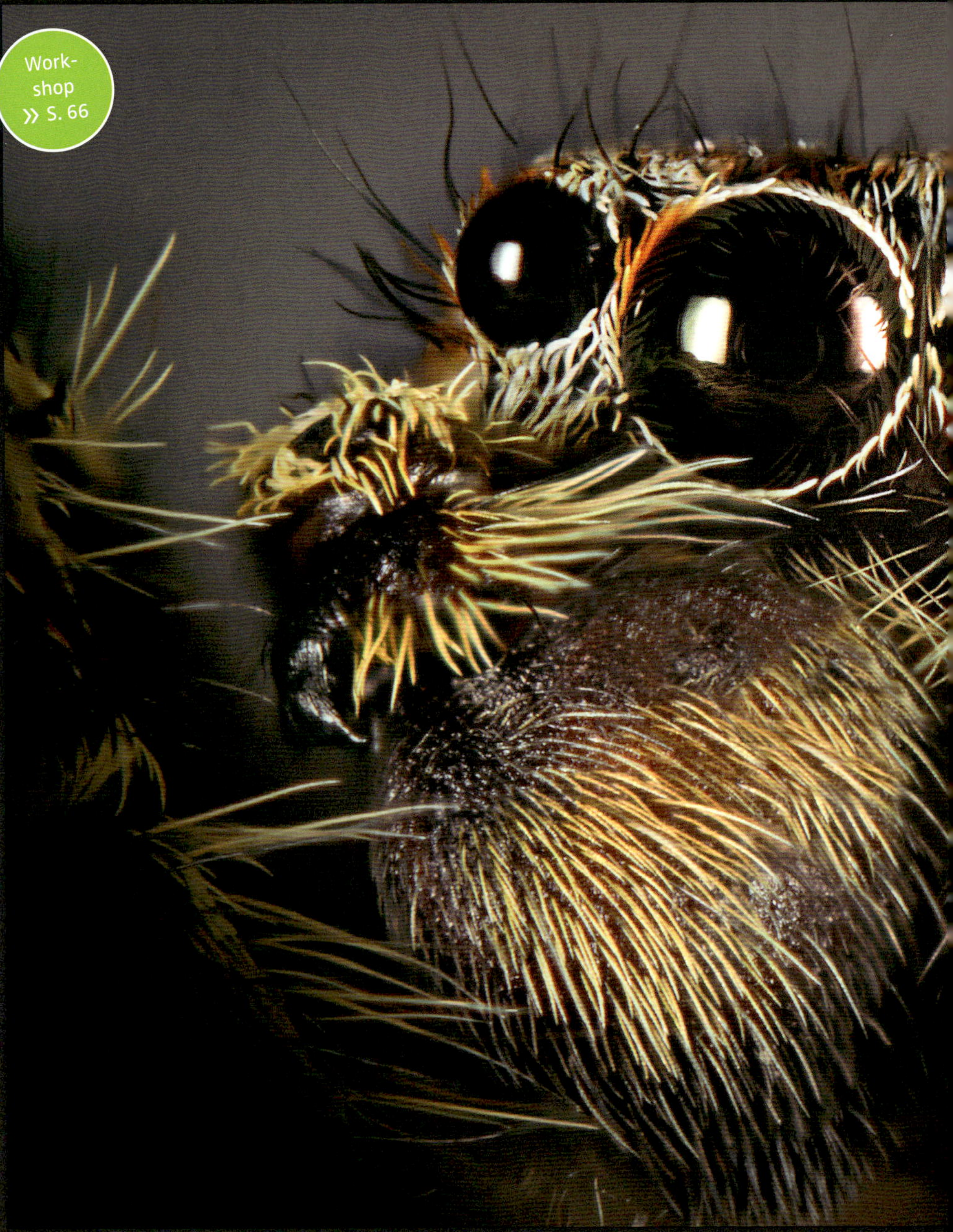

Sony α77 II, 28 mm in Retrostellung, f/5.6, ISO 100, 1/160 s,
Focus Stack aus 16 Einzelaufnahmen

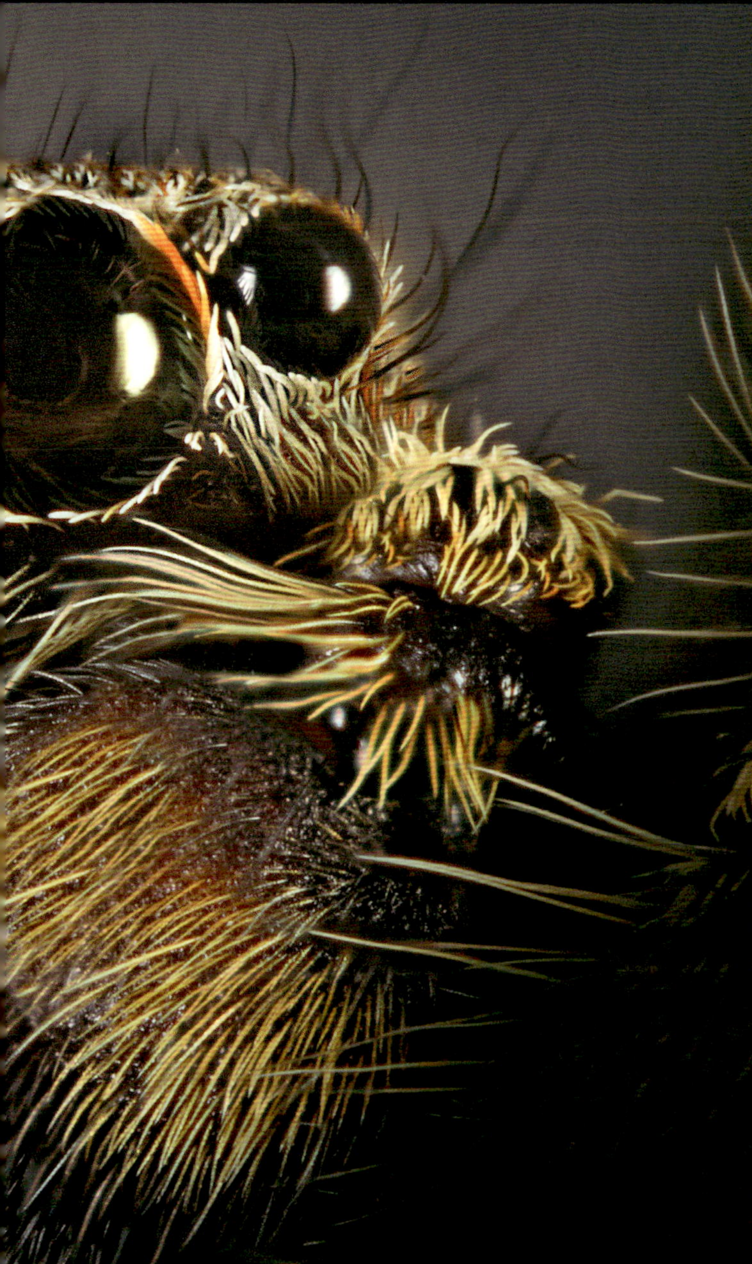

Workshop » S. 43

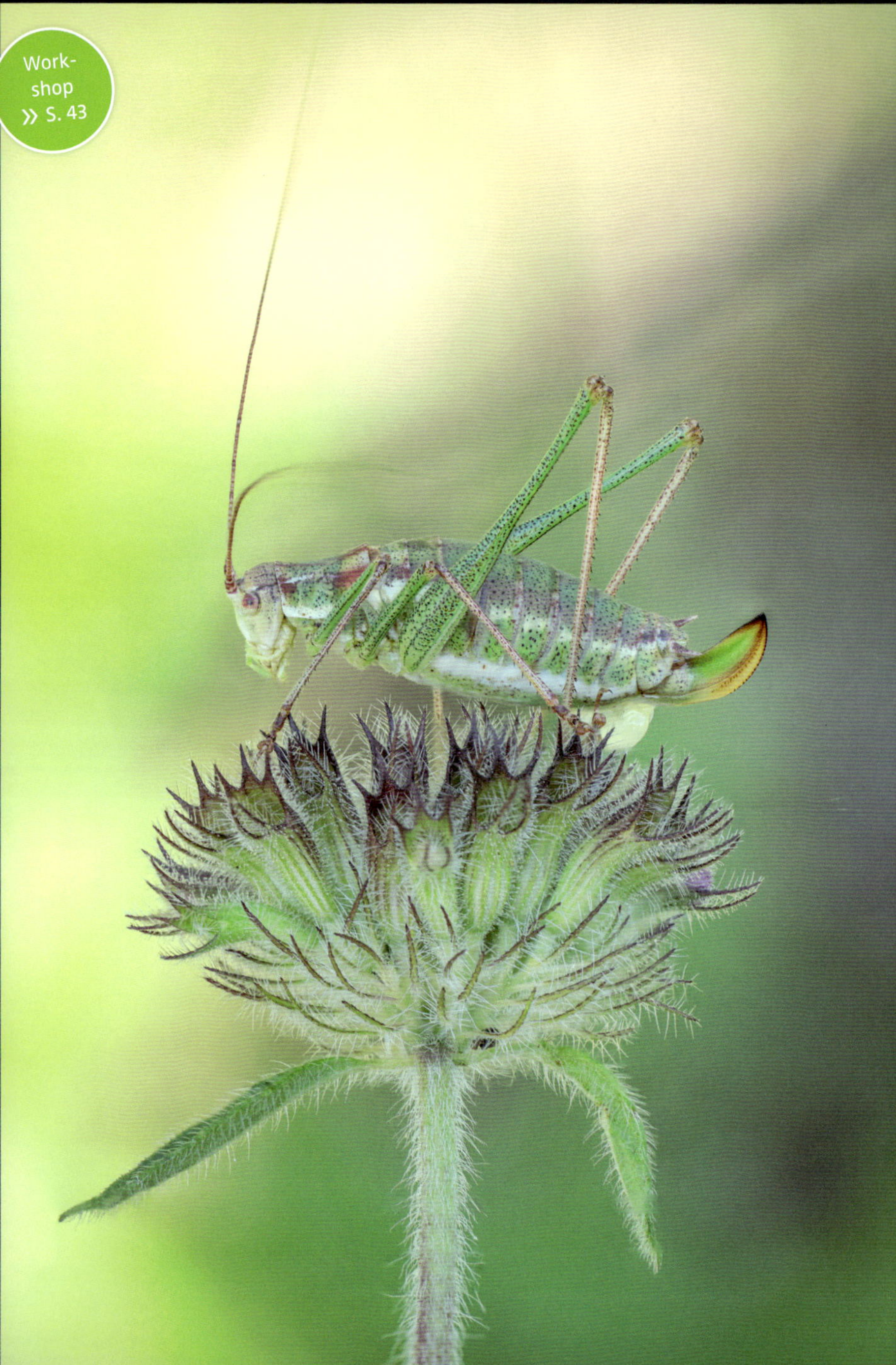

Sony α7r II, Sony 90 mm, Nahlinse Raynox DCR-250, f/7.1, ISO 1000, 1/250 s

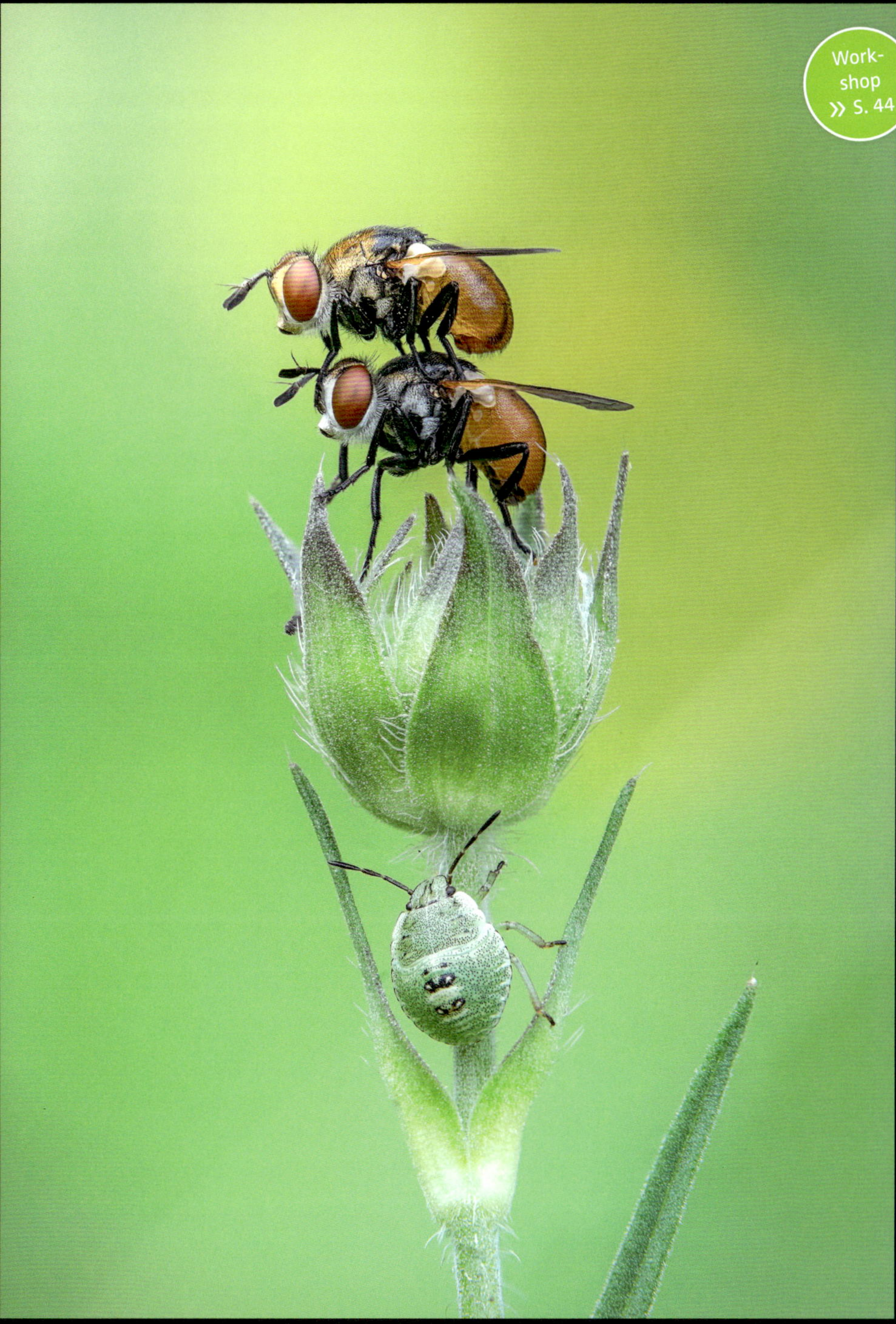

Sony α7r II, Sony 90 mm, f/11, ISO 2000, 1/100 s, Focus Stack aus 10 Einzelaufnahmen

Workshop » S. 46

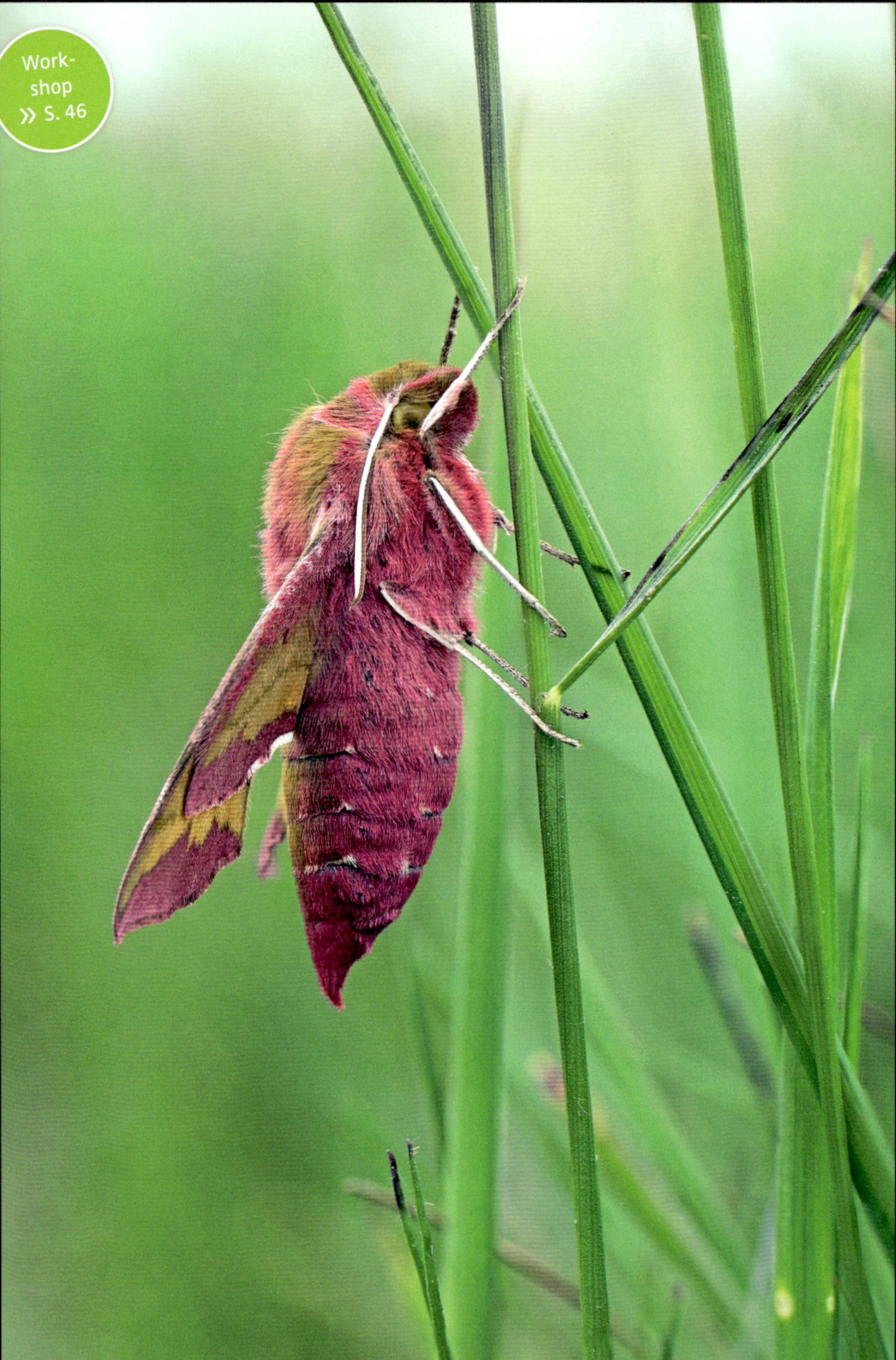

Sony α77 II, Tamron 90 mm, Nahlinse Raynox DCR-250, f/8, ISO 320, 1/125 s

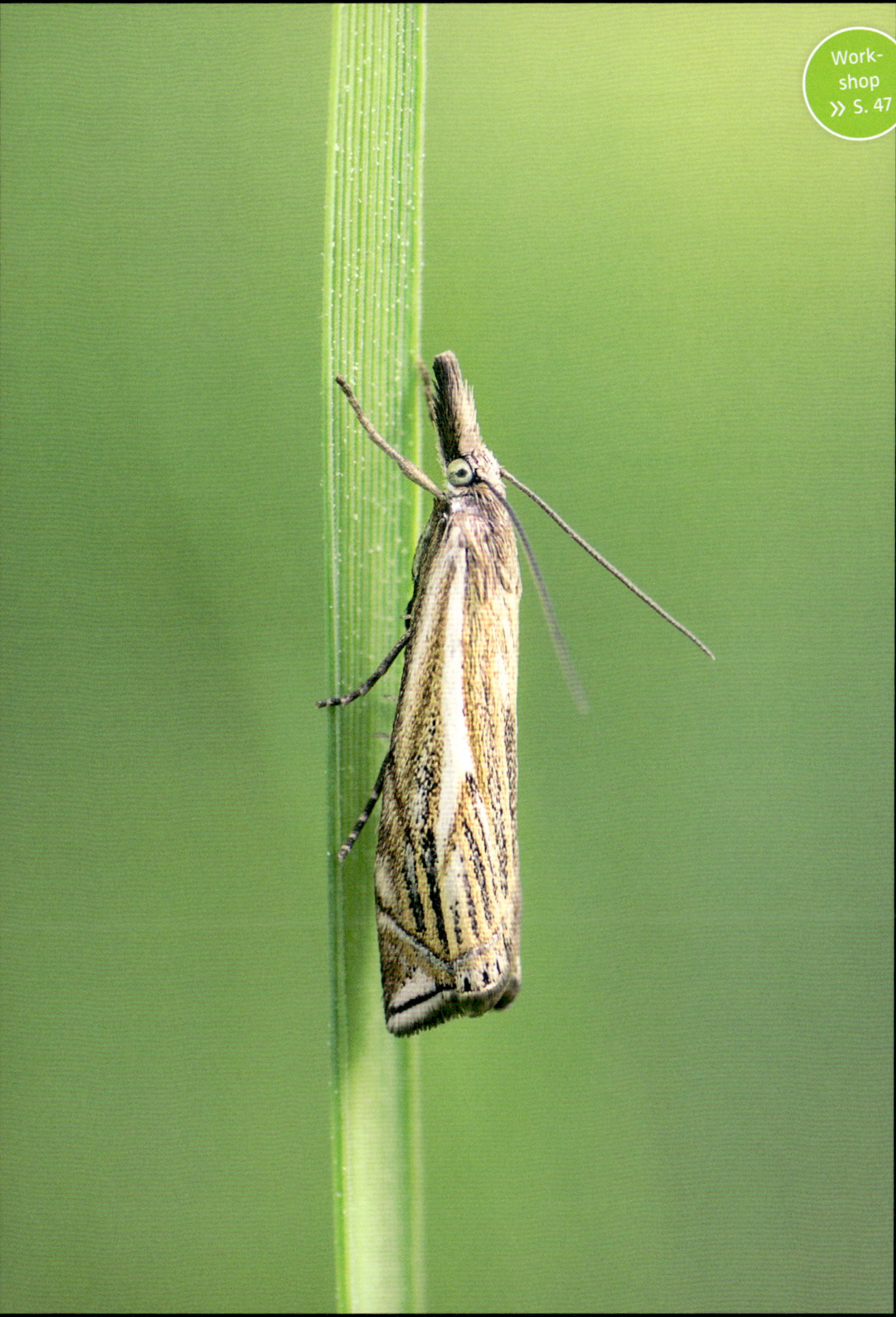

Workshop » S. 47

Sony α57, Tamron 90 mm, Nahlinse Raynox DCR-250, f/4.5, ISO 400, 1/60 s

Workshop » S. 48

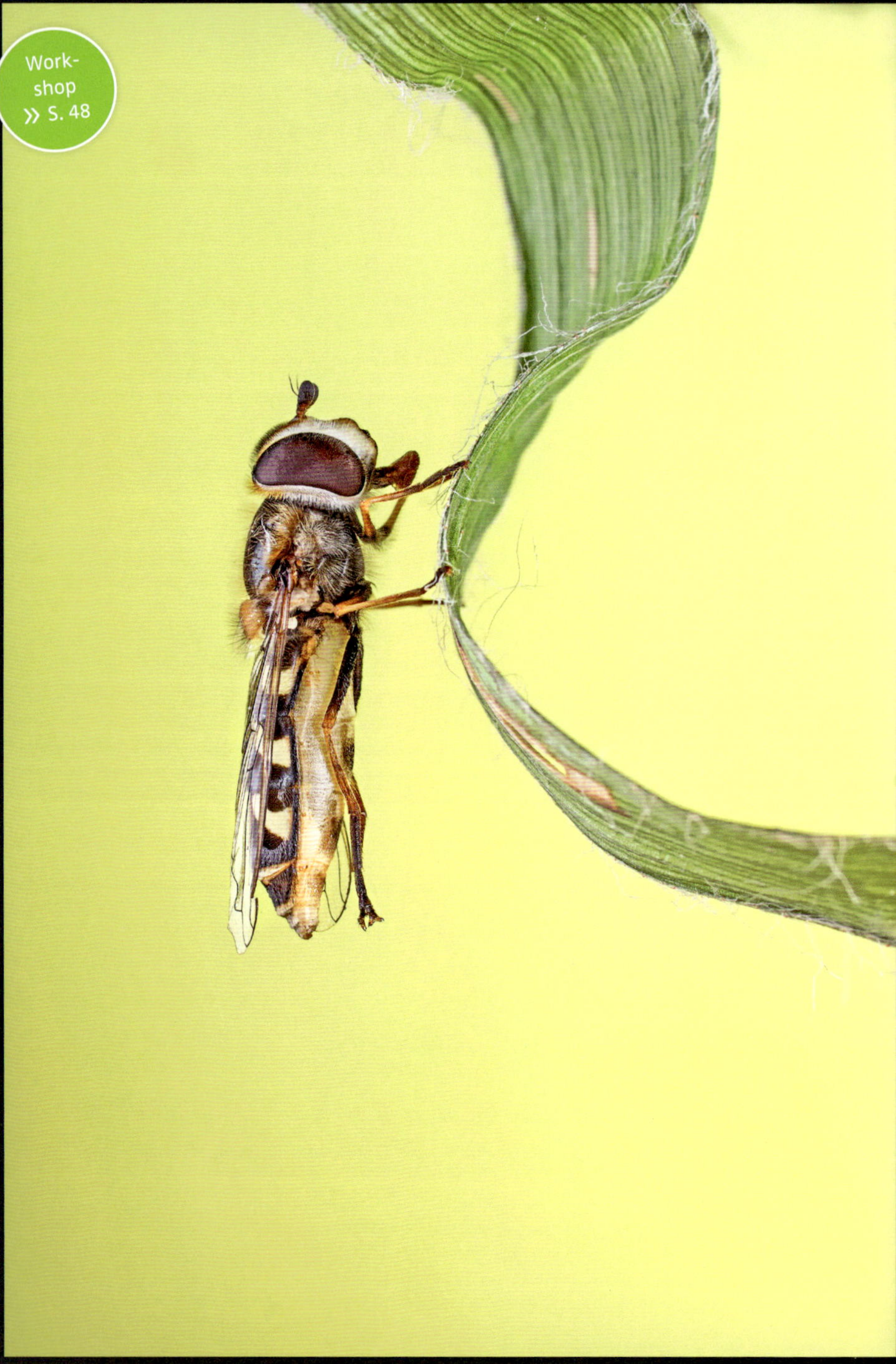

Sony α57, Tamron 90 mm, Nahlinse Raynox DCR-250, f/11, ISO 100, 1/60 s

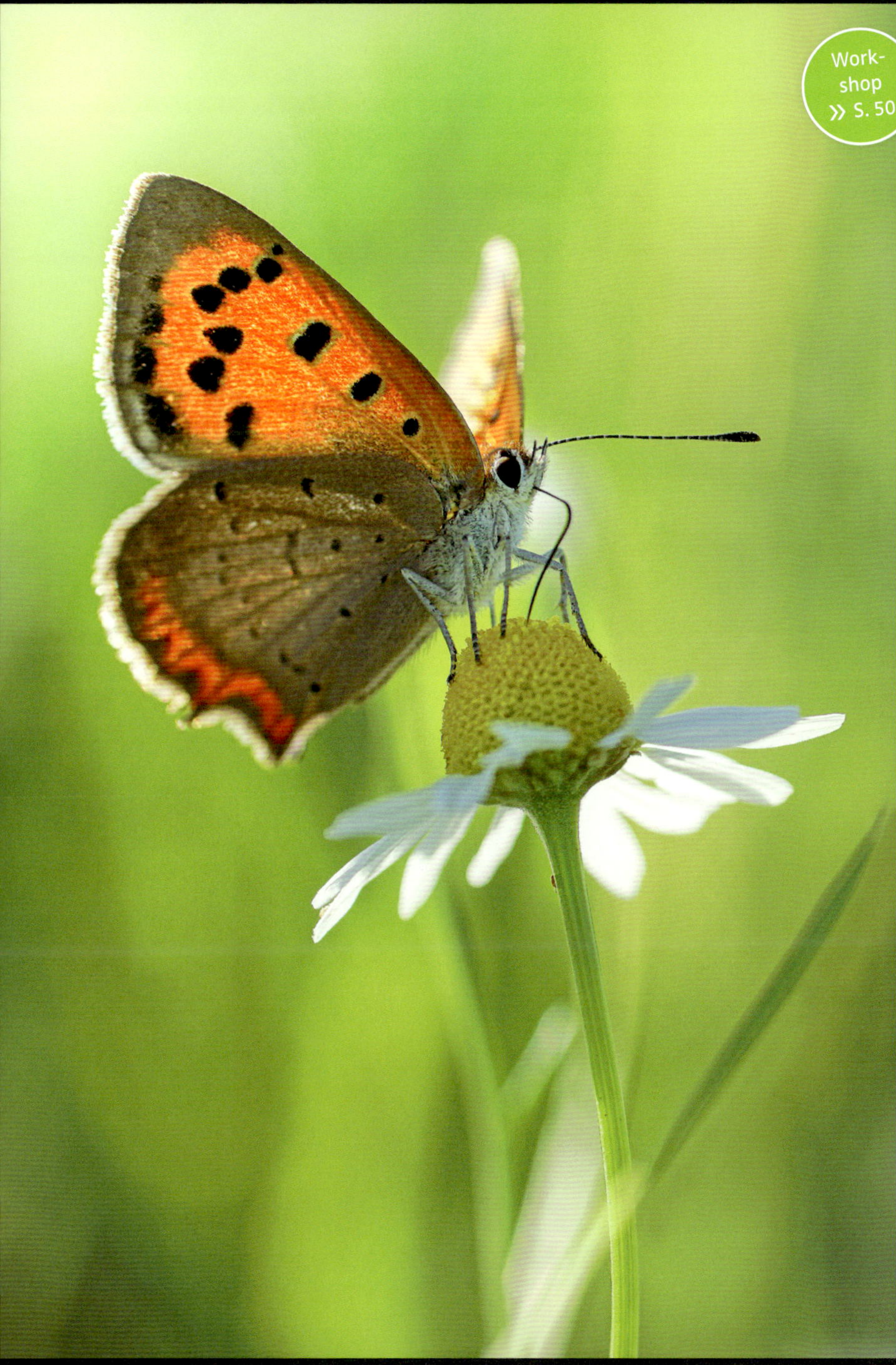

Workshop » S. 50

Sony α77 II, Tamron 90 mm, Nahlinse Raynox DCR-250, f/5.6, ISO 100, 1/125 s

Workshop » S. 51

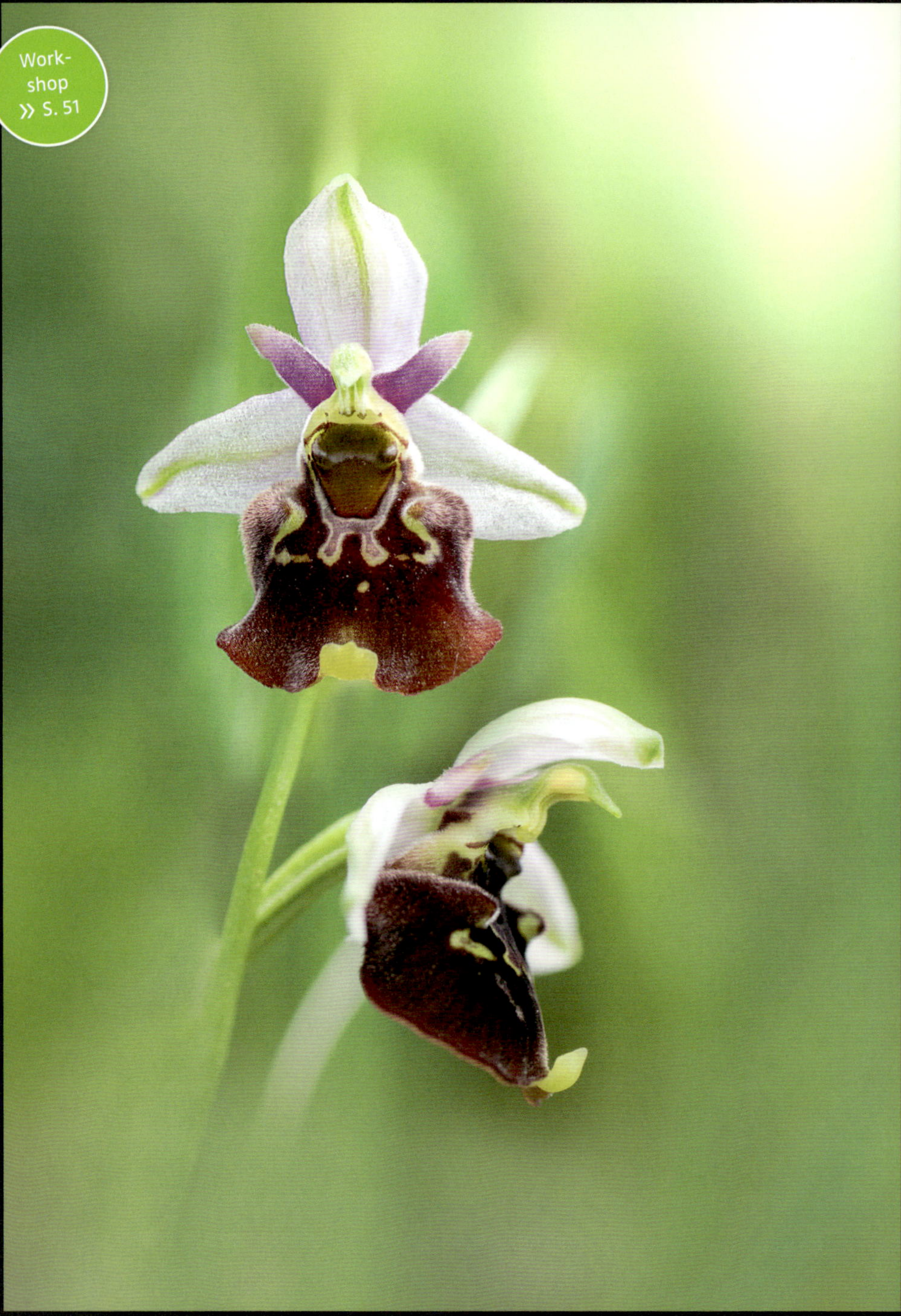

Sony α77 II, Tamron 90 mm, Nahlinse Raynox DCR-250, f/5.6, ISO 200, 1/100 s

Workshop » S. 52

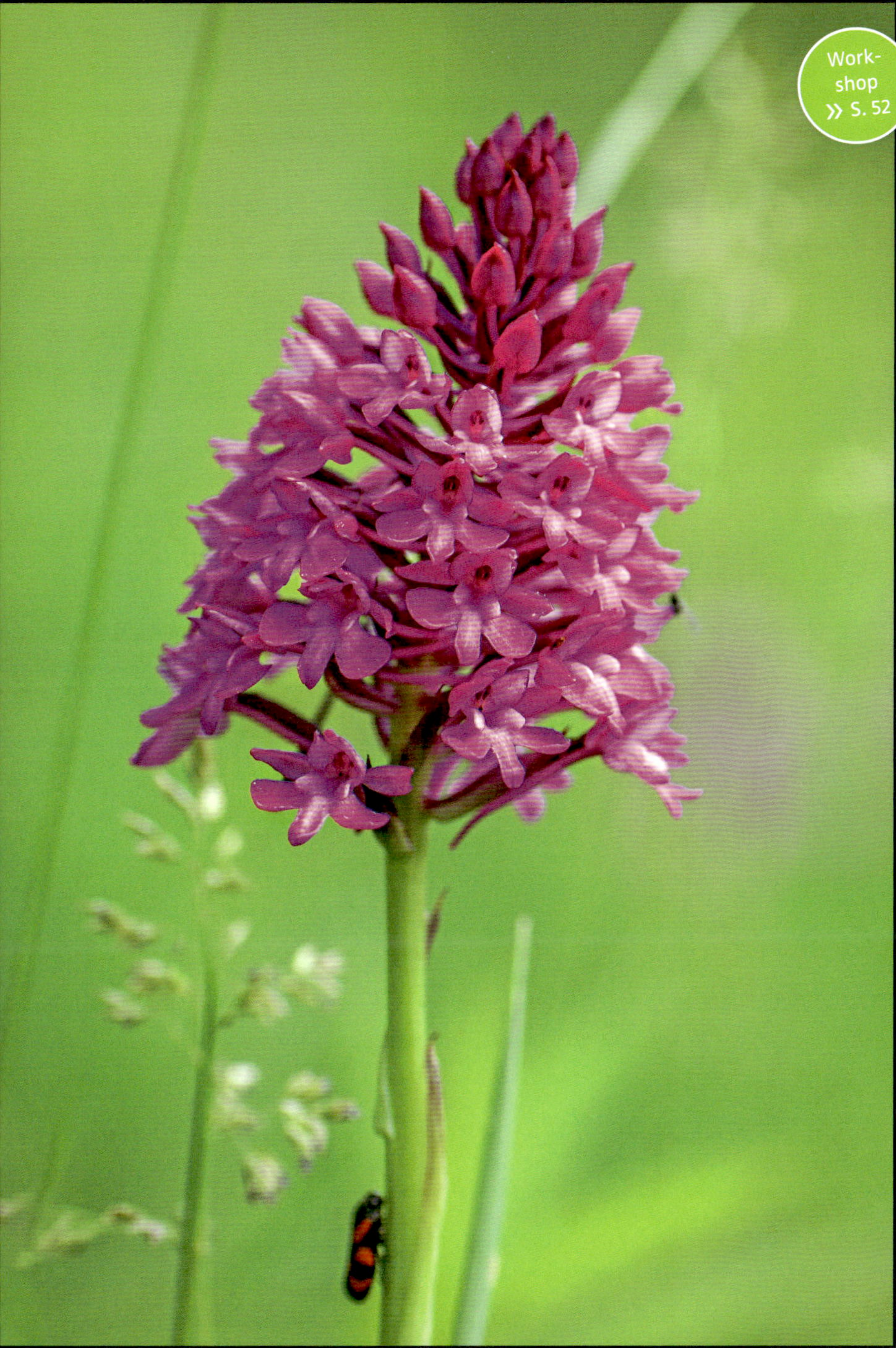

Sony α77 II, Tamron 90 mm, f/4.5, ISO 160, 1/400 s

Work-
shop
» S. 55

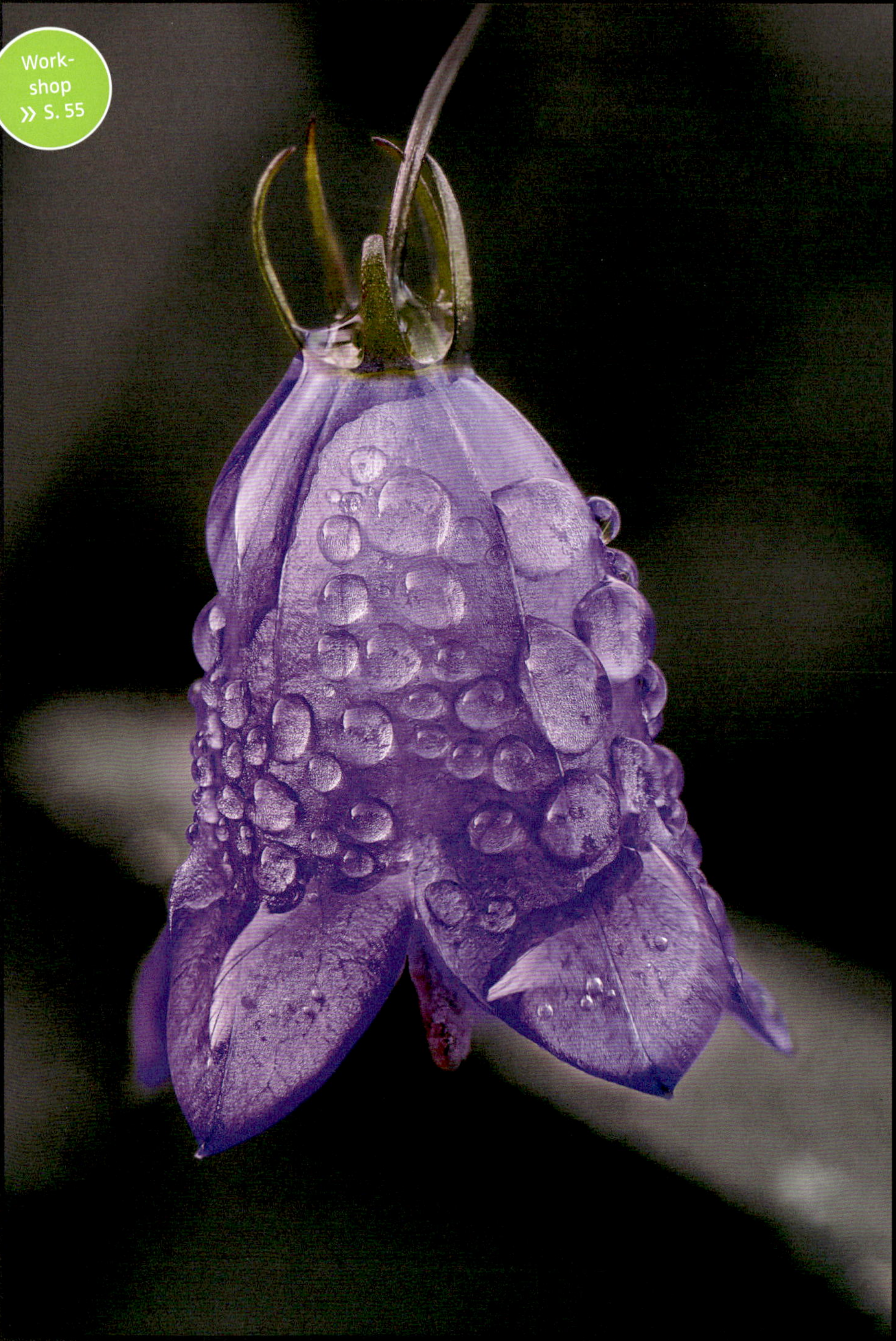

Sony α57, Tamron 90 mm, Nahlinse Raynox DCR-250, f/5, ISO 400, 1/100 s,
Focus Stack aus etwa 15 Einzelfotos

Workshop » S. 56

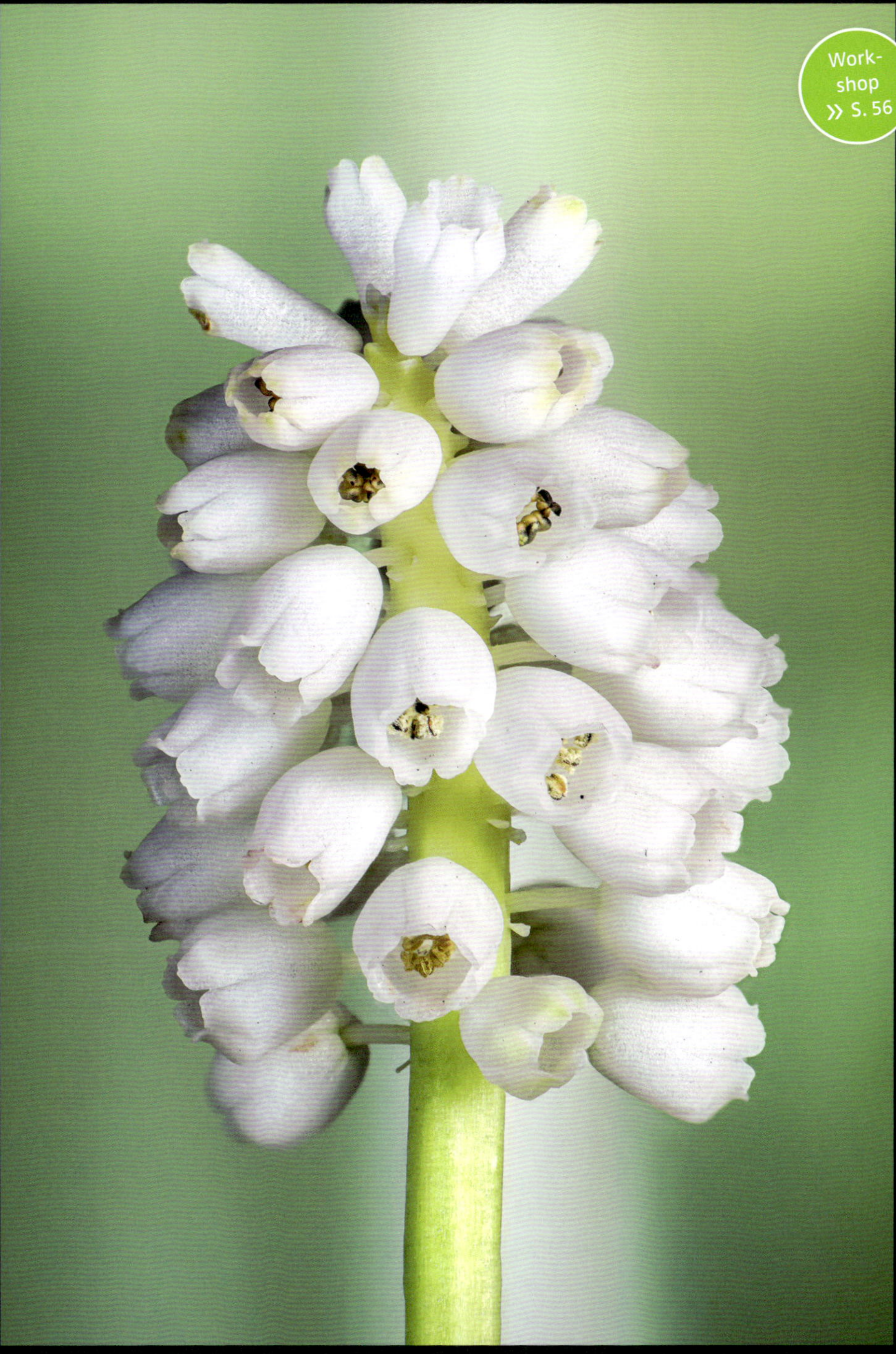

Sony α7r II, APO-Digitar 90 mm, f/11, ISO 64, 1/160 s, Focus Stack aus etwa 20 Einzelfotos

Workshop » S. 57

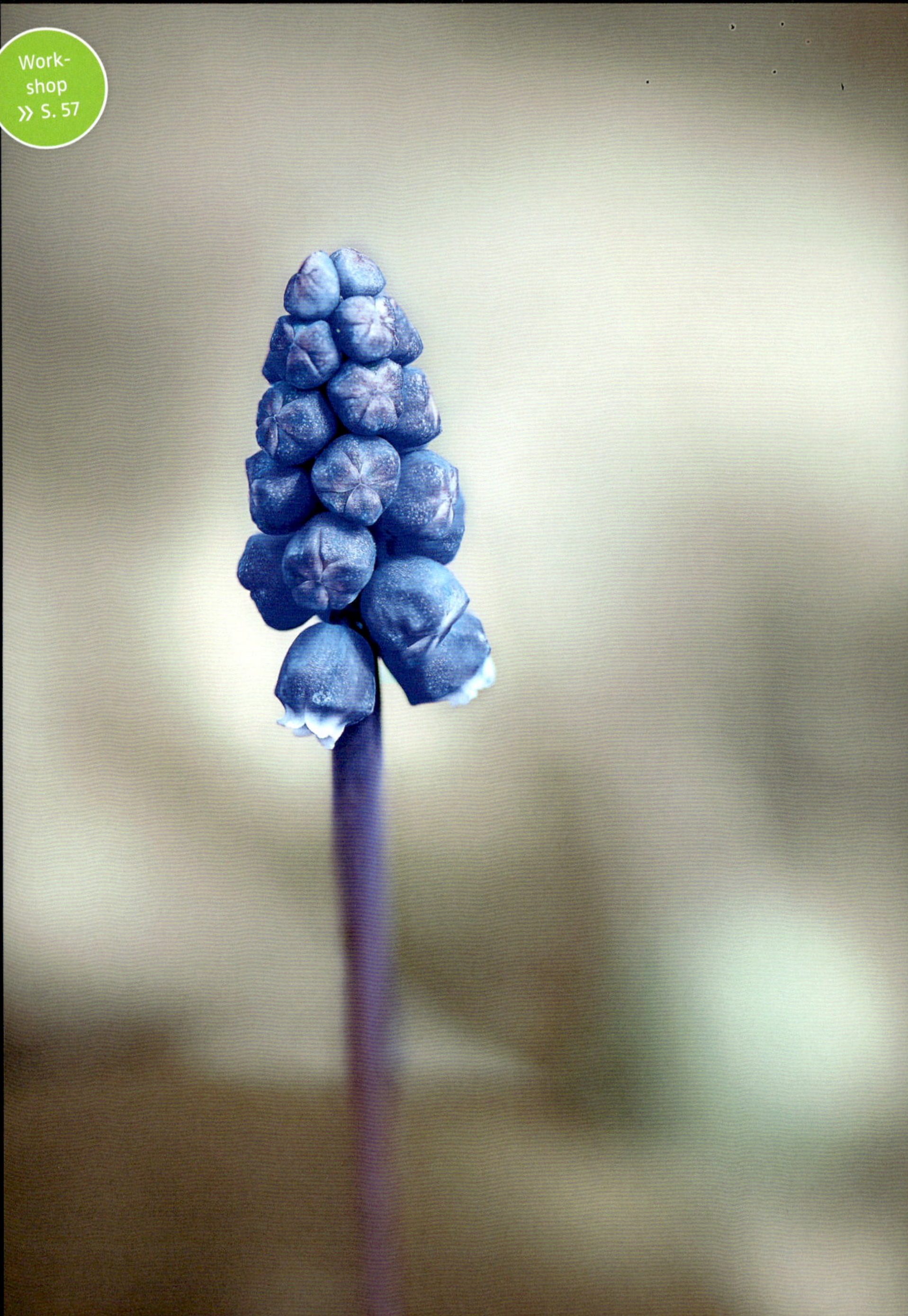

Sony α57, Tamron 90 mm, f/2.8, ISO 320, 1/320 s

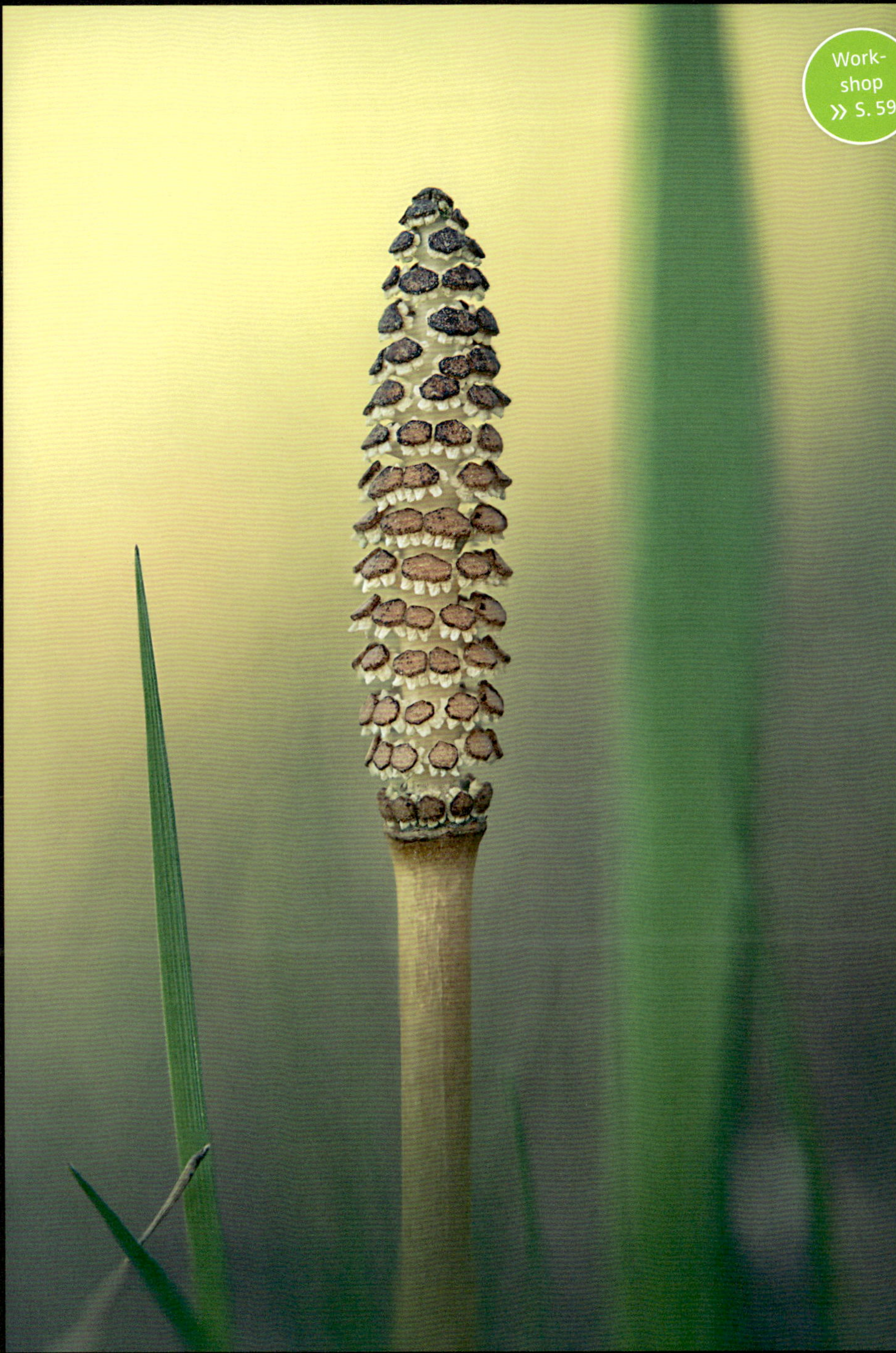

Workshop » S. 59

Sony α7r II, Sony 90 mm, f/3.5, ISO 100, 1/200 s

Workshop » S. 60

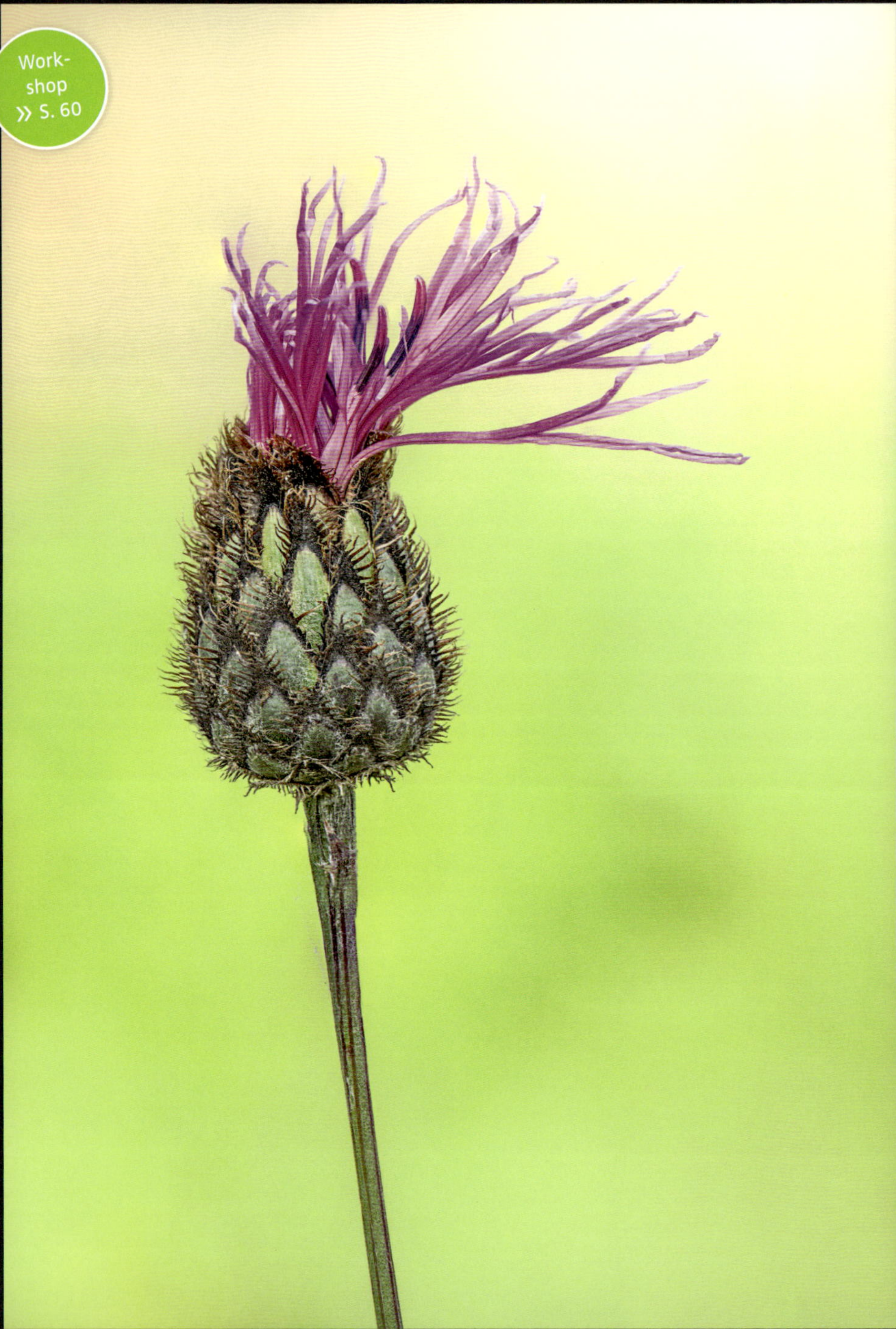

Sony α7r II, Sony 90 mm, f/7.1, ISO 400, 1/400 s

Work-
shop
» S. 67

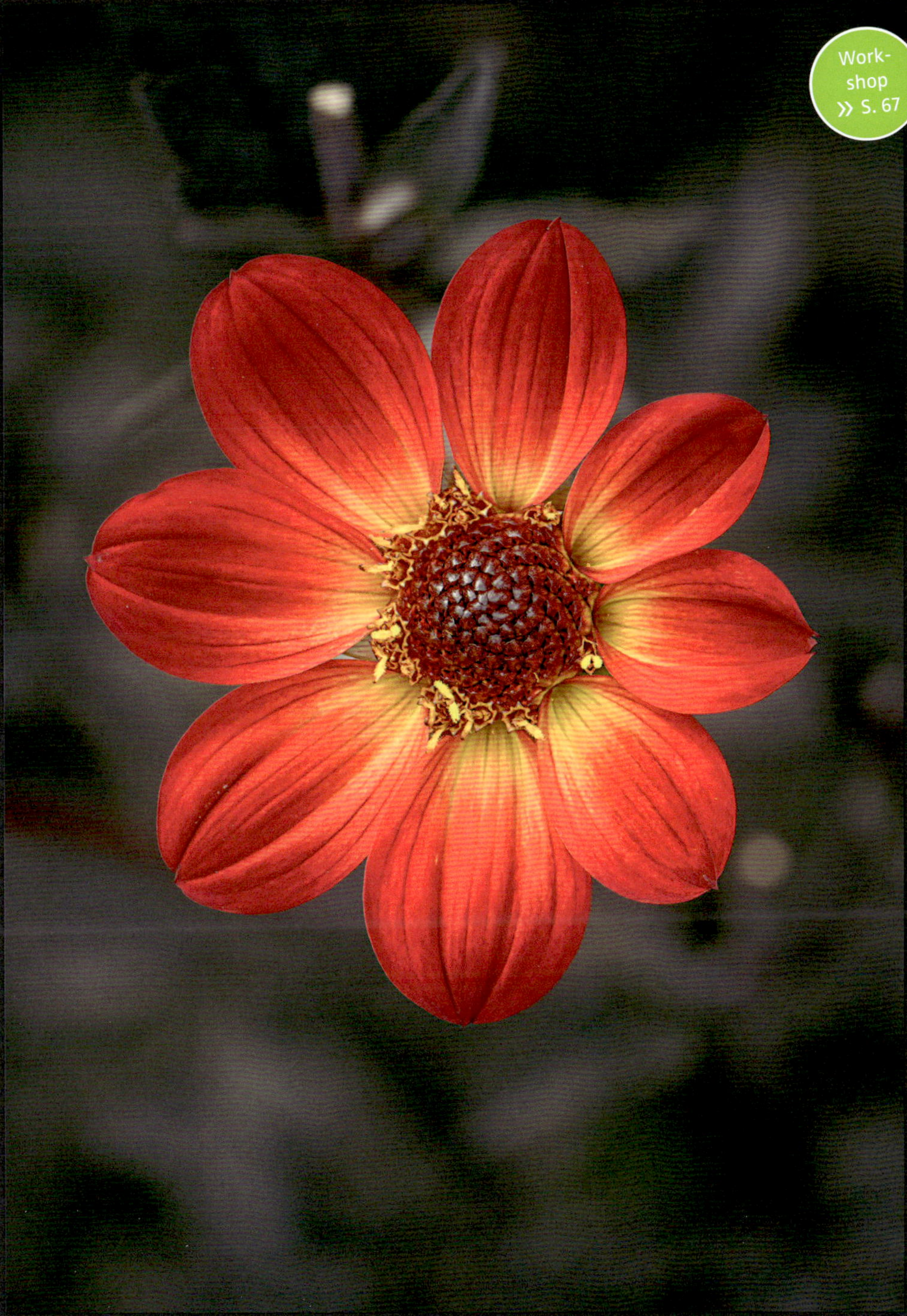

Sony α7r II, Sony 90 mm, f/3.5, ISO 500, 1/800 s

Workshop » S. 70

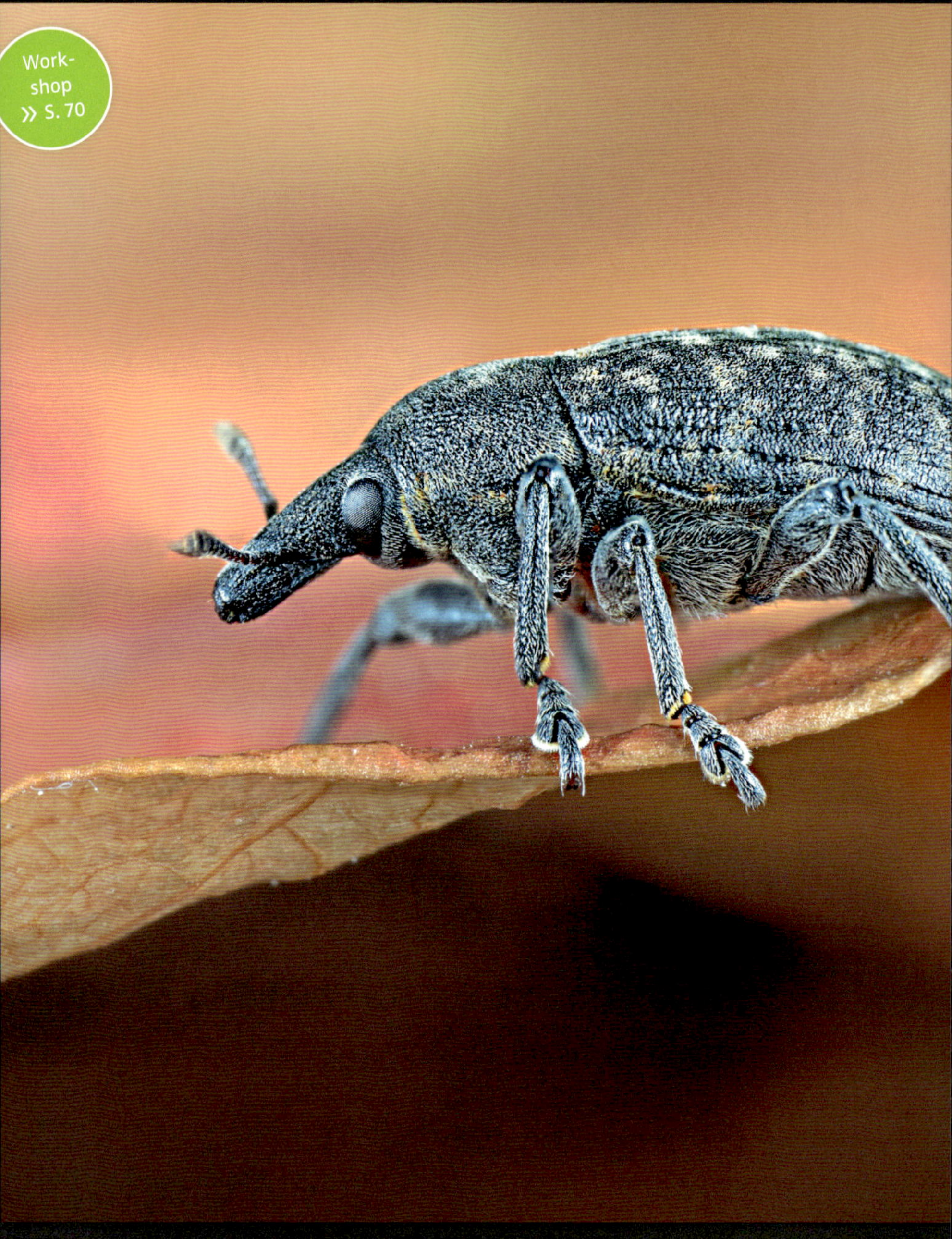

Sony α77 II, Tamron 90 mm, Raynox DCR-250, f/11, ISO 80, 1/200 s

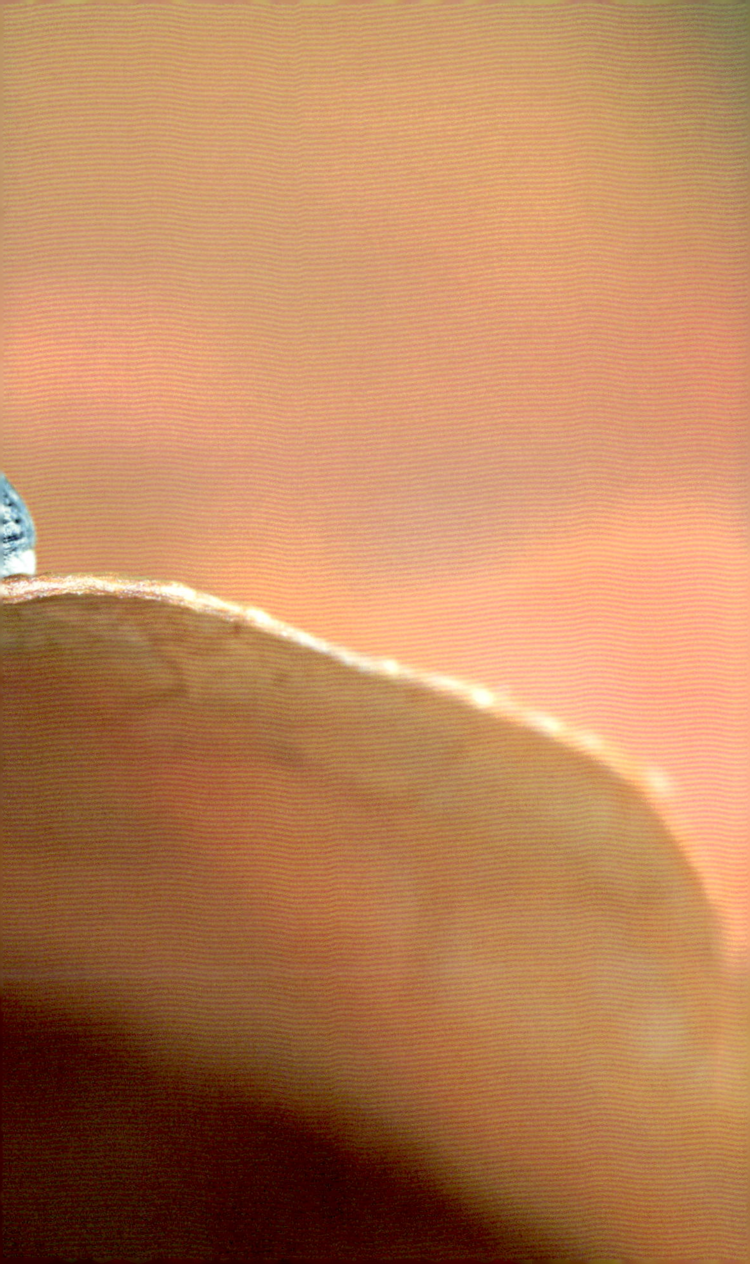

Workshop » S. 71

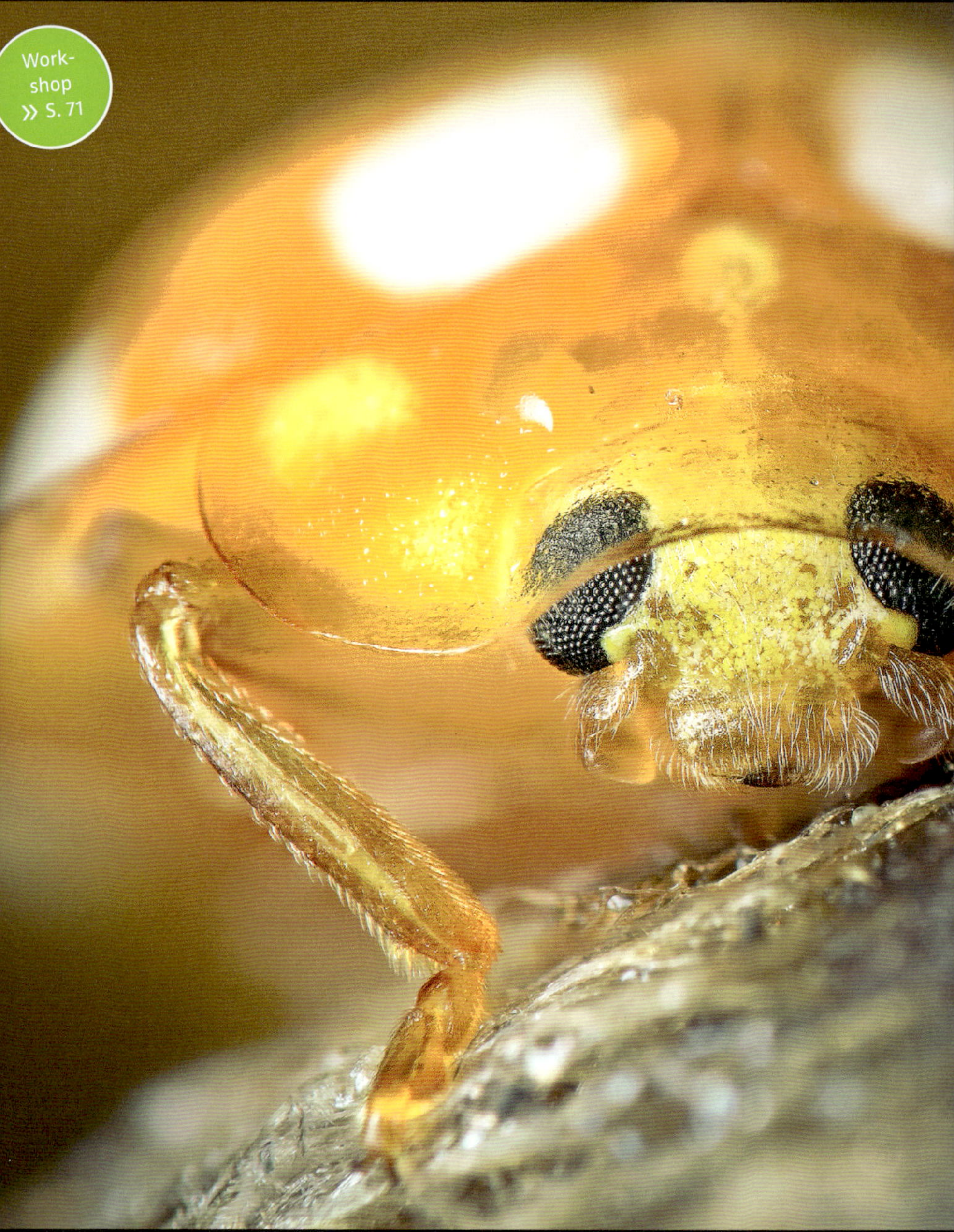

Sony α77 II, Tamron 90 mm, Nahlinse Raynox MSN-202, f/11, ISO 200, 1/160 s

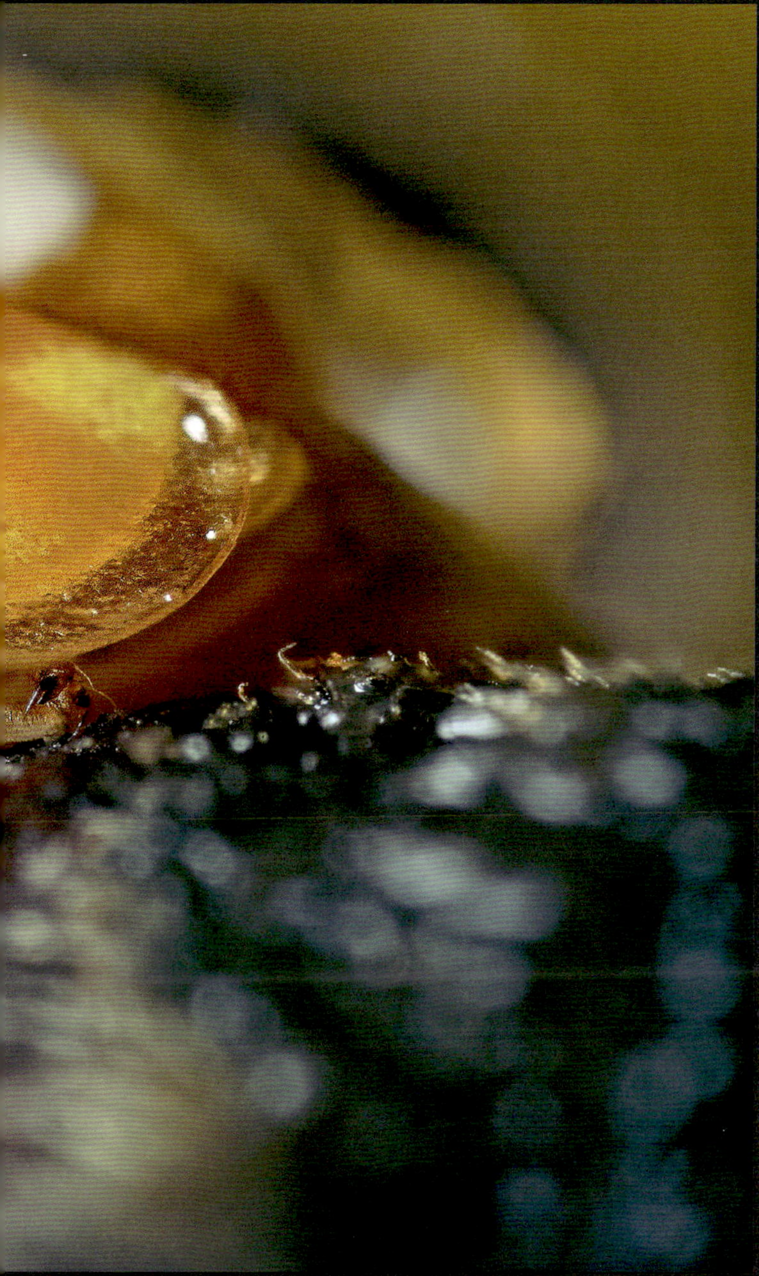

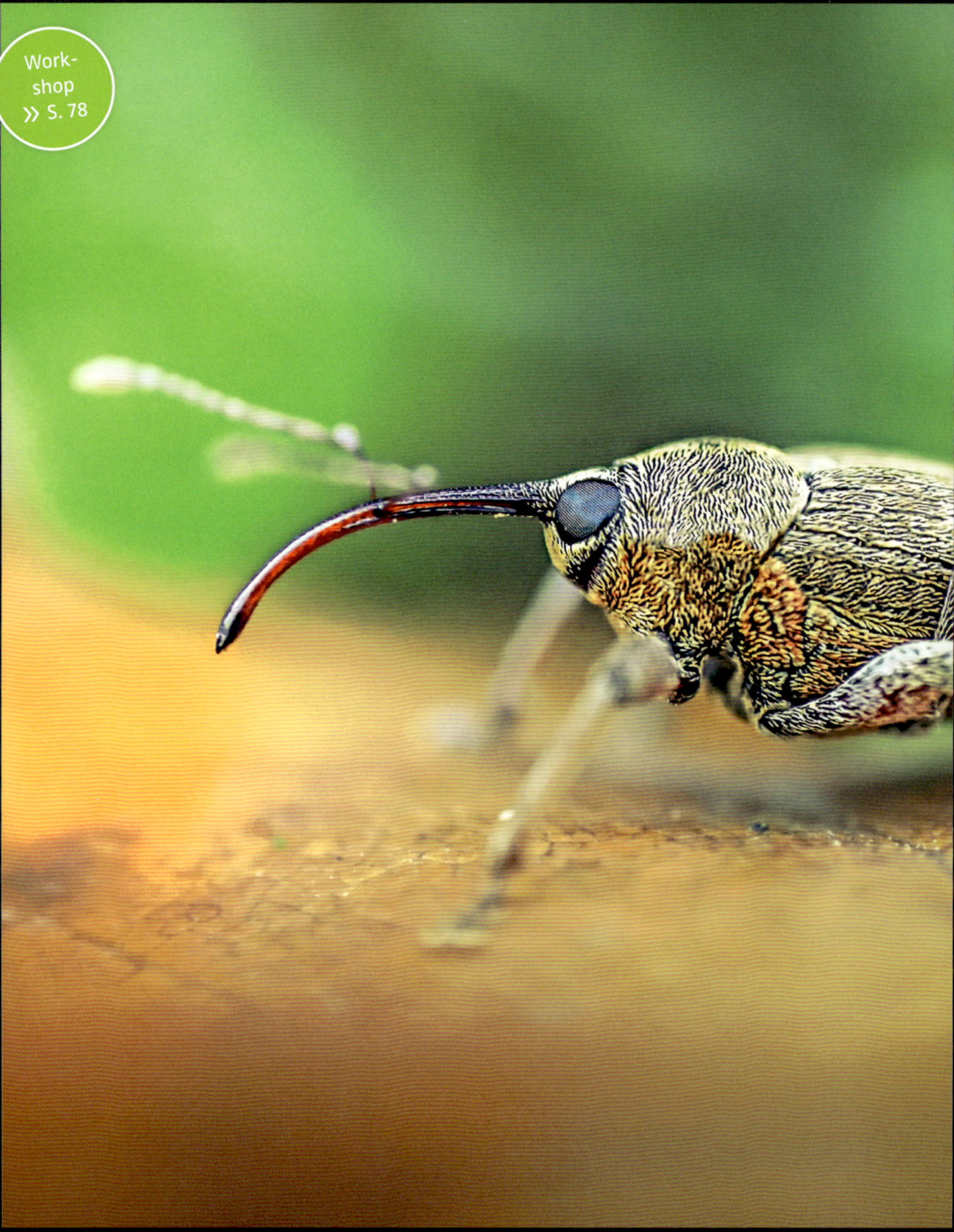

Sony α77 II, Tamron 90 mm, Nahlinse Raynox DCR-250, f/7, ISO 3200, 1/80 s

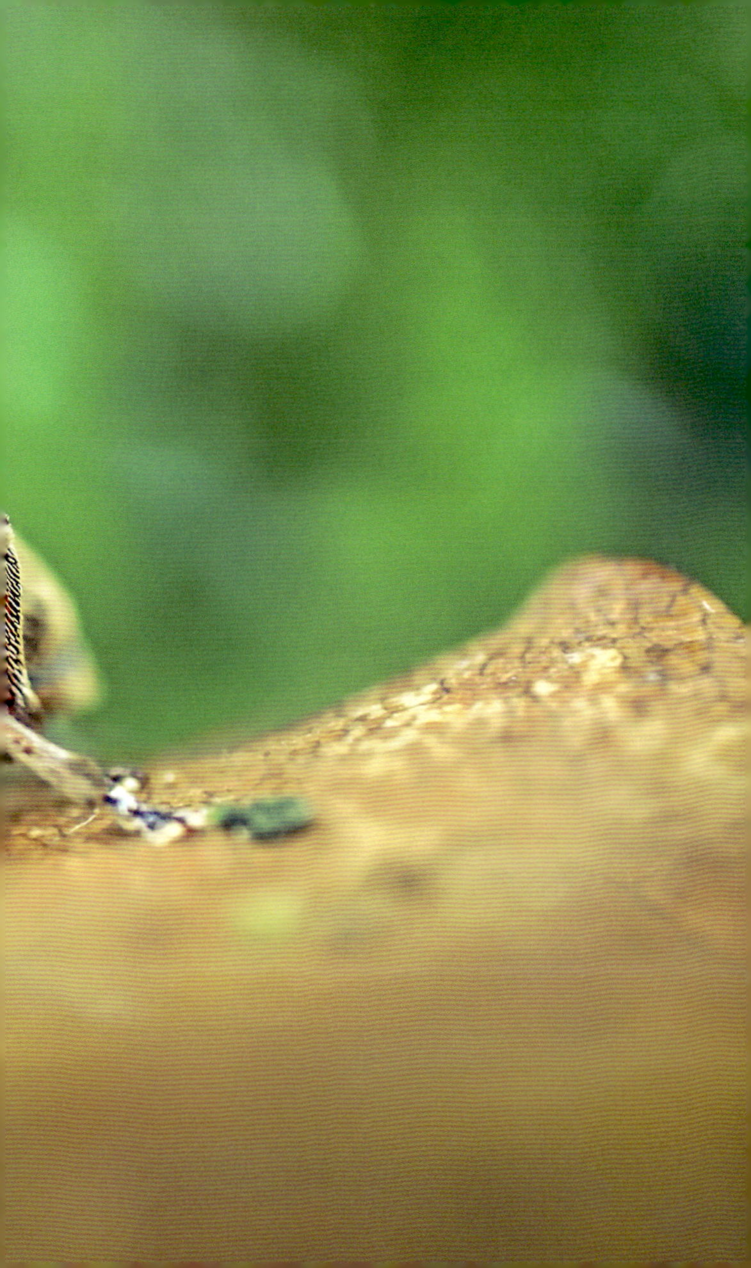

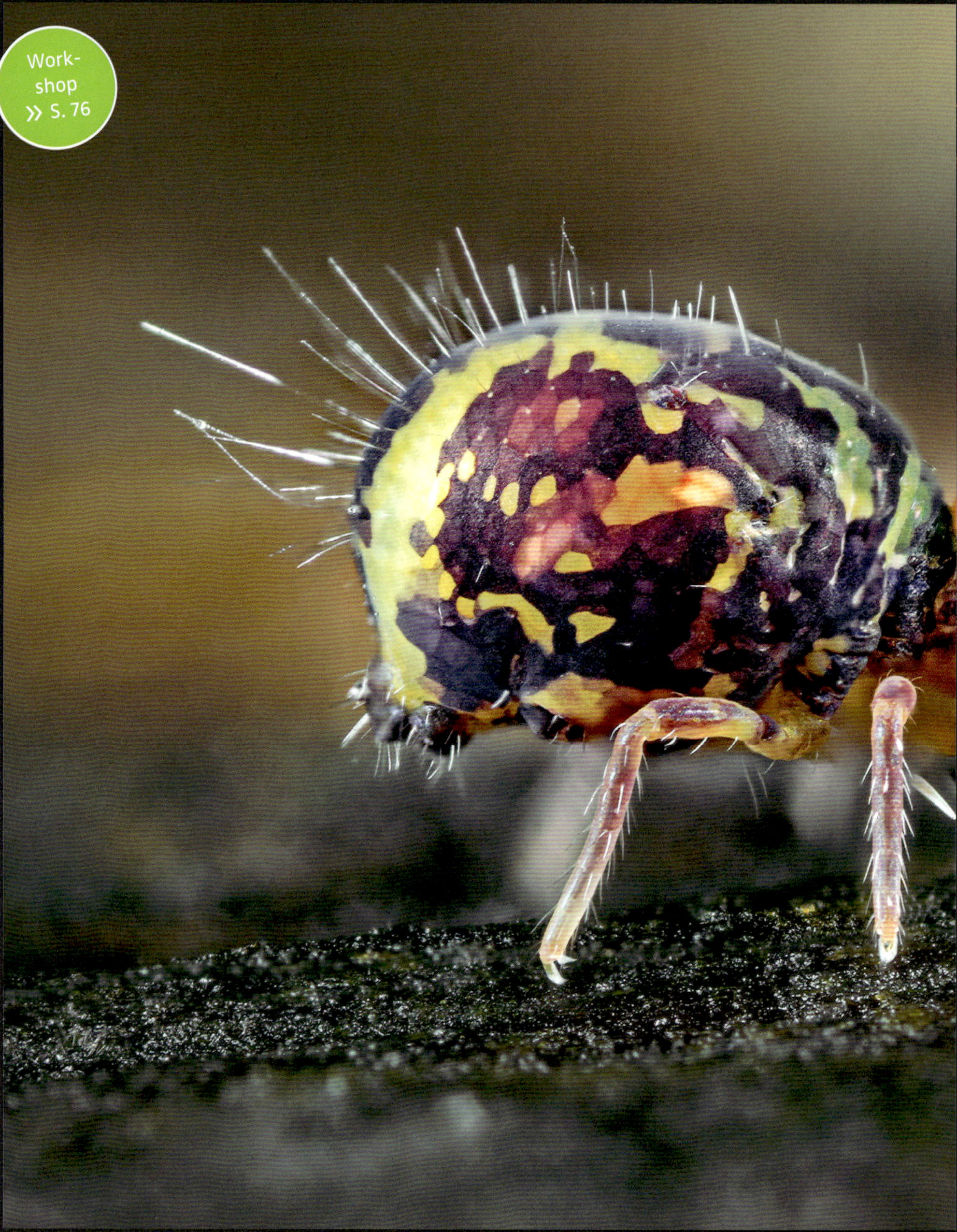

Sony α77 II, manuelles 50-mm-Objektiv in Retrostellung, f/7, ISO 100, 1/160 s

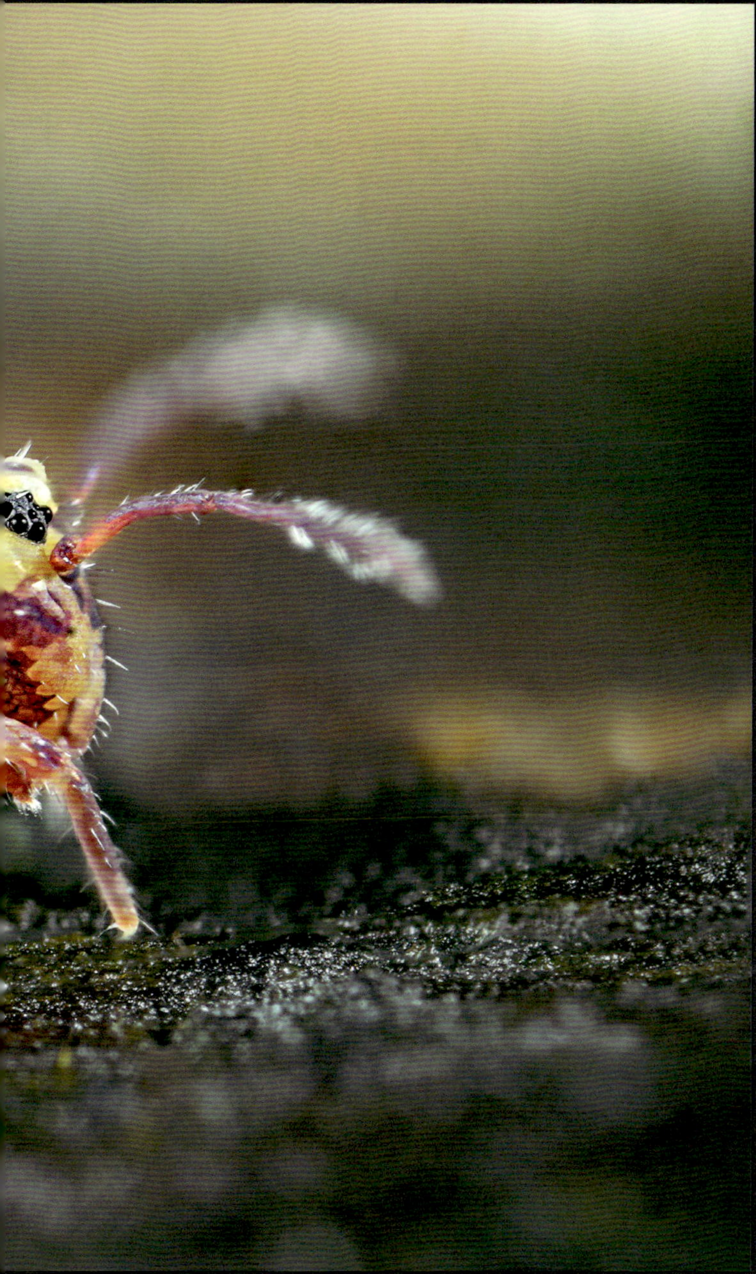

Workshop » S. 77

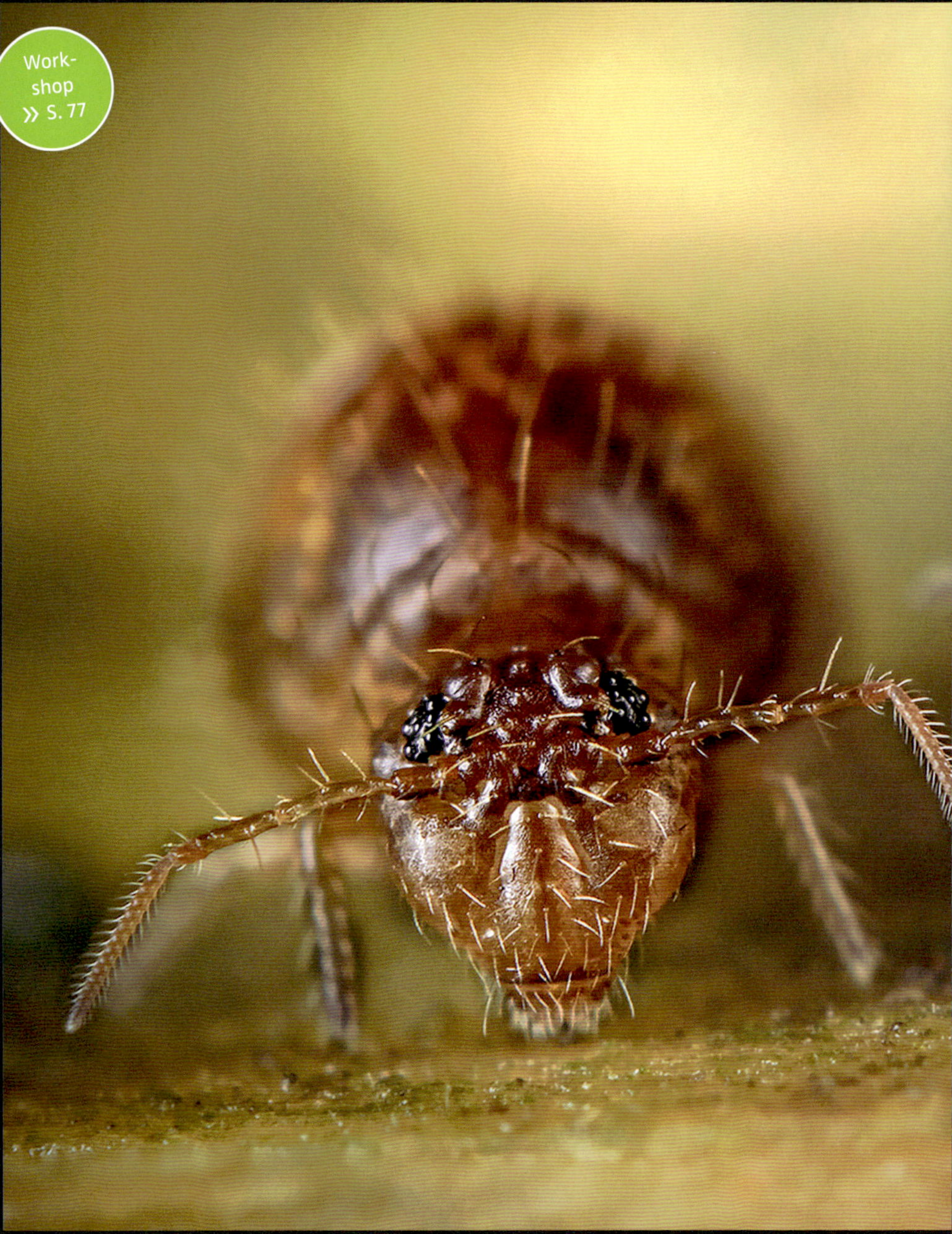

Sony α77 II, manuelles 50-mm-Objektiv in Retrostellung, f/7, ISO 200, 1/160 s

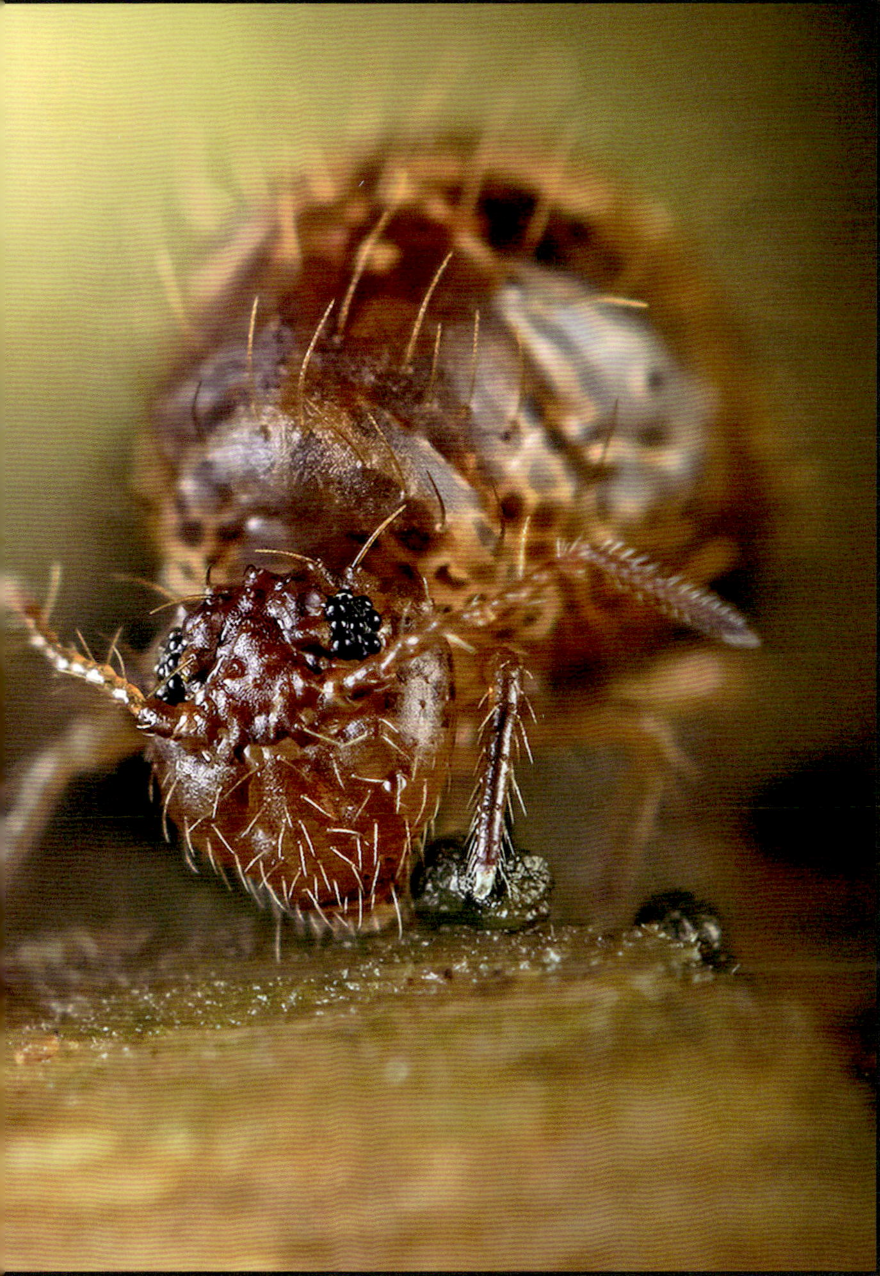

Workshop » S. 78

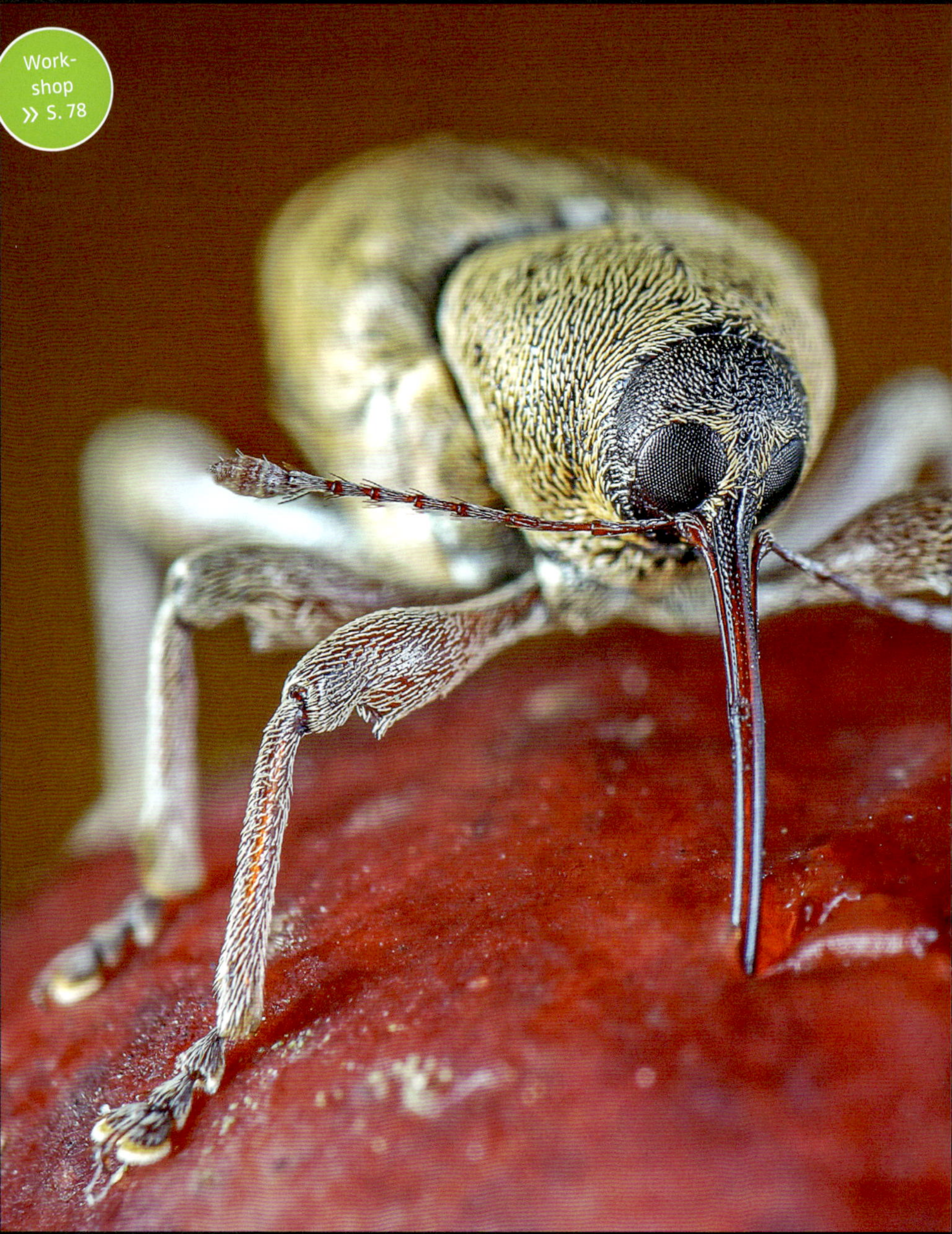

Sony α57, Tamron 90 mm, Nahlinse Raynox DCR-250, f/11, ISO 200, 1/160 s

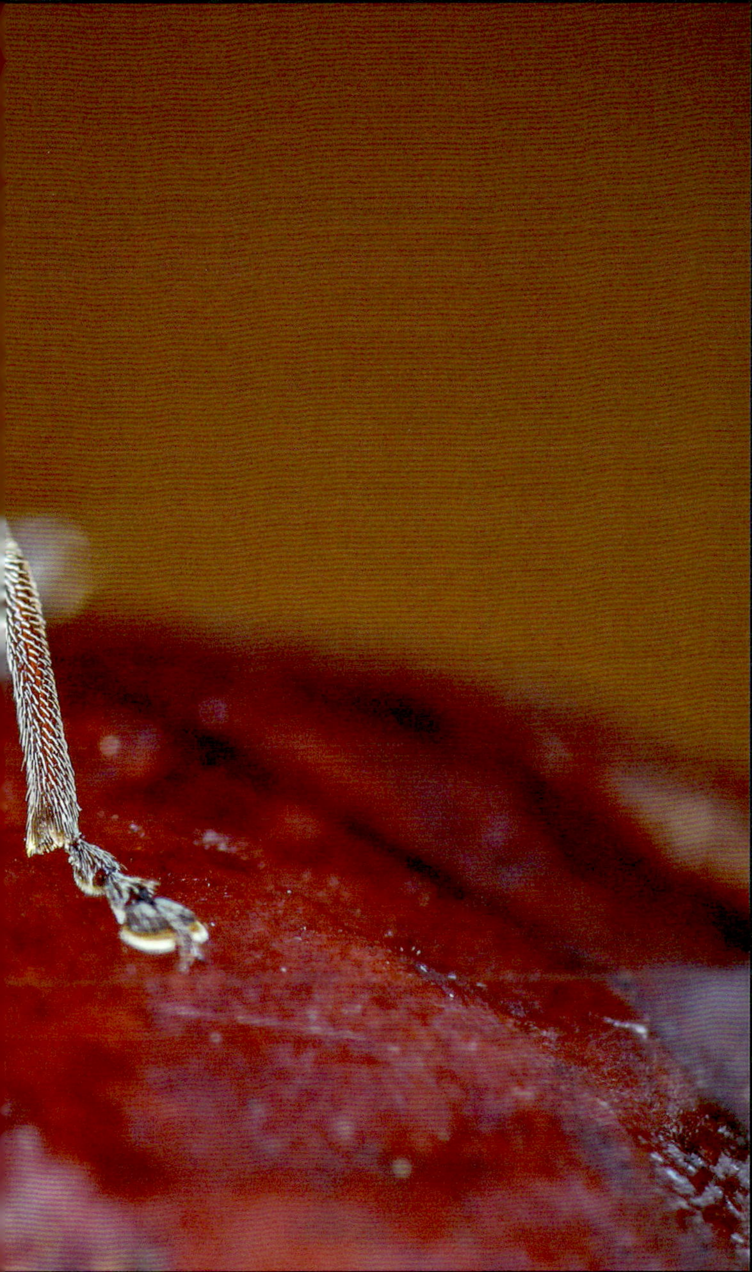

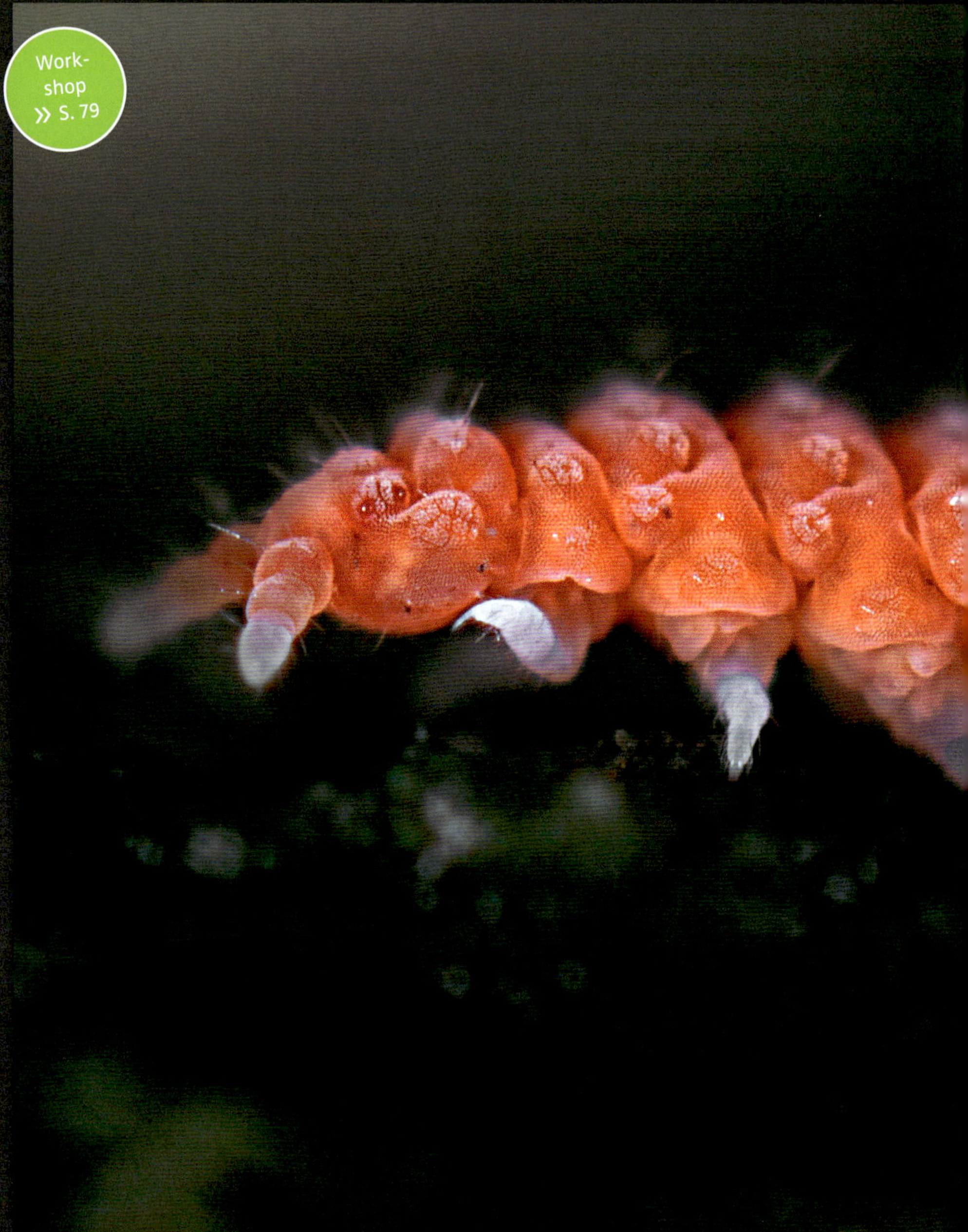

Sony α77 II, manuelles 28-mm-Objektiv in Retrostellung, f/7, ISO 100, 1/160 s

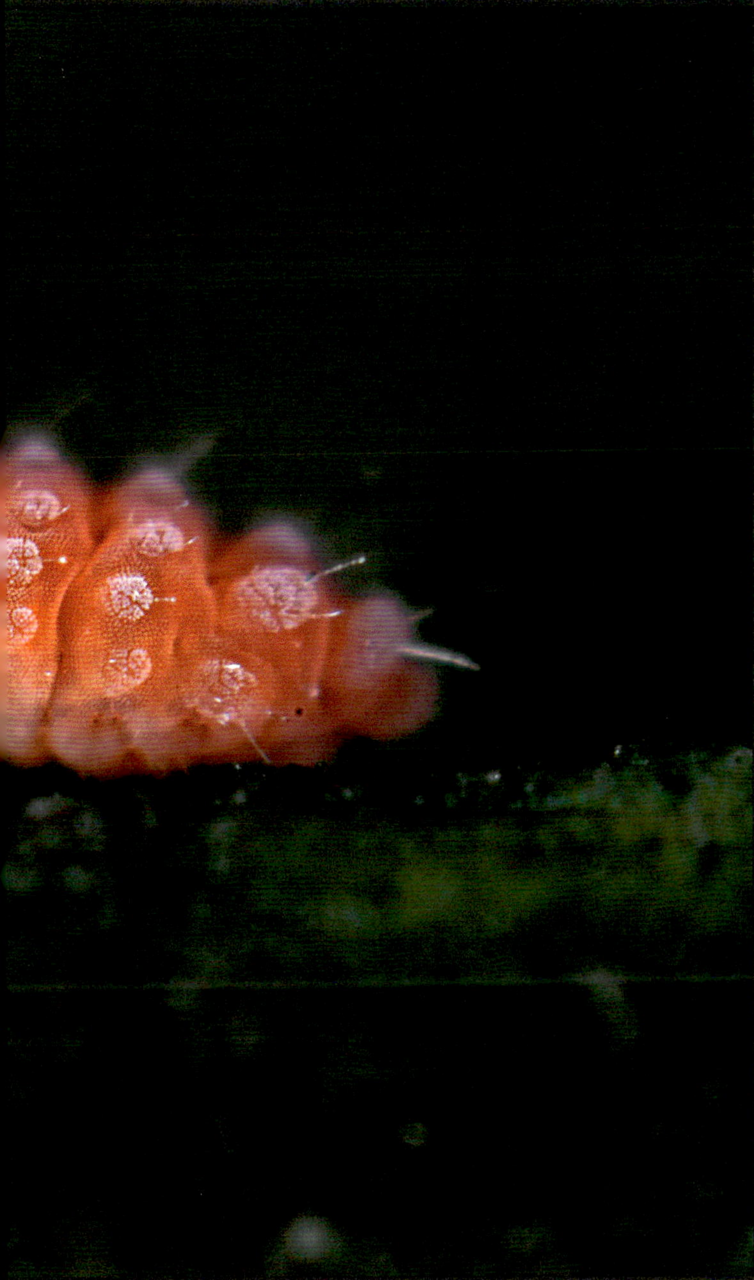

Workshop » S. 81

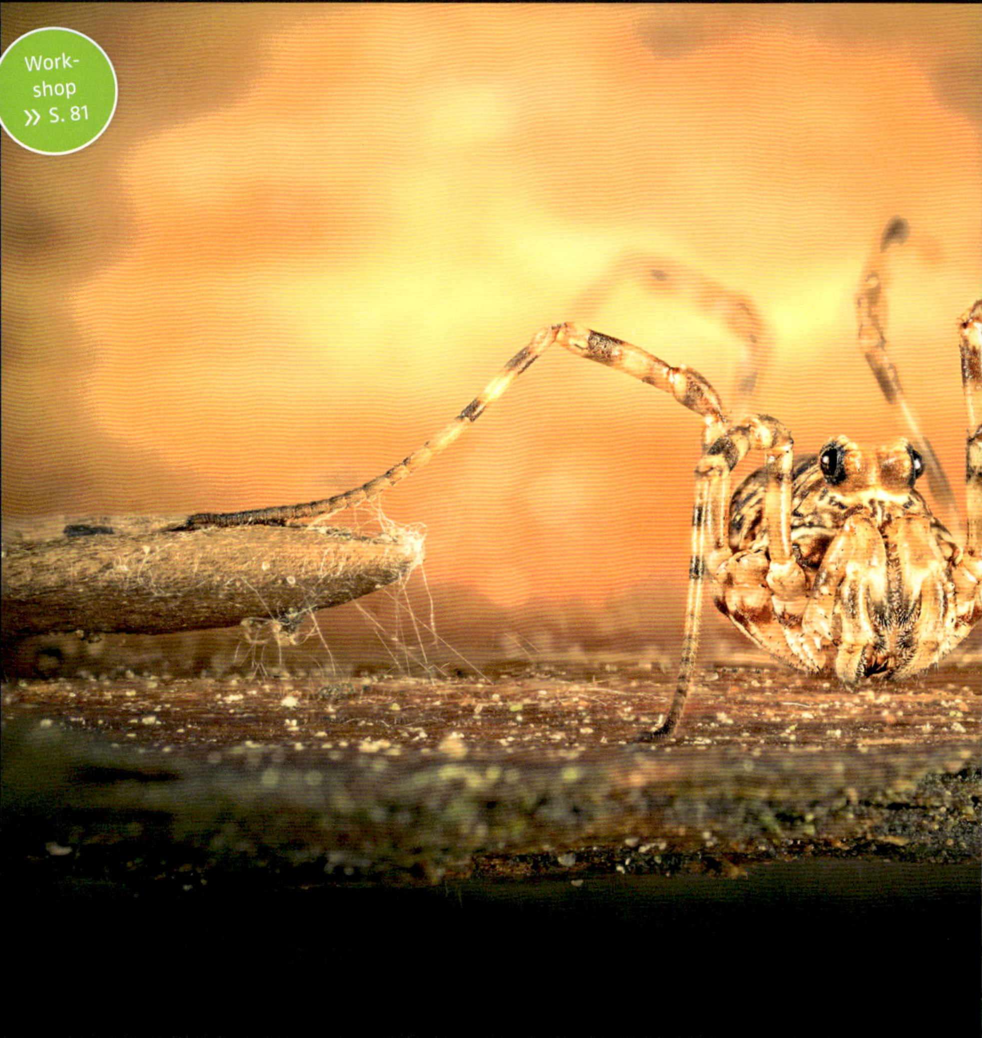

Sony α77 II, Tamron 90 mm, Nahlinse Raynox DCR-250, f/11, ISO 50, 1/200 s

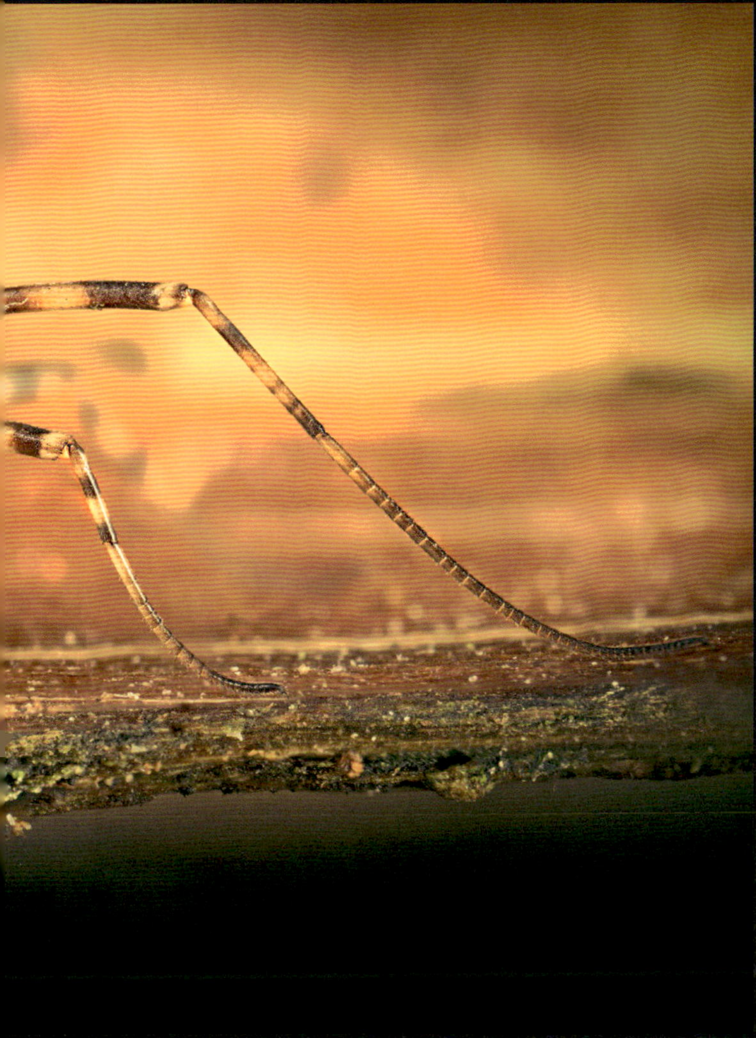

Workshop » S. 82

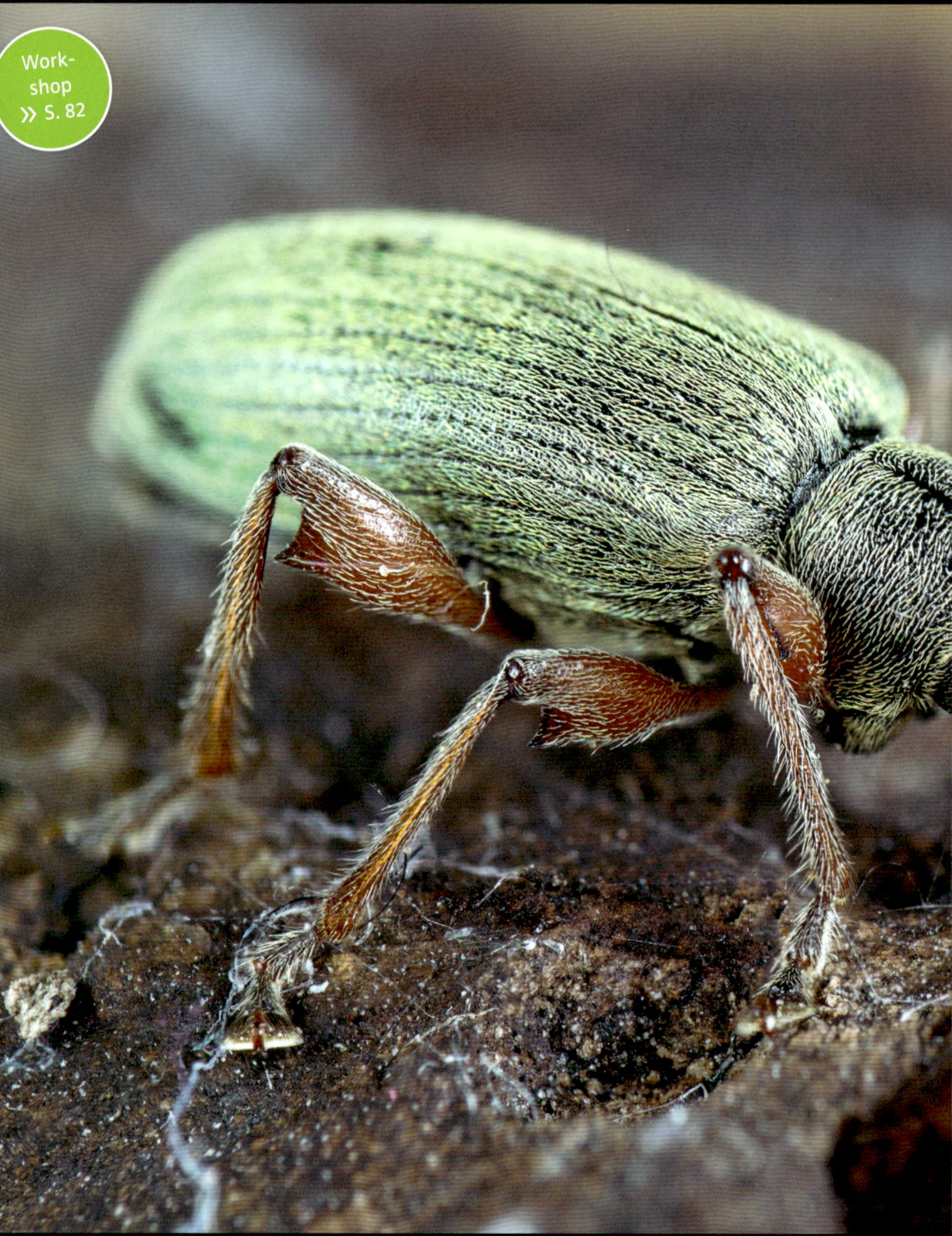

Sony α57, Tamron 90 mm, Nahlinse Raynox DCR-250, f/11, ISO 100, 1/200 s

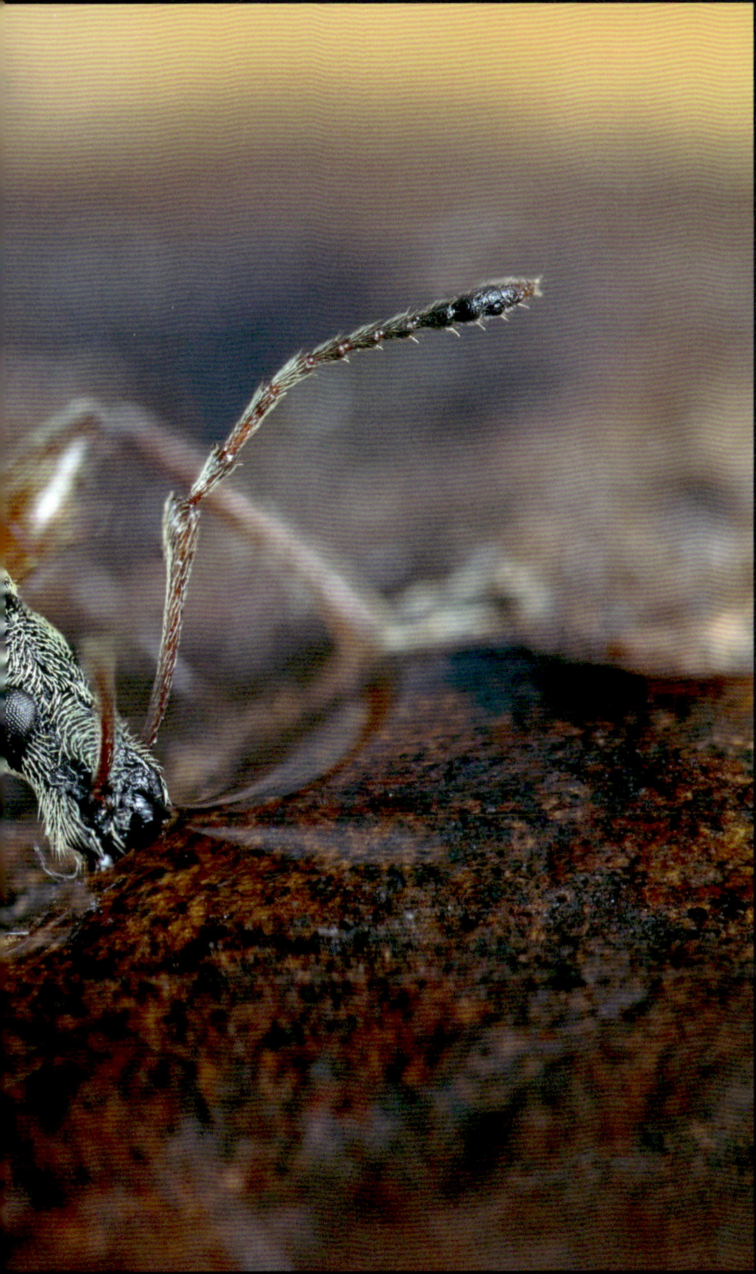

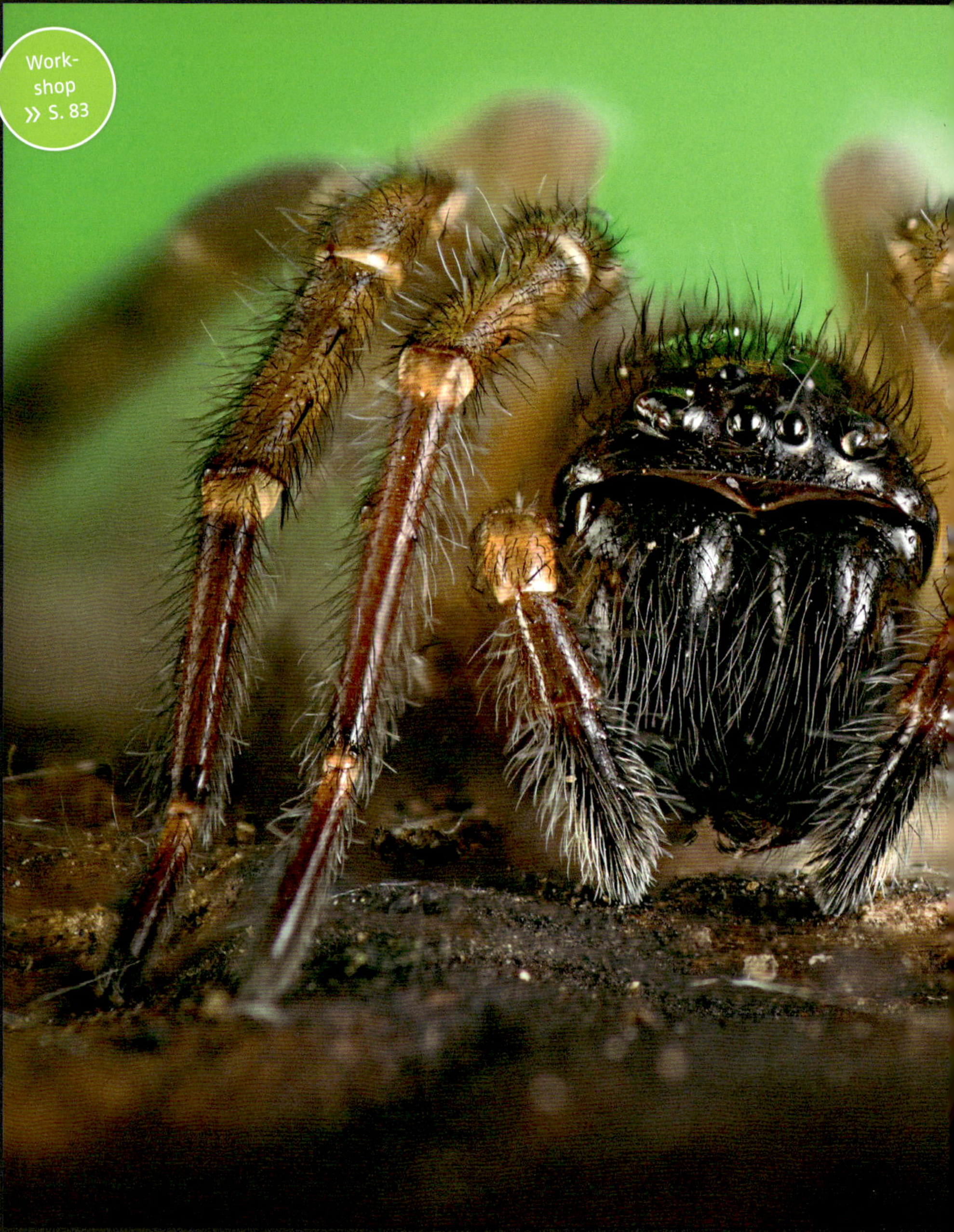

Workshop » S. 83

Sony α57, Tamron 90 mm, Nahlinse Raynox DCR-250, f/7.1, ISO 400, 1/160 s, Focus Stack aus 14 Einzelfotos

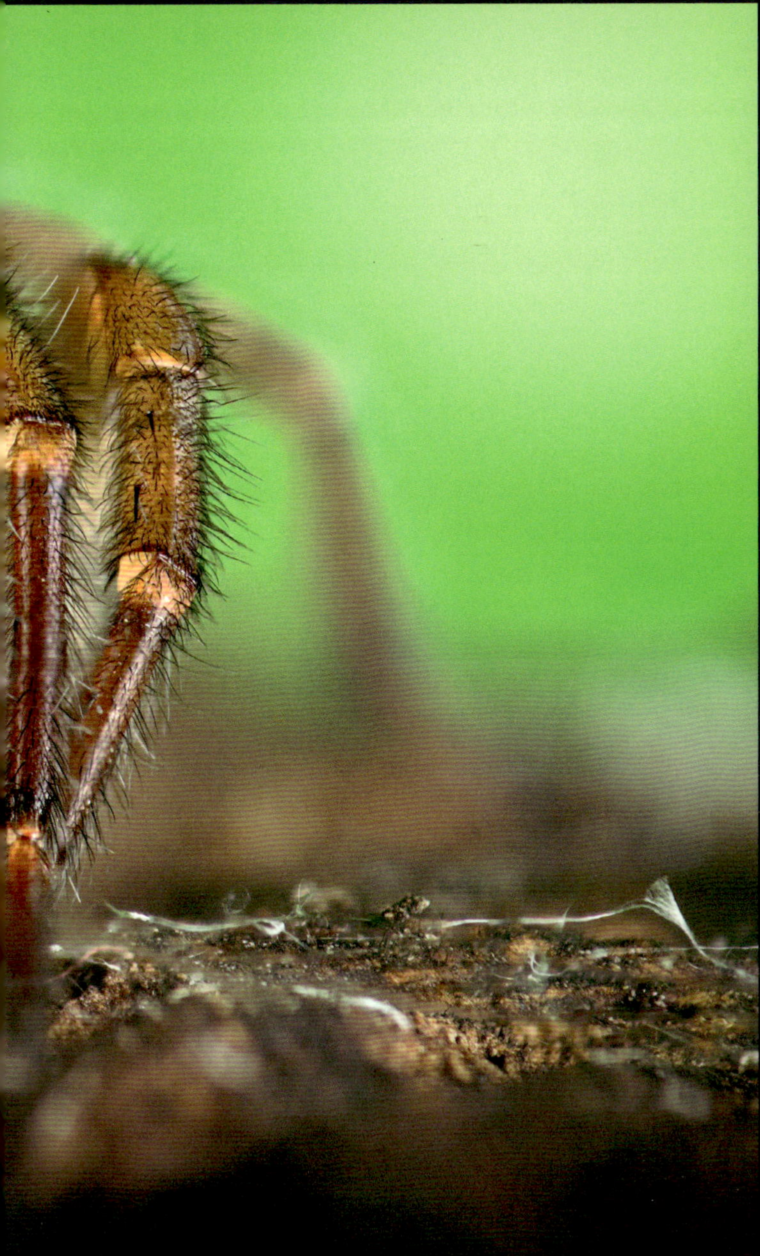

Work-
shop
» S. 72

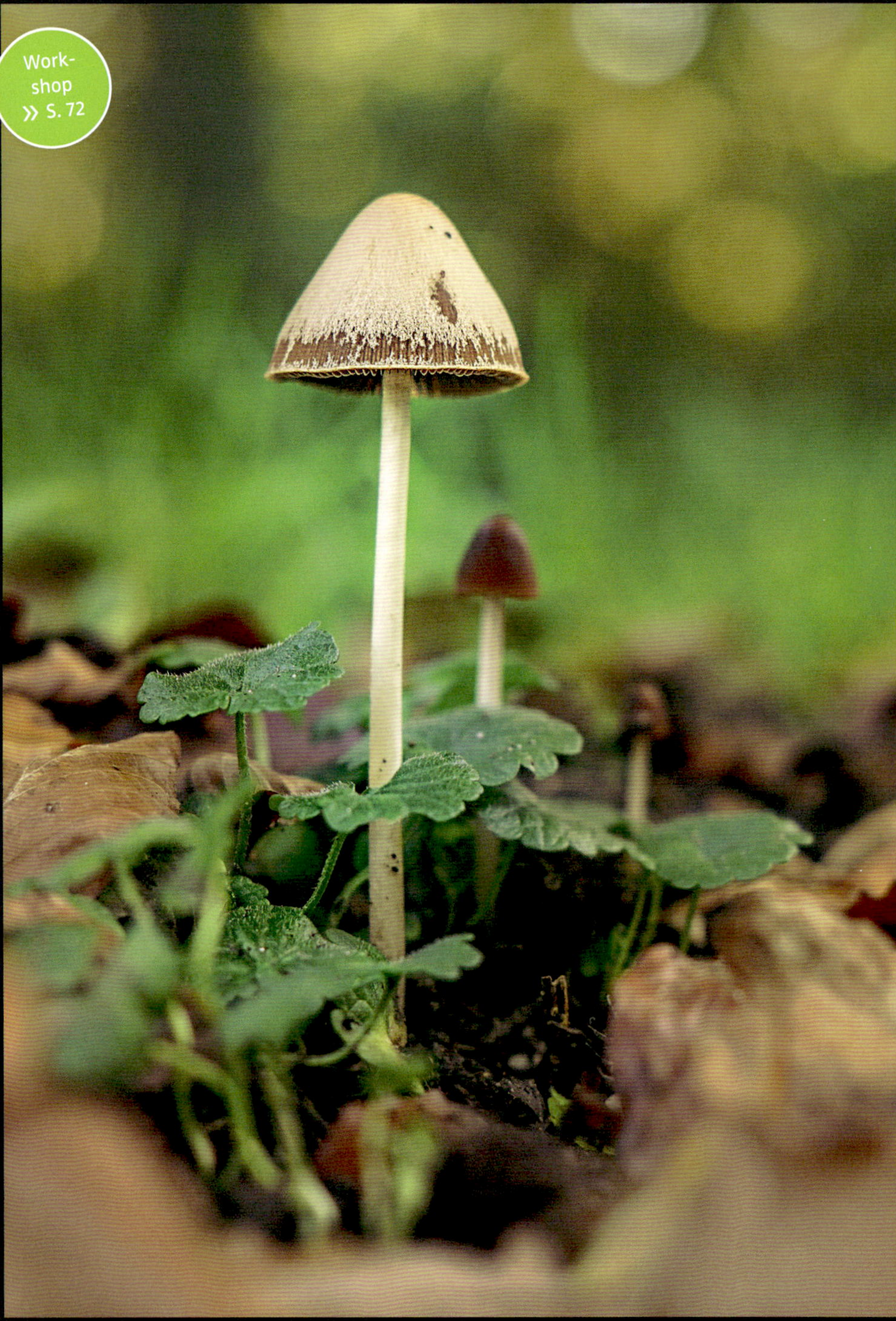

Sony α77 II, Sony 50 mm, f/2.8, ISO 320, 1/80 s

Workshop
» S. 73

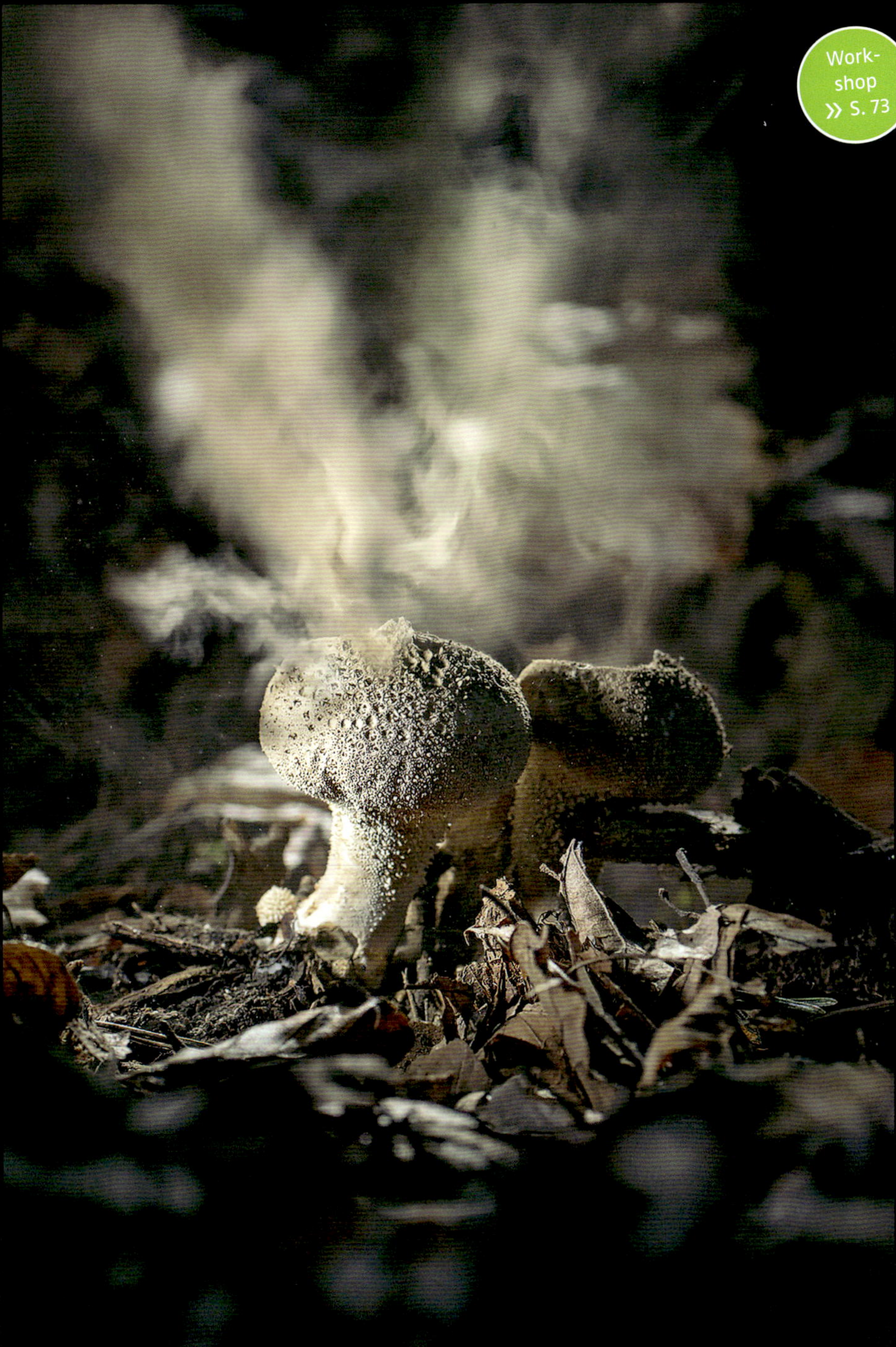

Sony α77 II, Tamron 90 mm, f/8, ISO 320, 1/125 s

Workshop
» S. 74

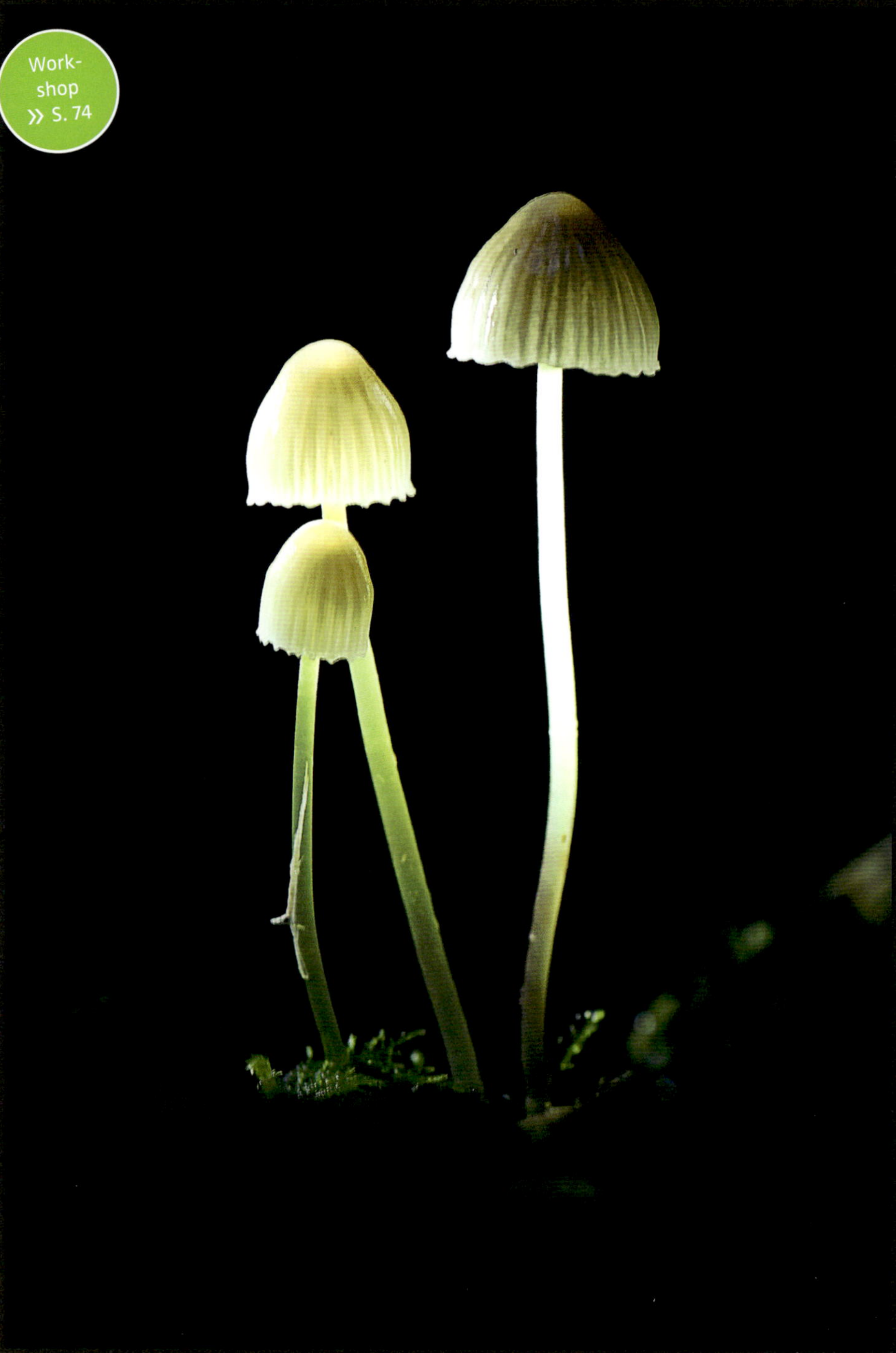

Sony α57, Tamron 90 mm, f/6.3, ISO 400, 1/6 s

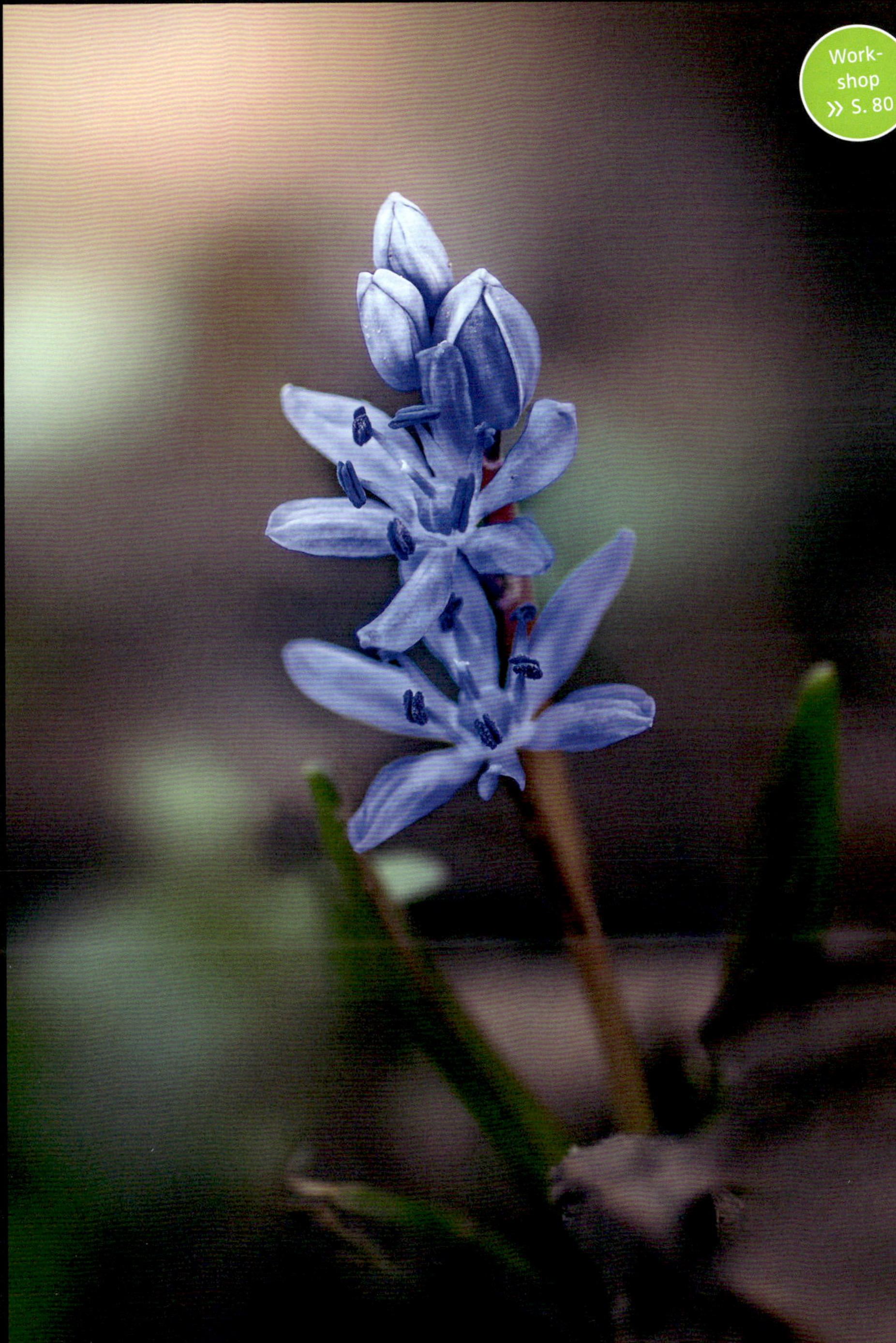

» S. 80

Sony α77 II, Tamron 90 mm, f/5, ISO 100, 1/60 s

Work-
shop
» S. 86

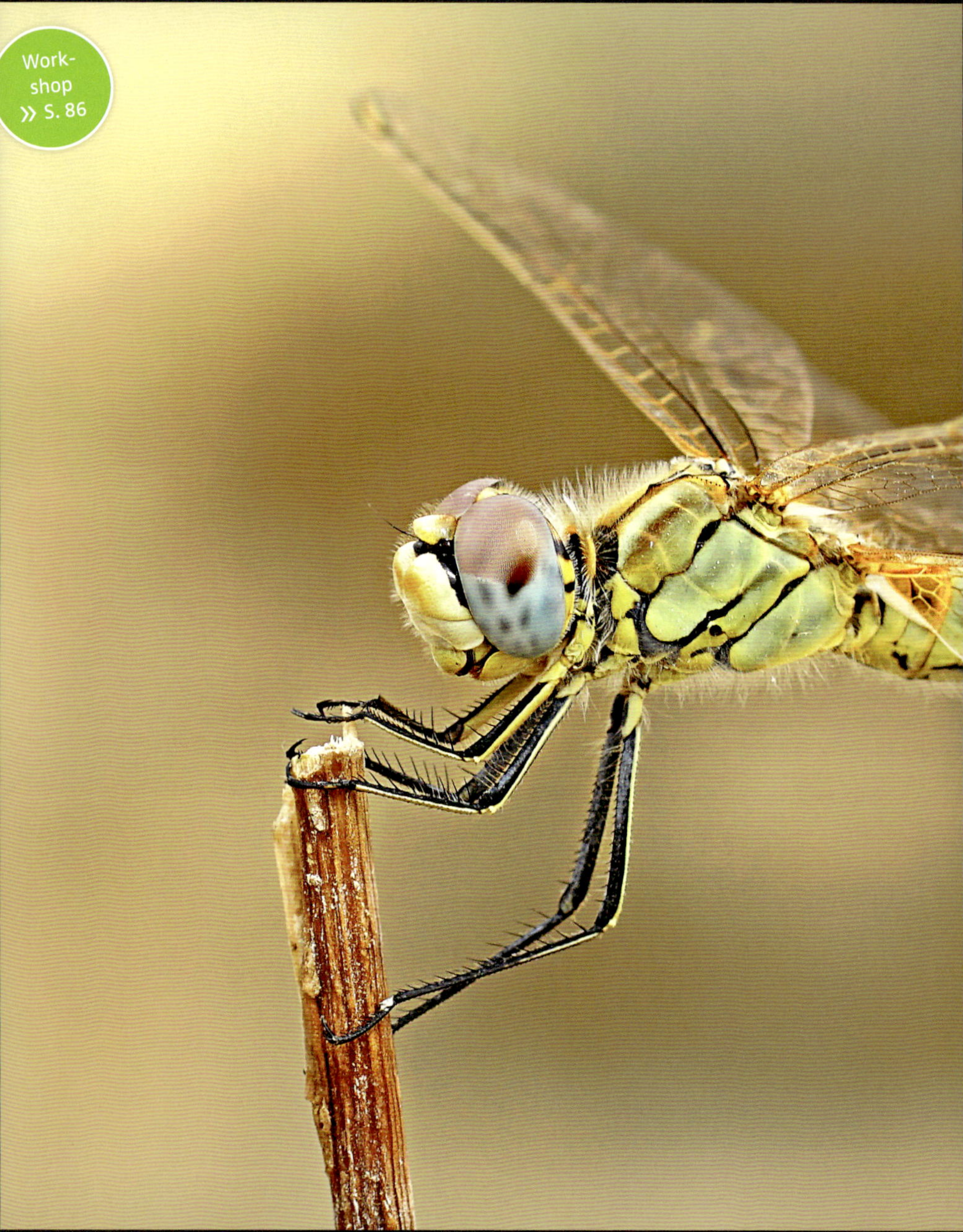

Sony α77 II, Tamron 90 mm, f/8, ISO 100, 1/160 s

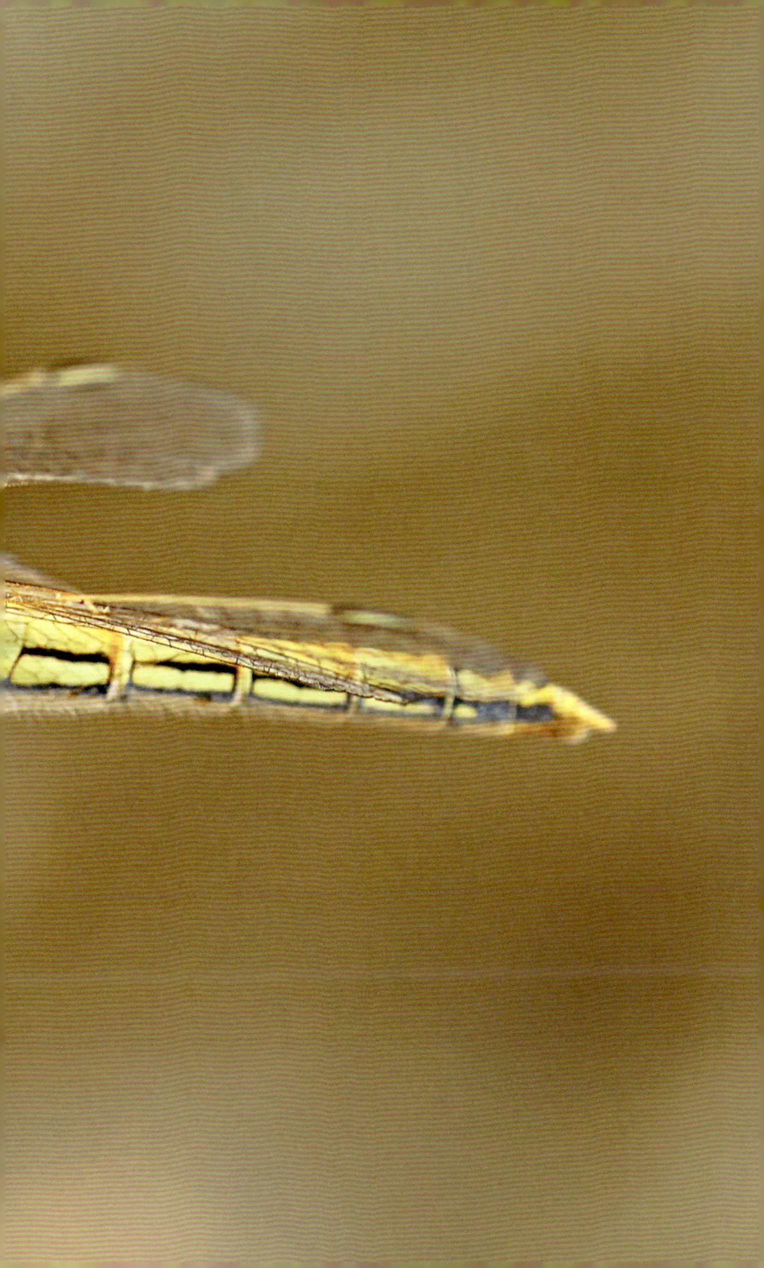

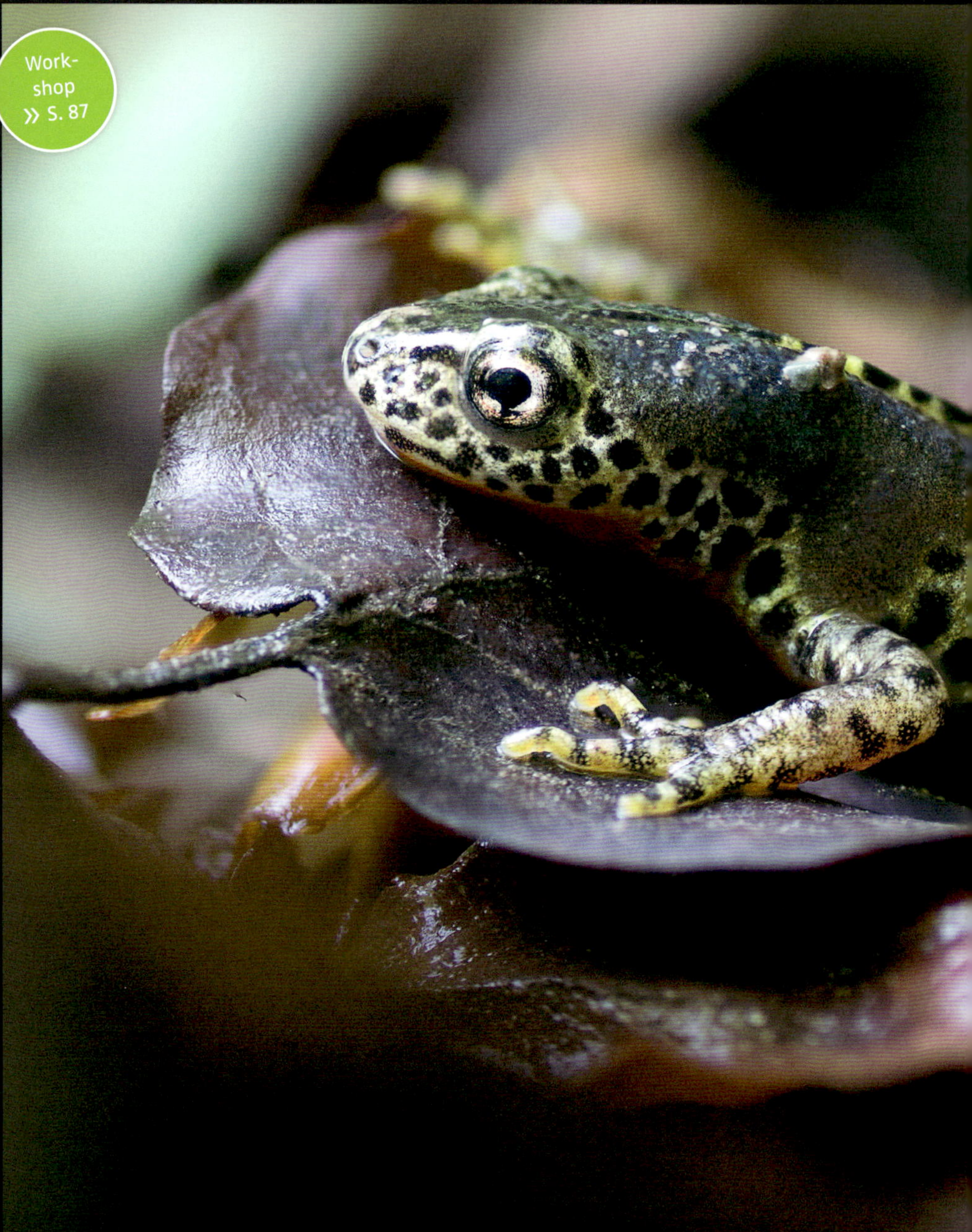

Sony α57, Tamron 90 mm, f/2.8, ISO 400, 1/40 s

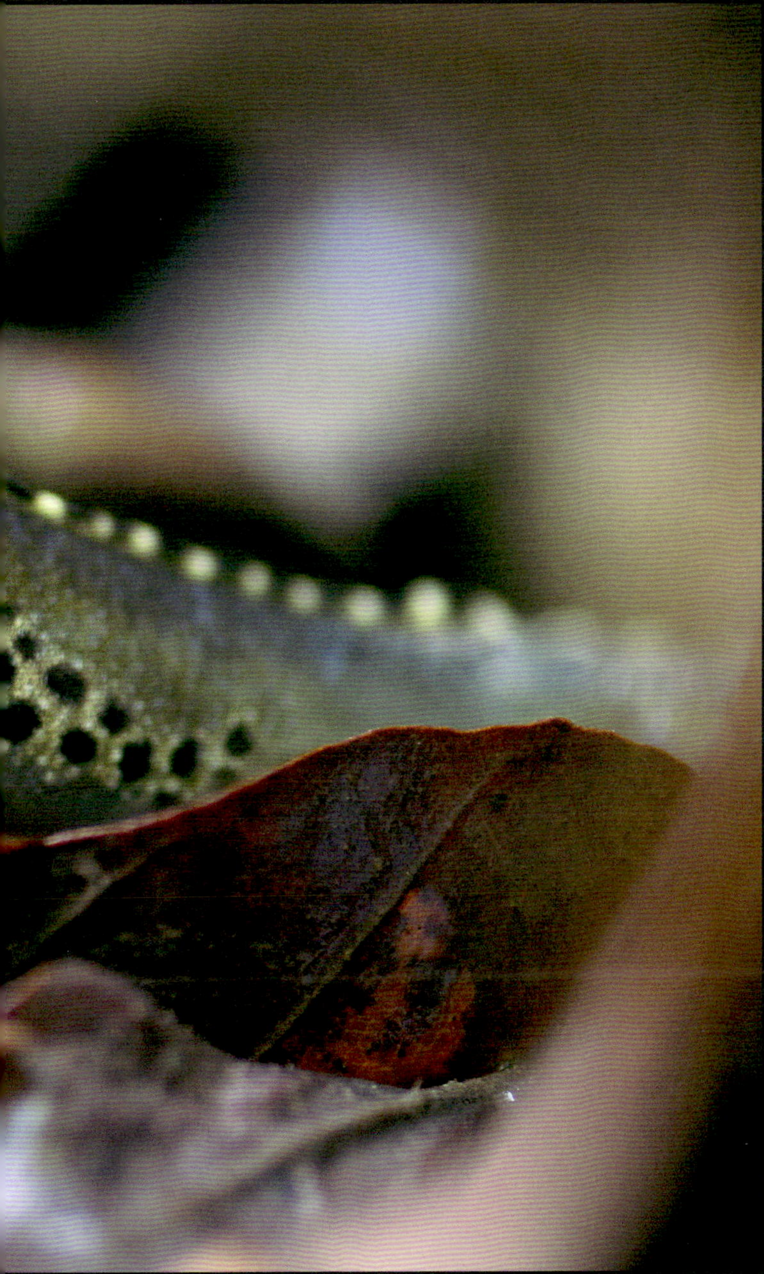

Workshop
» S. 88

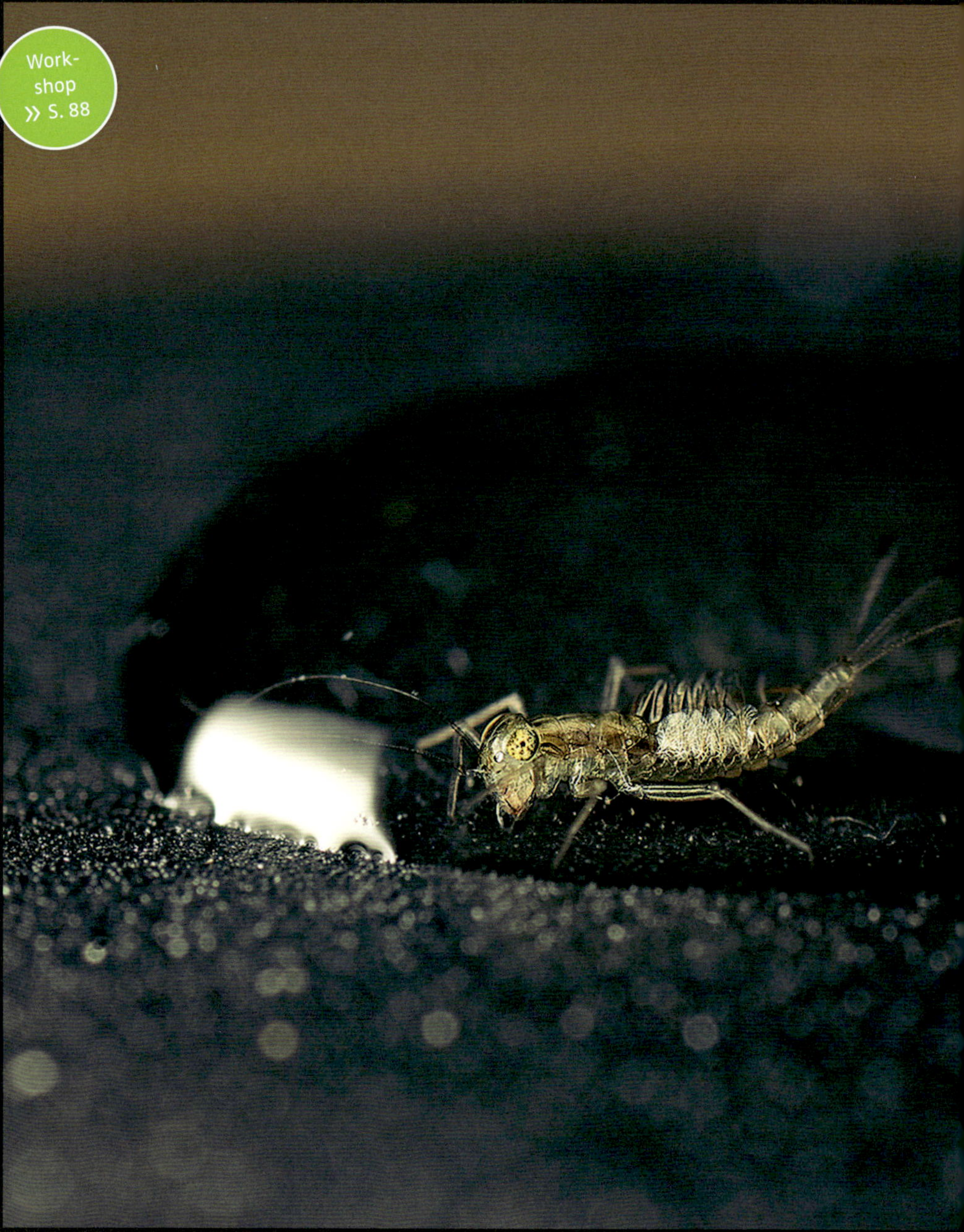

Sony α77 II, Tamron 90 mm, Nahlinse Raynox DCR-250, f/8, ISO 100, 1/160 s

Workshop
» S. 89

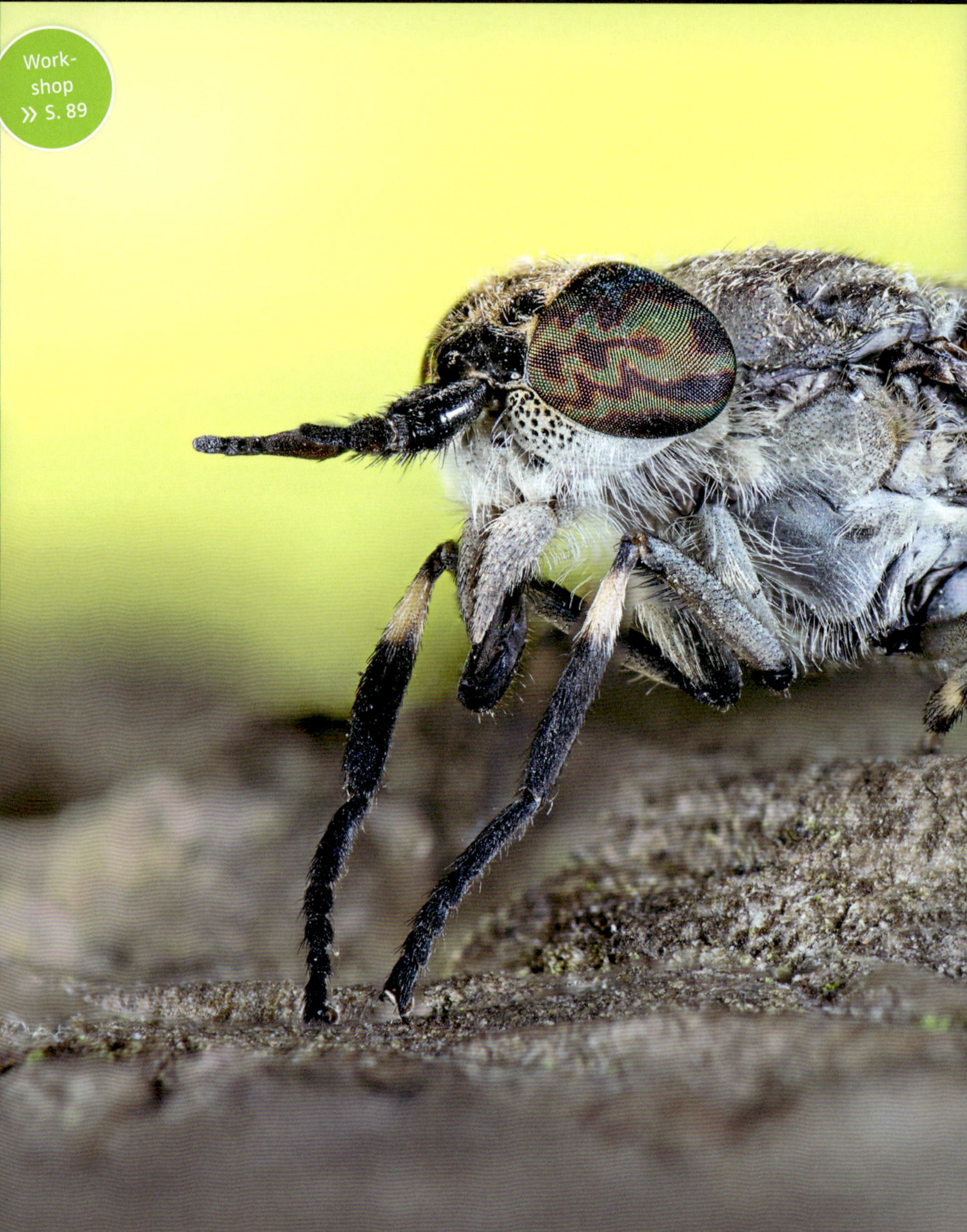

Sony α57, Tamron 90 mm, Nahlinse Raynox DCR-250, f/11, ISO 100, 1/160 s, Focus Stack aus 5–10 Einzelfotos

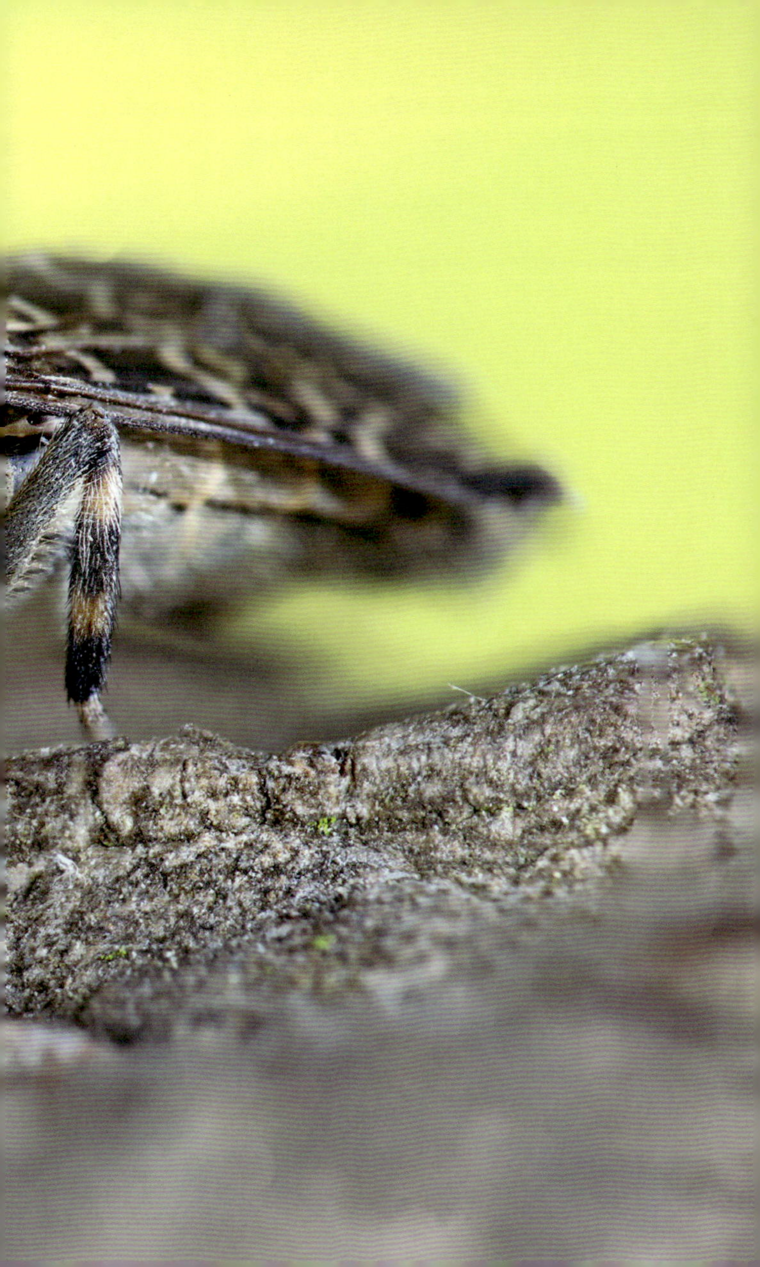

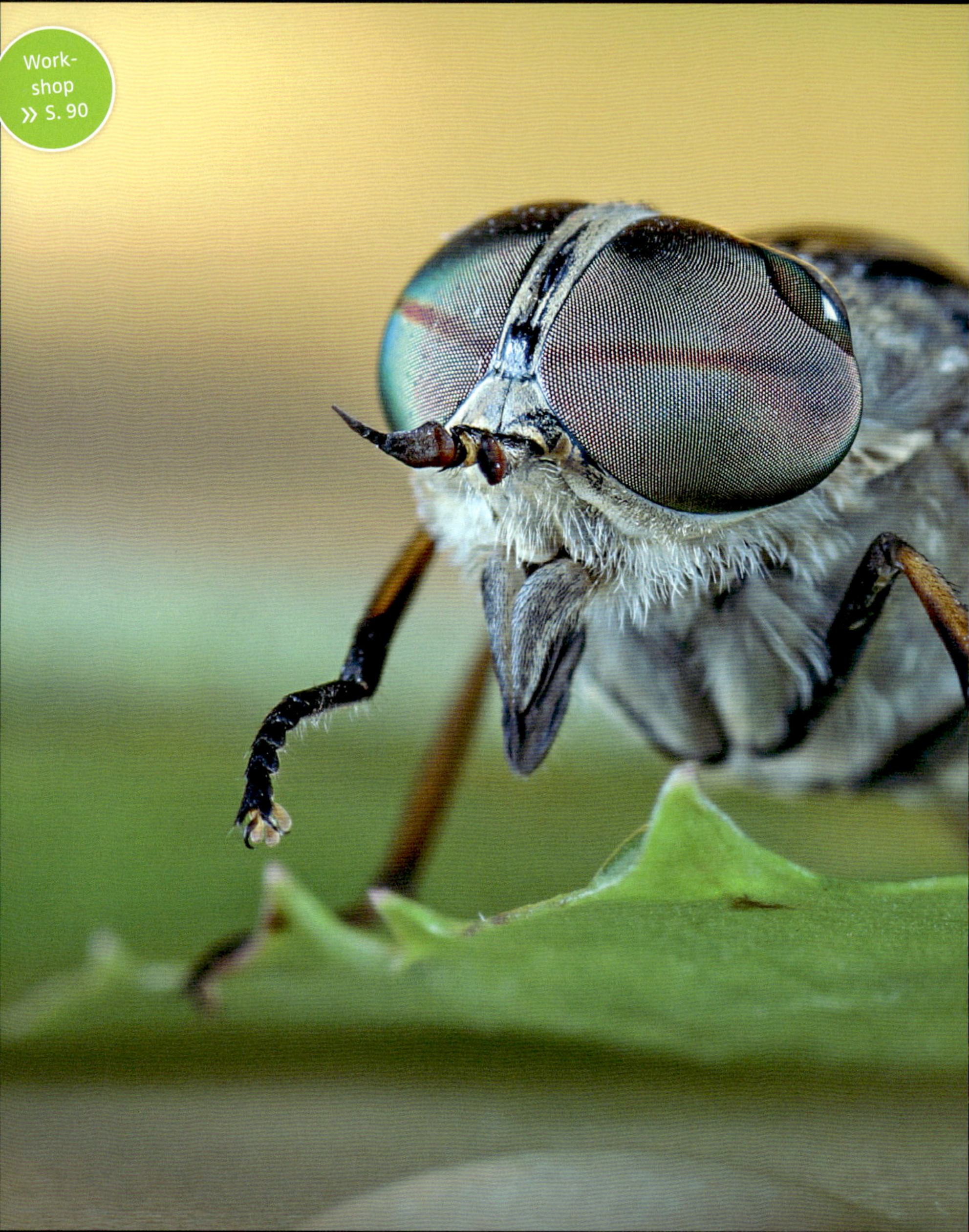

Sony α57, Tamron 90 mm, Nahlinse Raynox DCR-250, f/11, ISO 100, 1/160 s

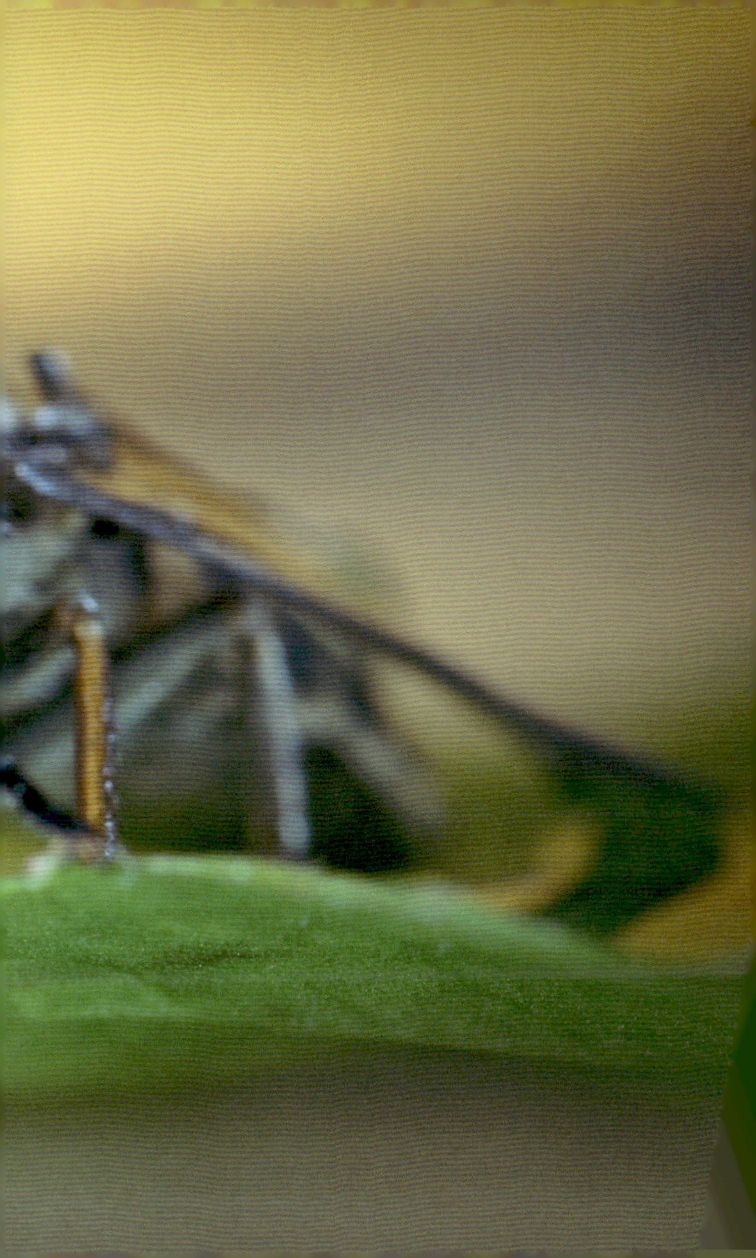

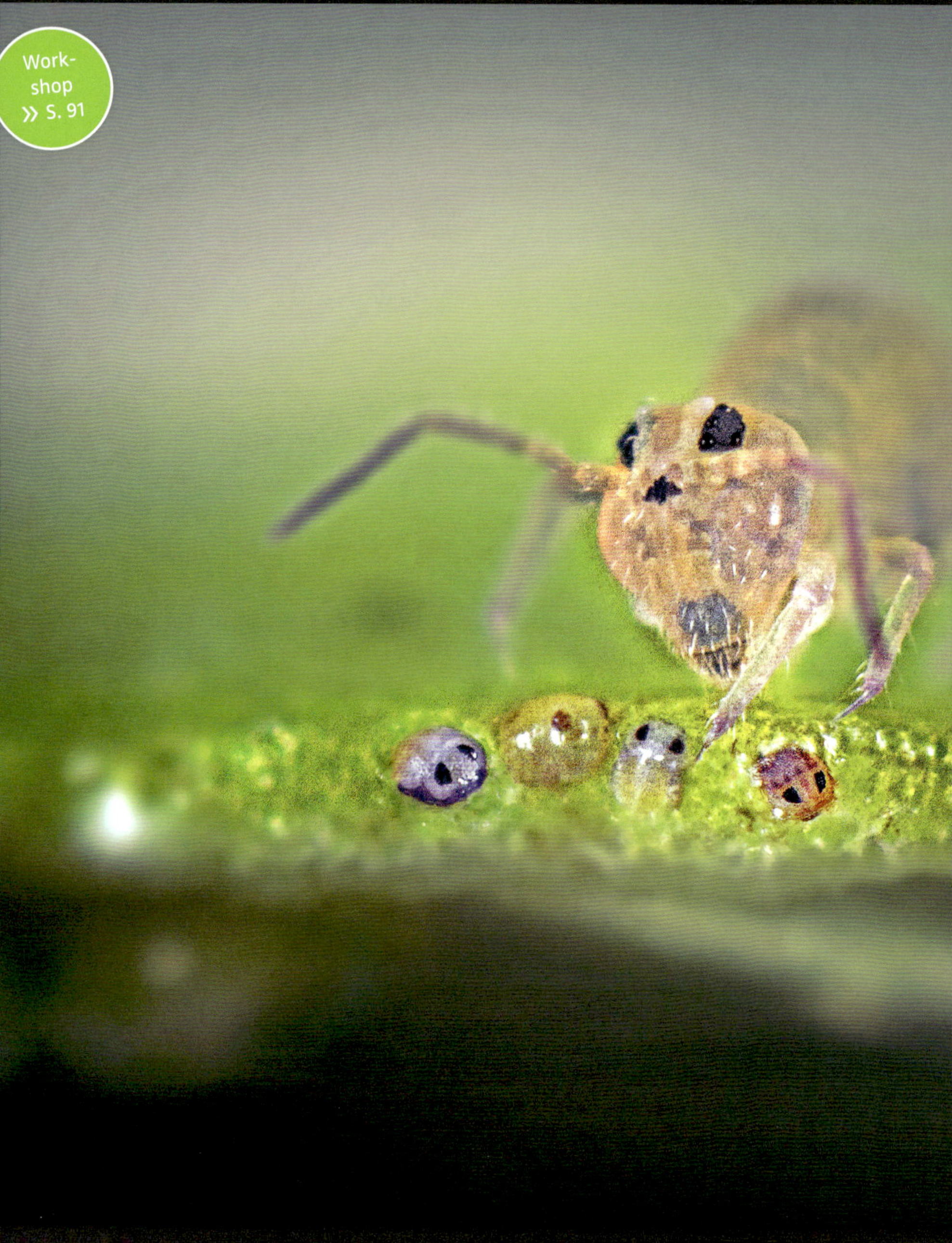

Workshop » S. 91

Sony α77 II, 28-mm-Objektiv in Retrostellung, f/7, ISO 64, 1/160 s

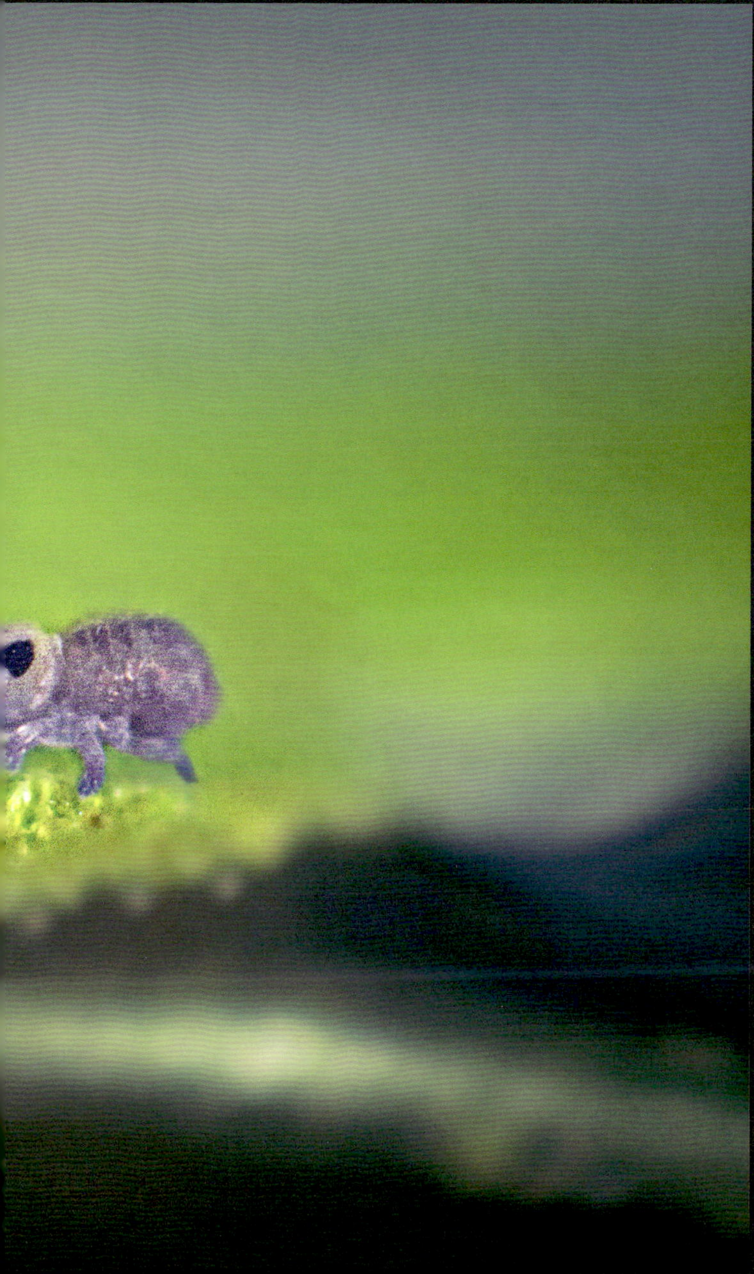

Work-
shop
» S. 92

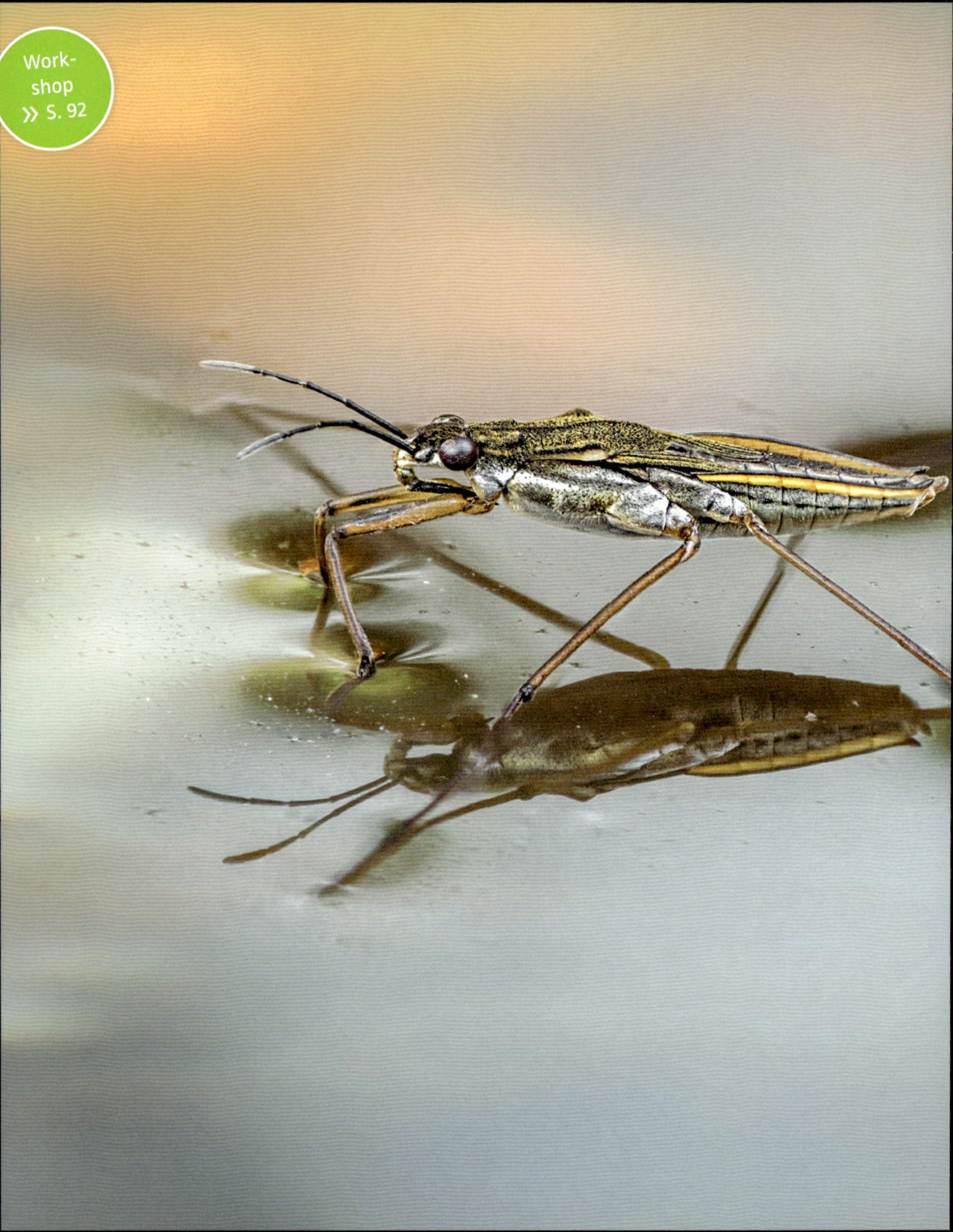

Sony α7r II, Sony 90 mm, f/7, ISO 1000, 1/80 s

Workshop » S. 93

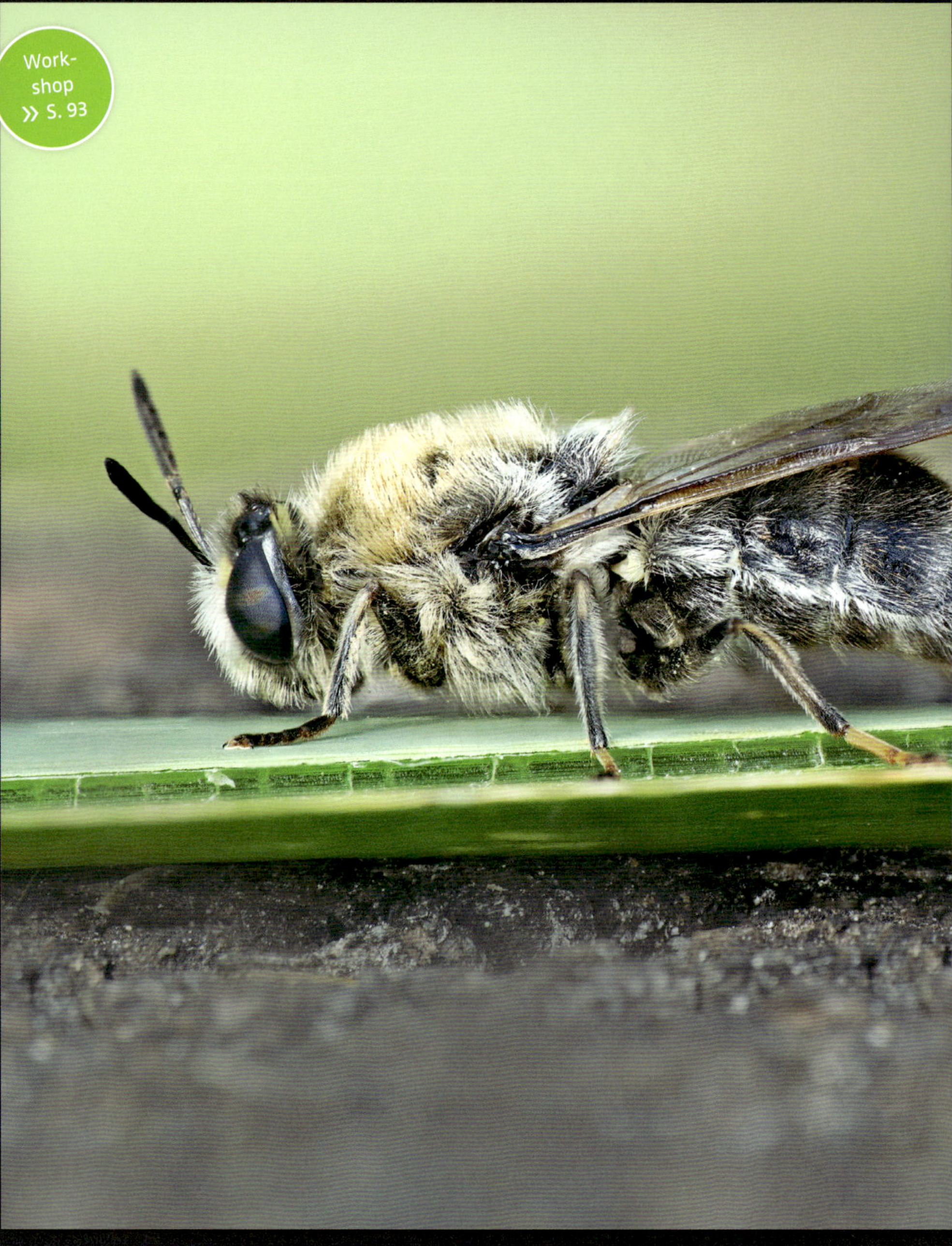

Sony α7r II, Sony 90 mm, f/11, ISO 1000, 1/160 s

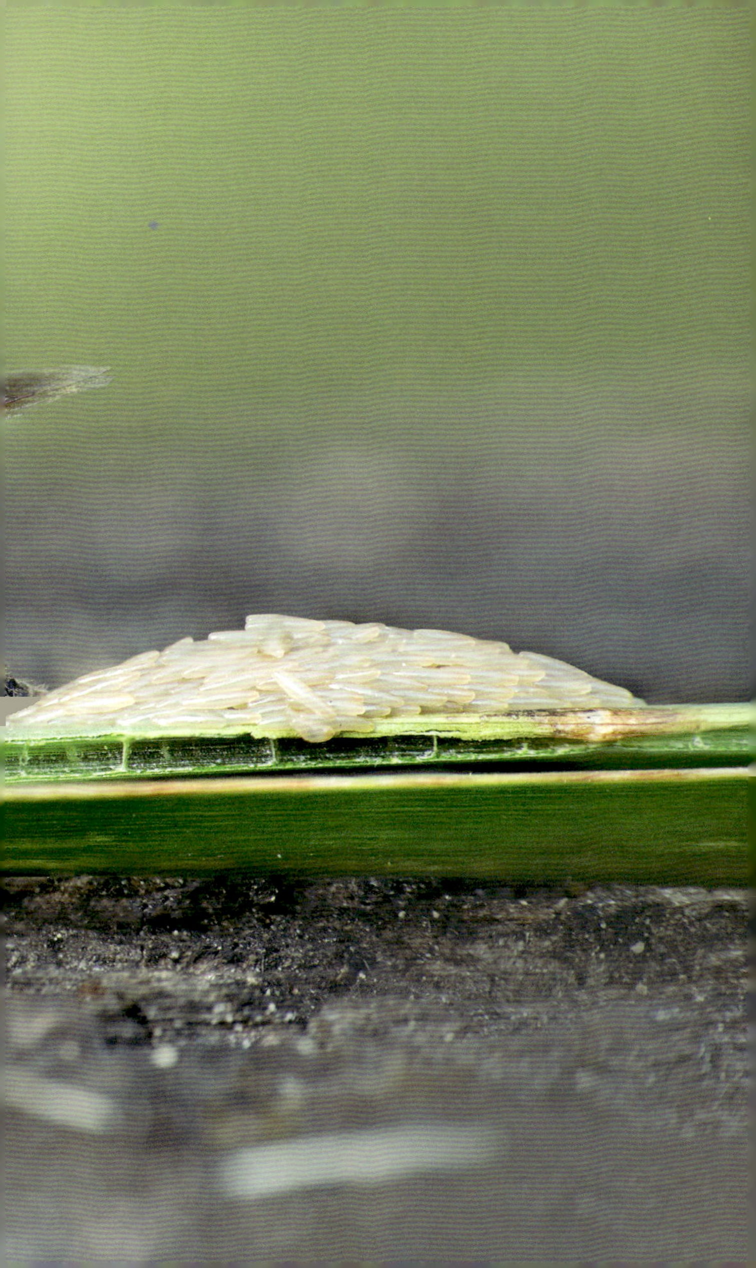

Workshop » S. 94

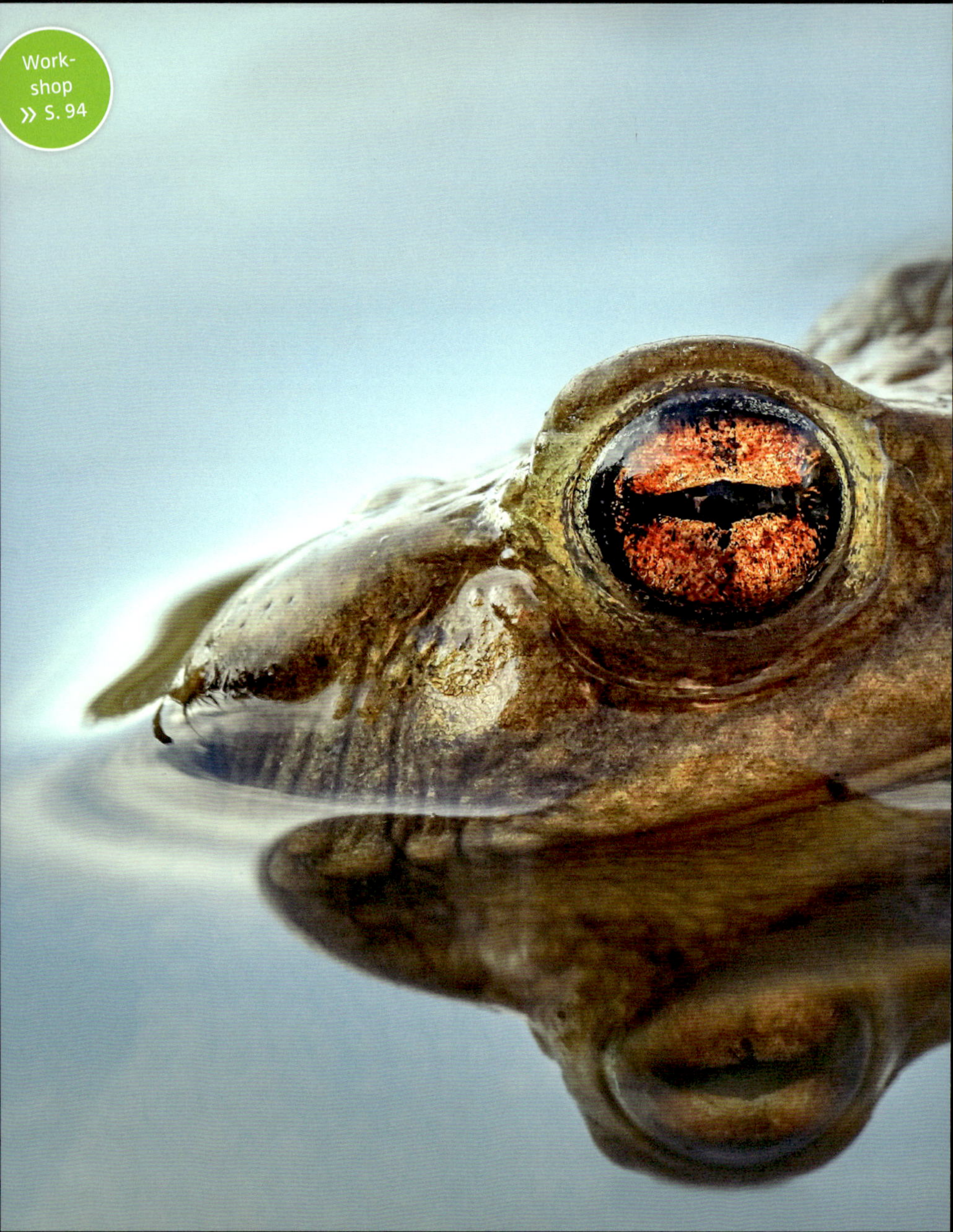

Sony α57, Tamron 90 mm, Nahlinse Raynox DCR-250, f/16, ISO 800, 1/40 s

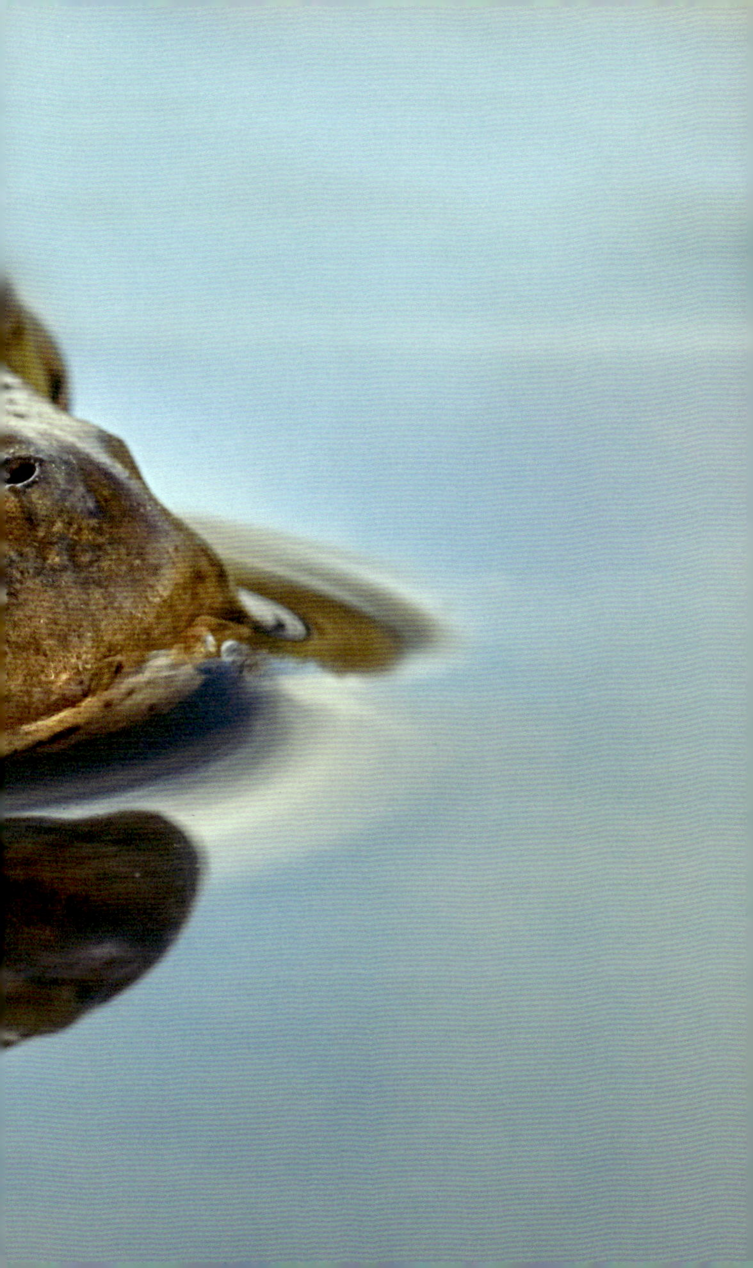

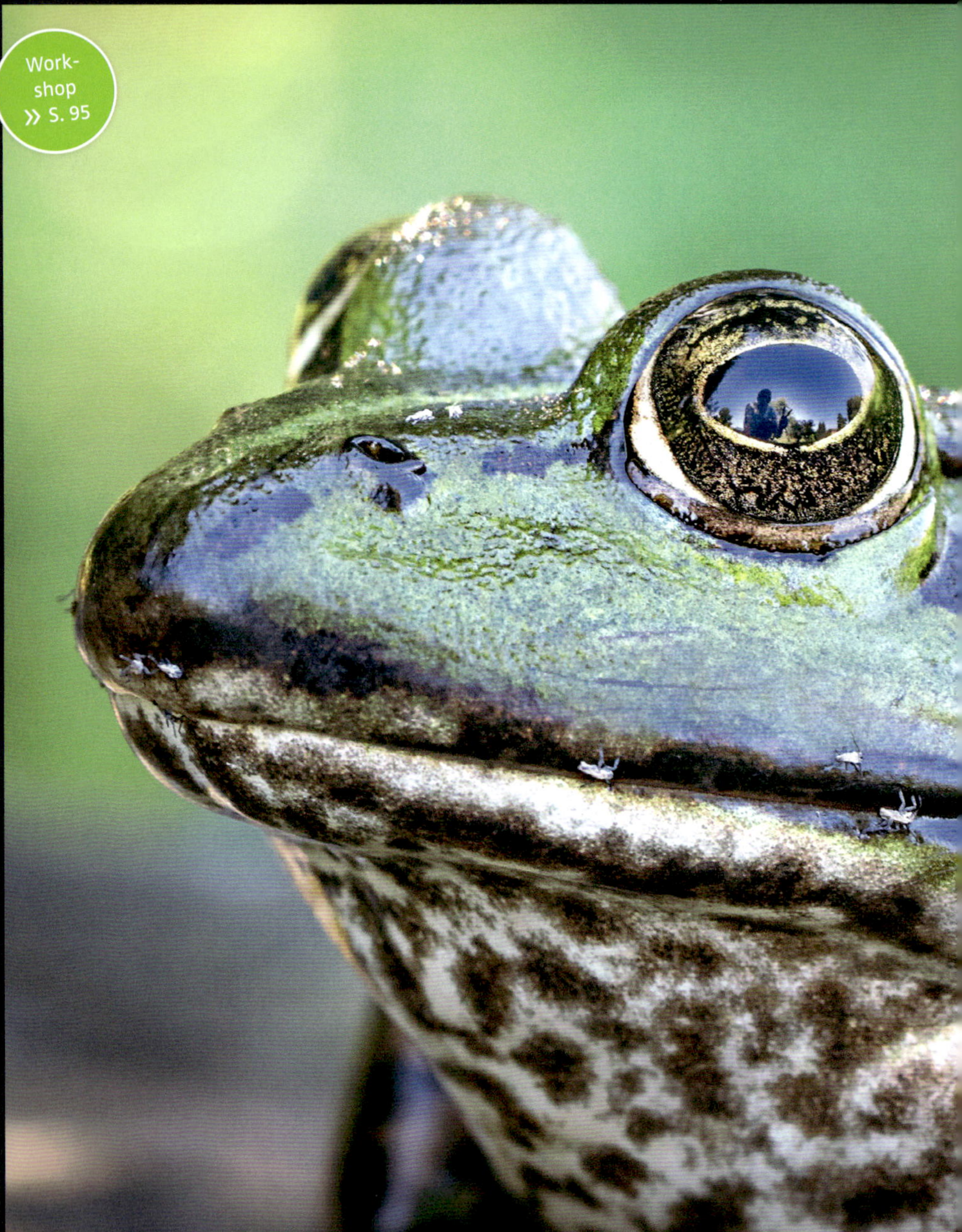

Sony α7r II, Sony 90 mm, f/9, ISO 1000, 1/40 s

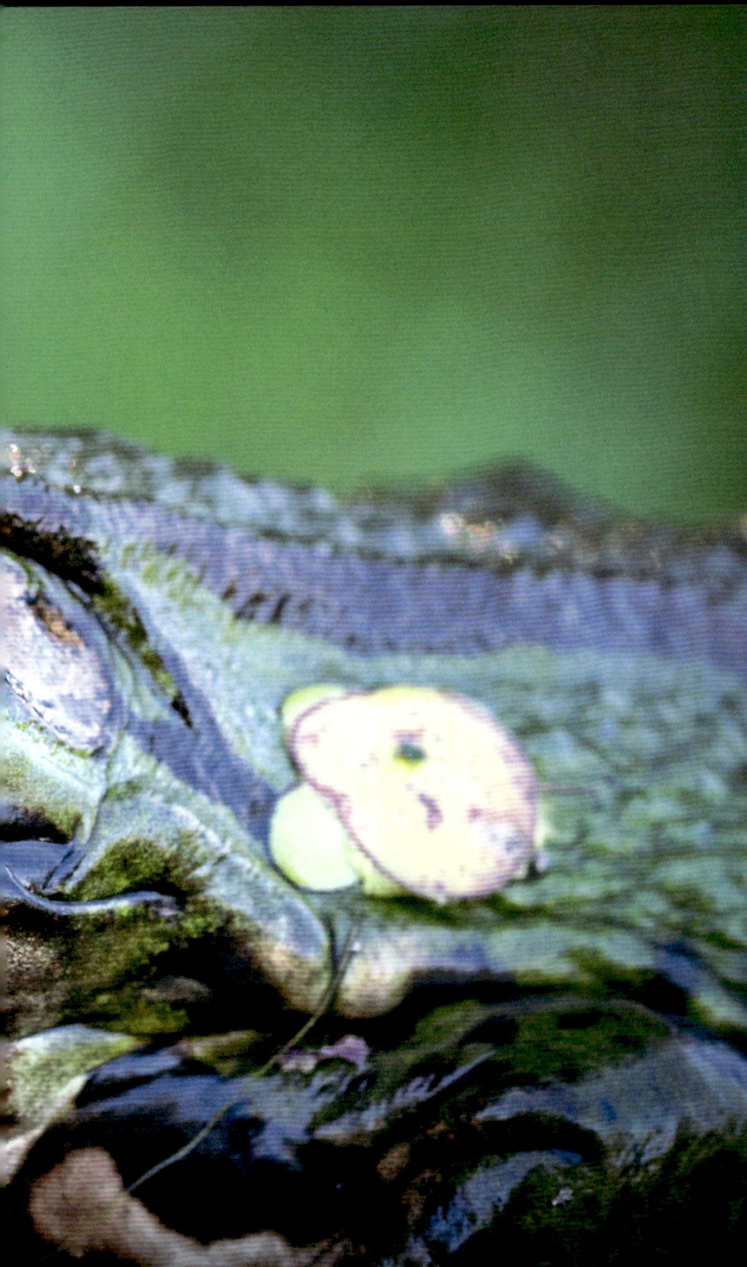

Workshop
» S. 96

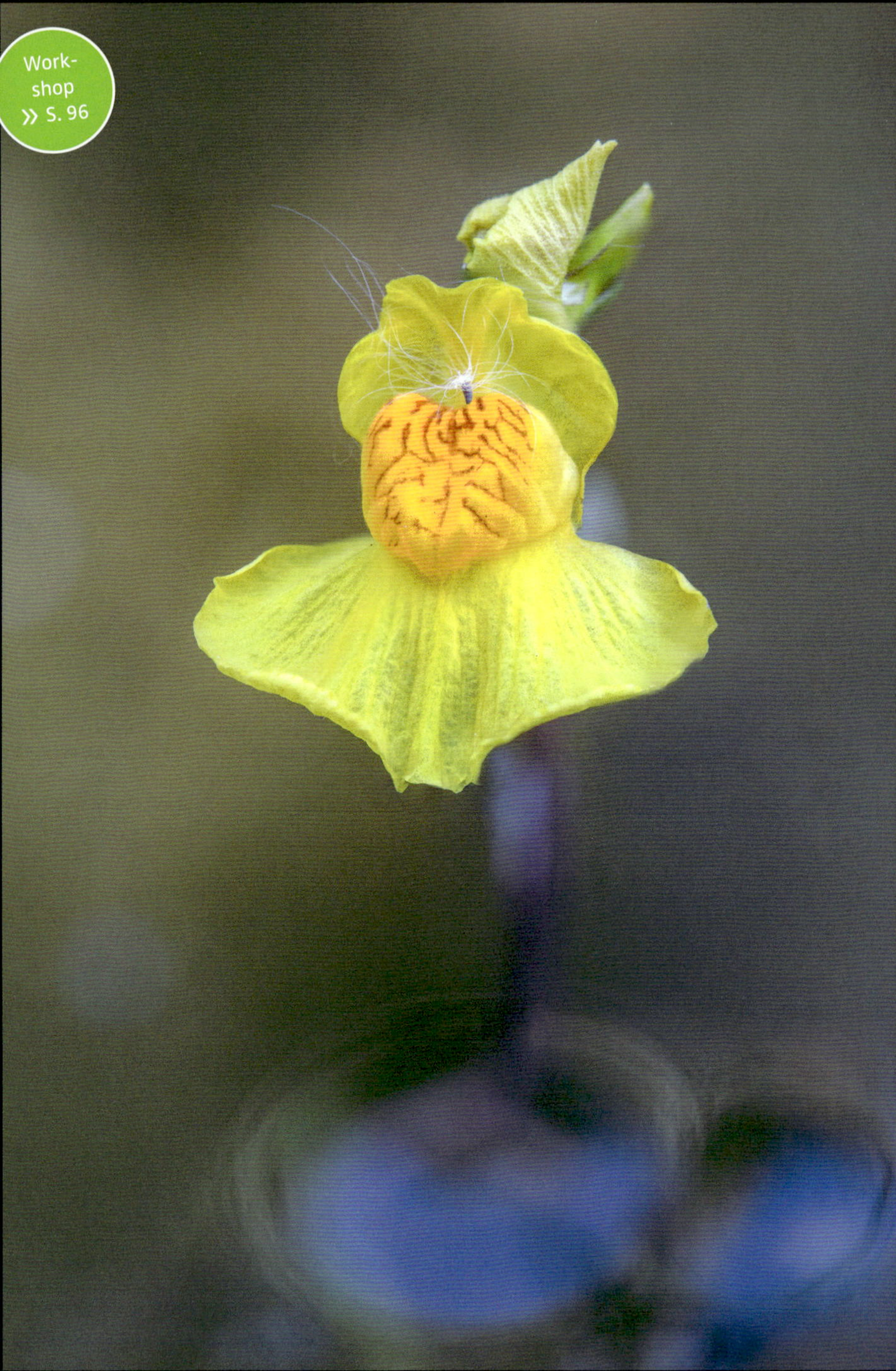

Sony α7r II, Sony 90 mm, f/6.3, ISO 1000, 1/320 s

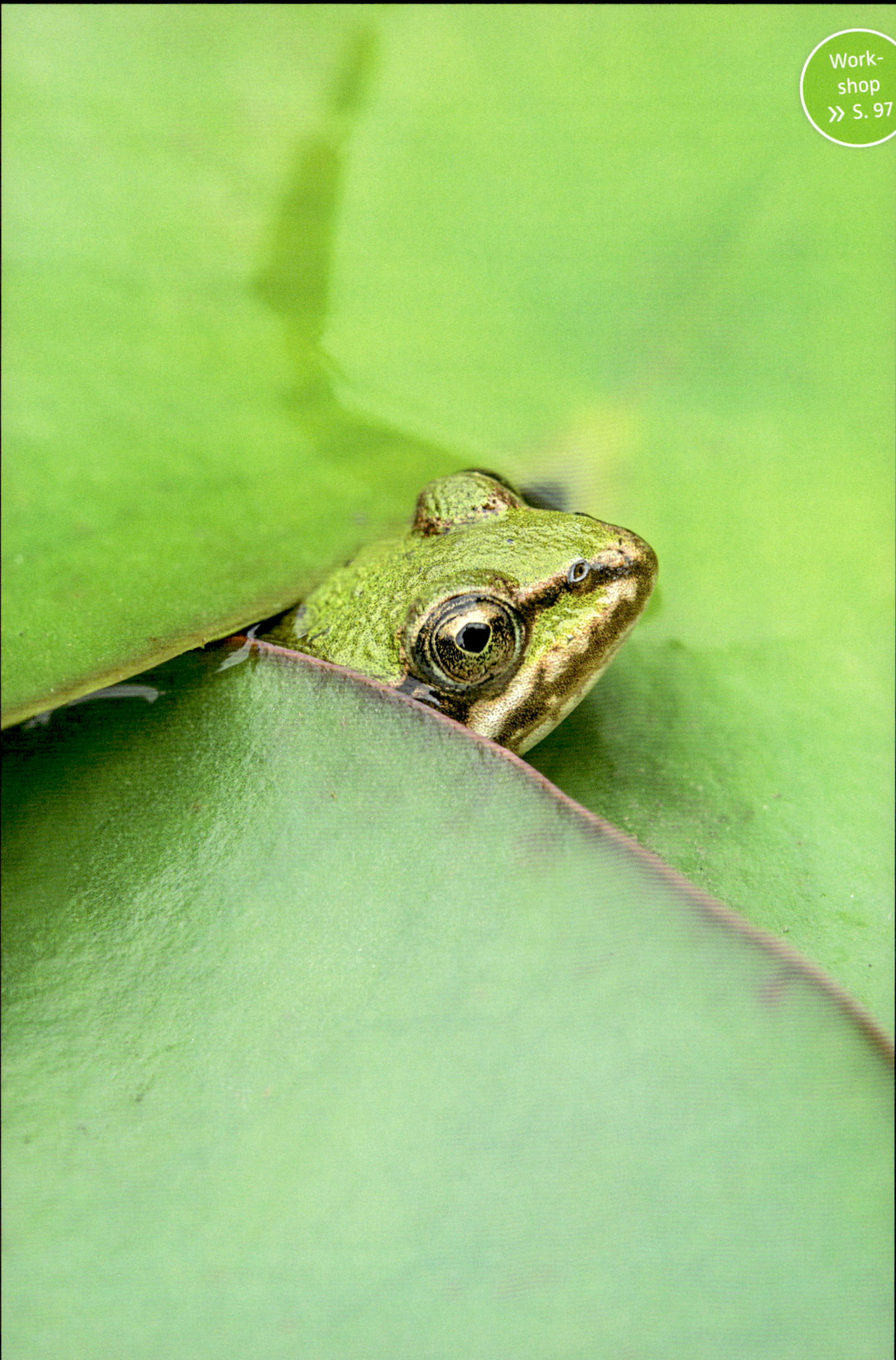

Sony α7r II, Sony 90 mm, f/11, ISO 800, 1/80 s

Workshop » S. 100

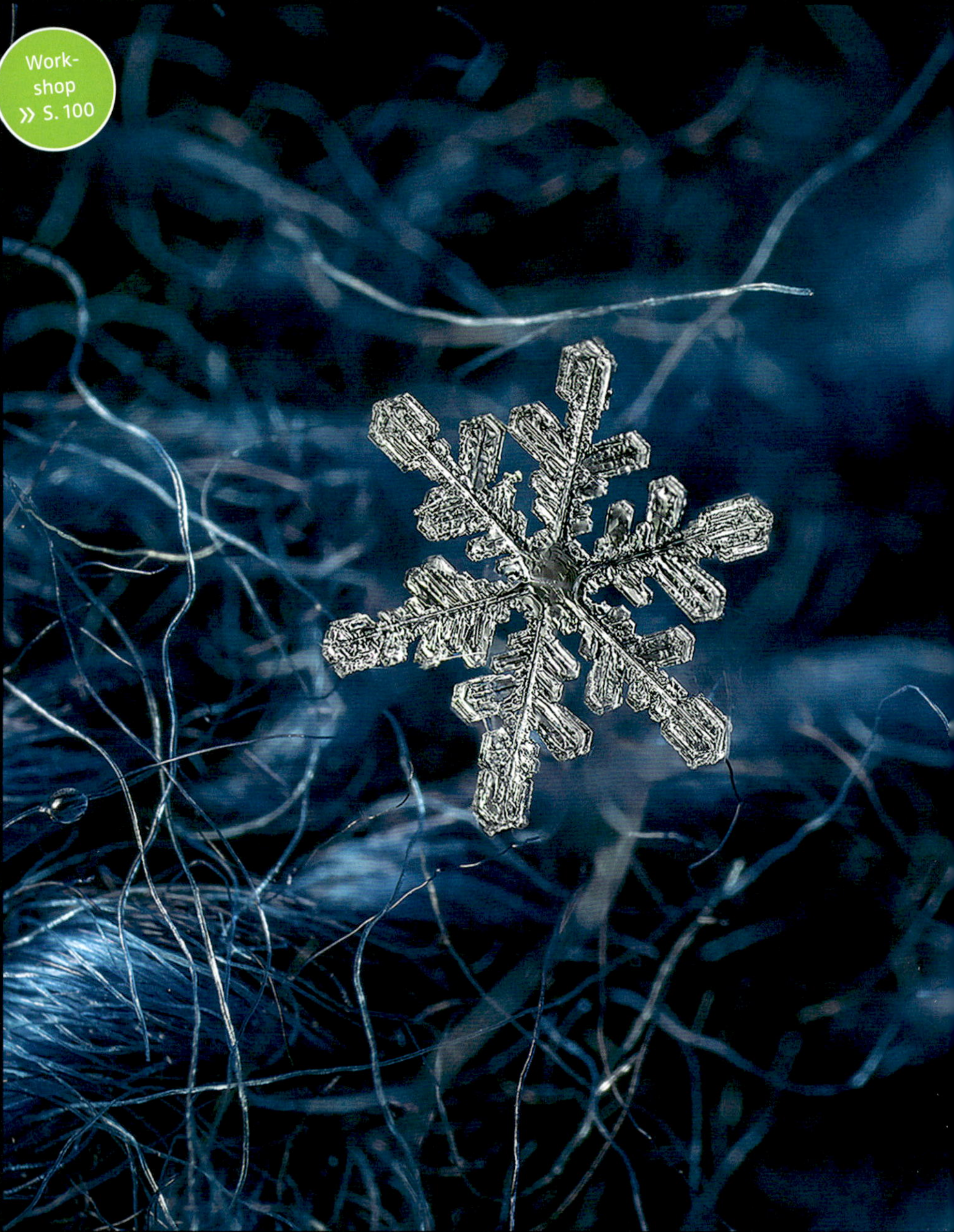

Sony α77 II, Tamron 90 mm, Nahlinse Raynox DCR-250, f/11, ISO 100, 1/160 s

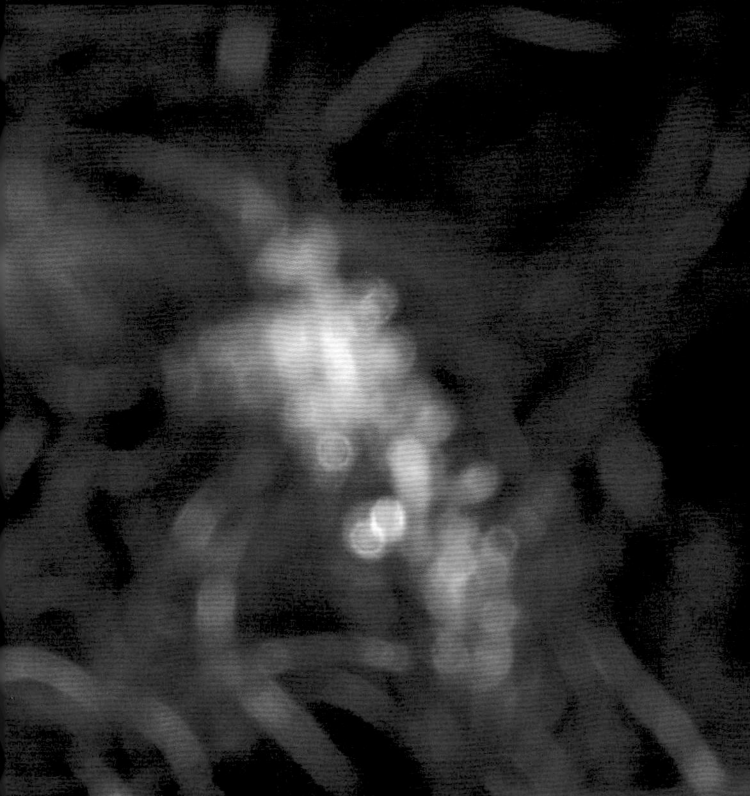

Workshop » S. 103

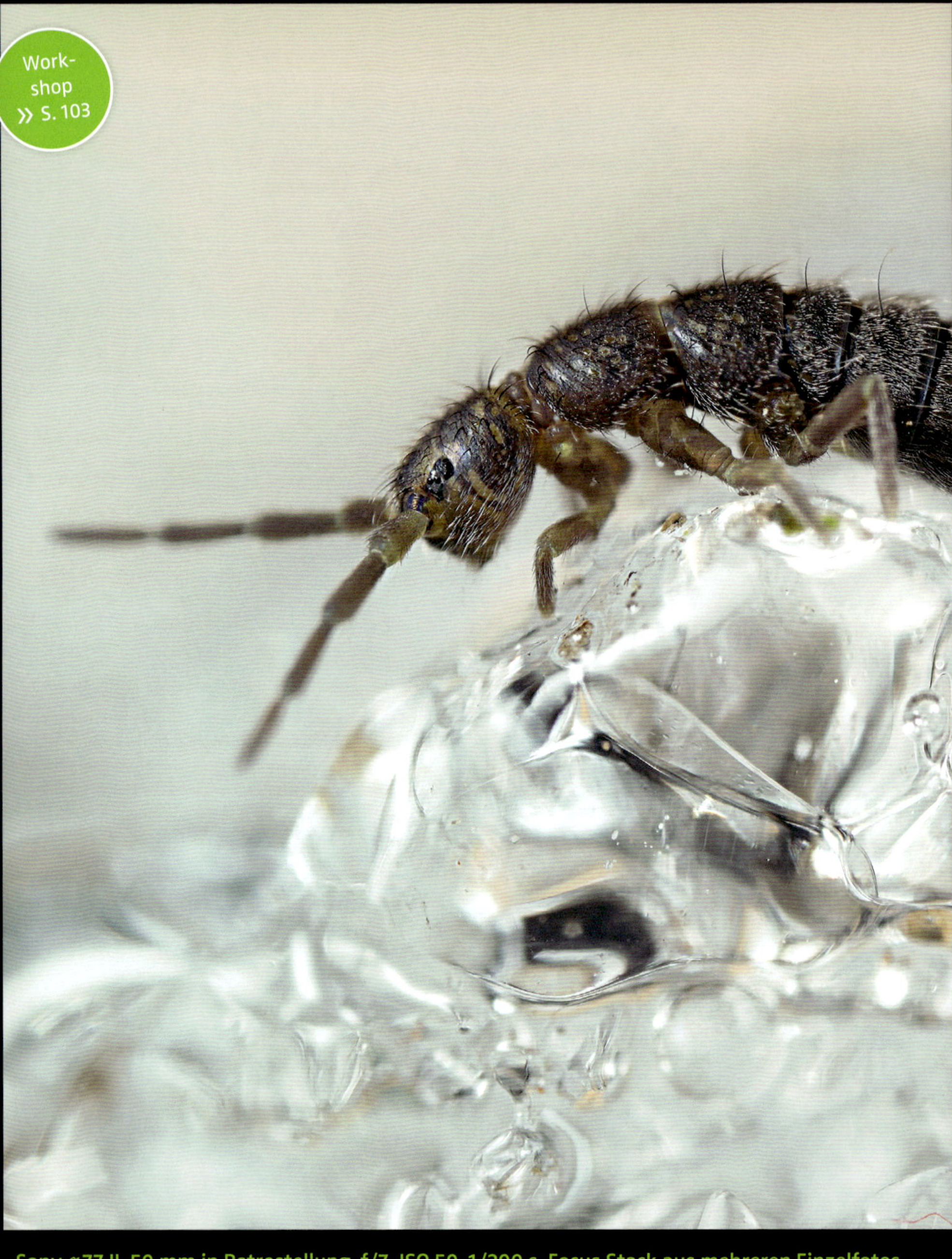

Sony α77 II, 50 mm in Retrostellung, f/7, ISO 50, 1/200 s, Focus Stack aus mehreren Einzelfotos

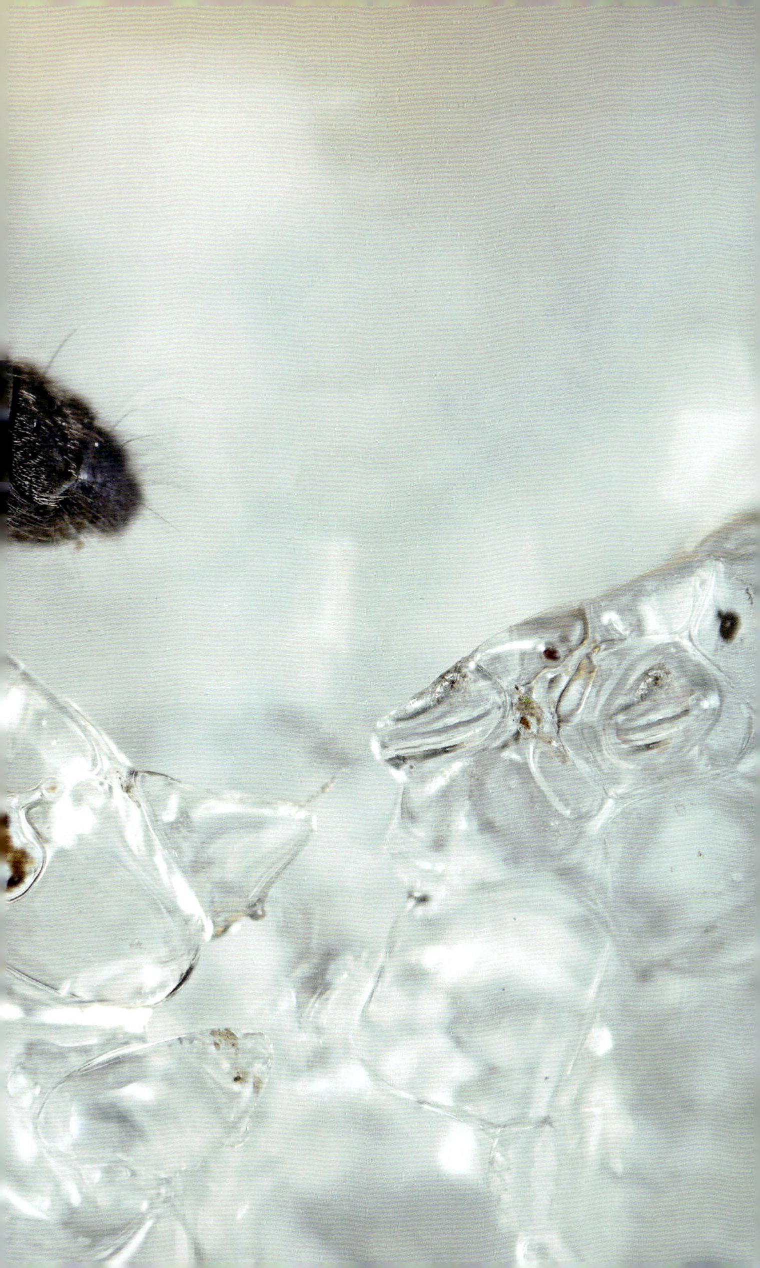

Workshop » S. 108

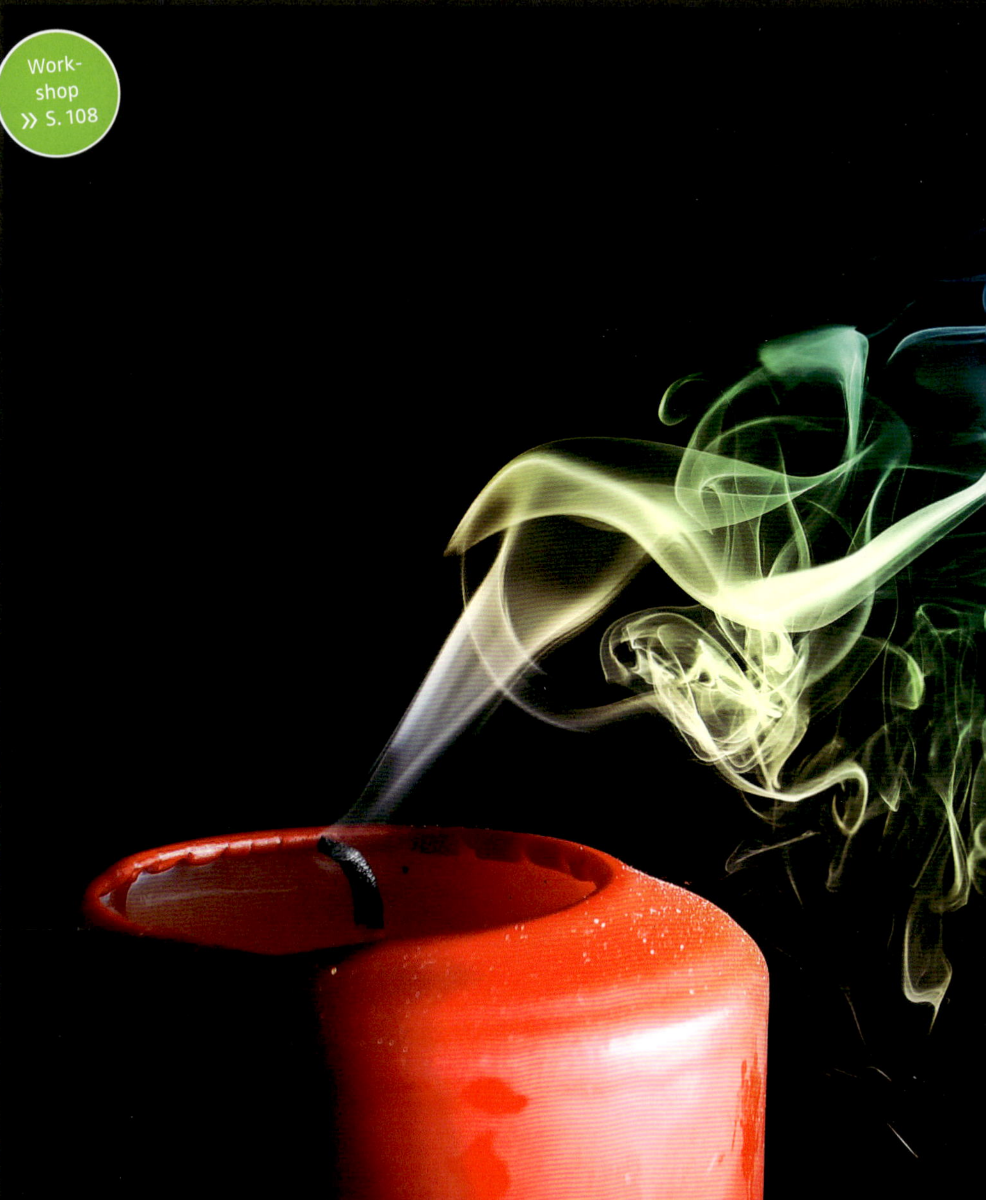

Sony α57, Tamron 90 mm, f/8, ISO 100, 1/160 s

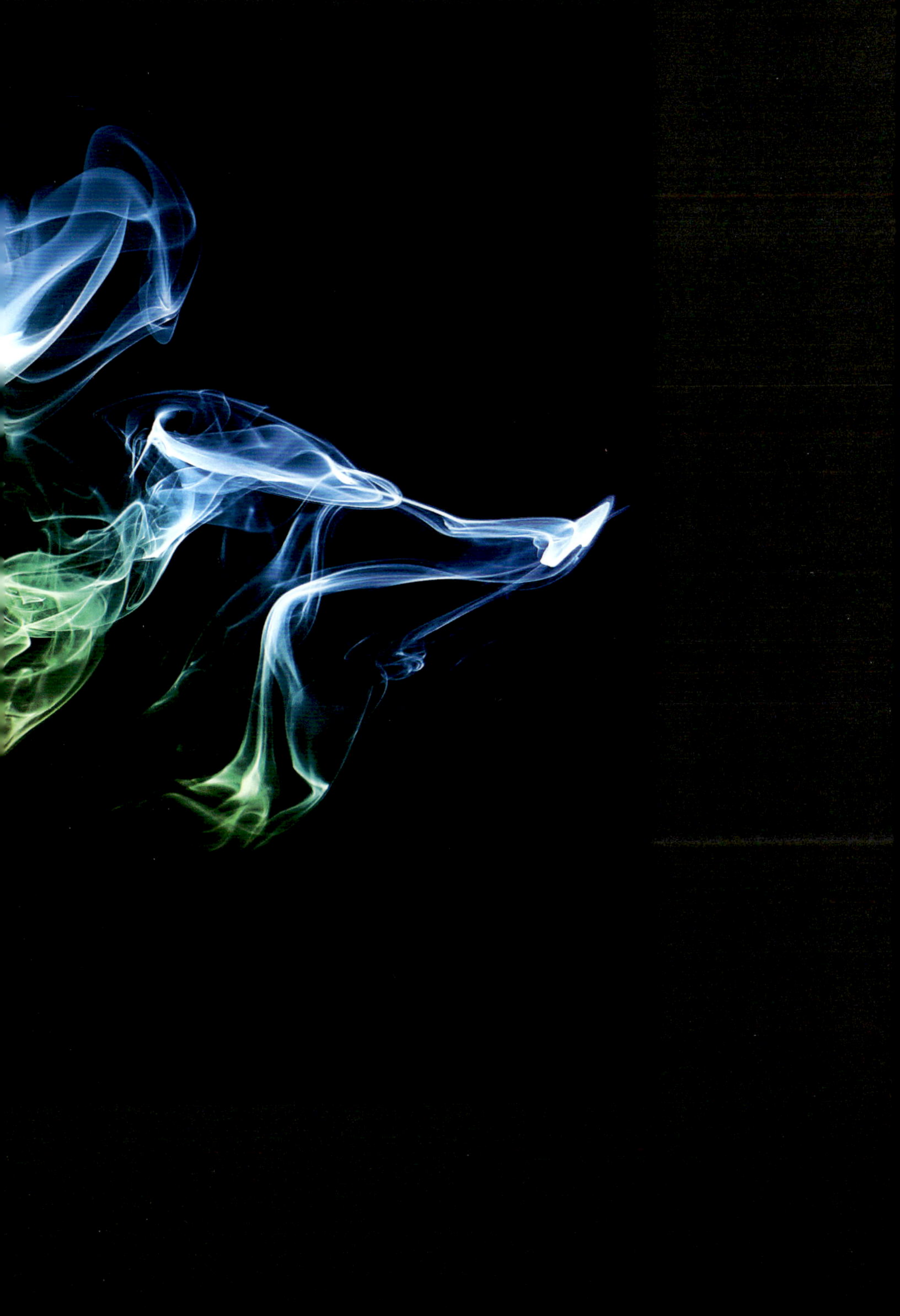

Workshop » S. 109

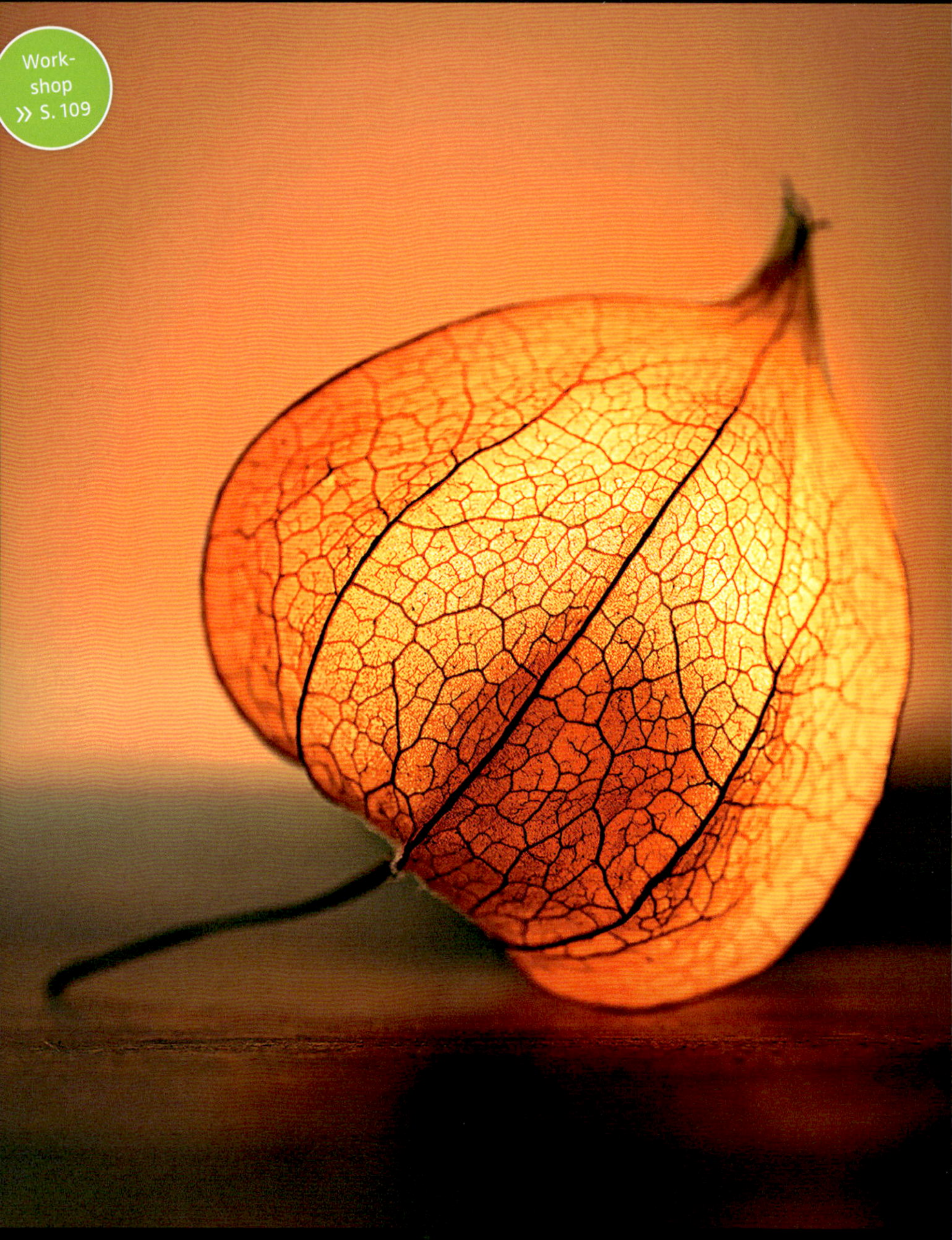

Sony α77 II, Sony 90 mm, f/11, ISO 100, 1/200 s

Workshop » S. 101

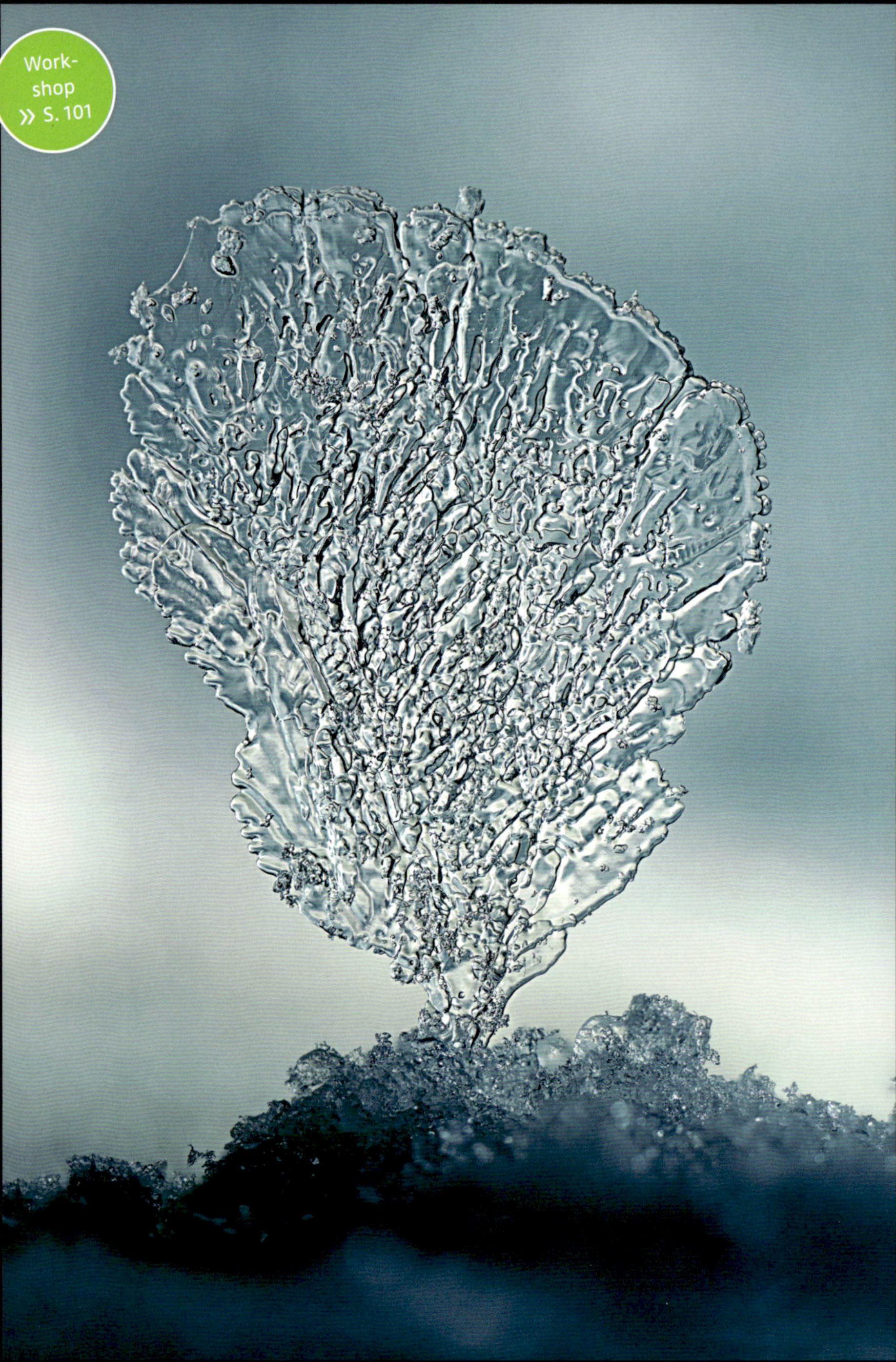

Sony α7r II, Sony 90 mm, f/3.2, ISO 50, 1/200 s, Foto Stack aus etwa 10–15 Einzelfotos (aufgenommen im Eispavillon in Saas-Fee)

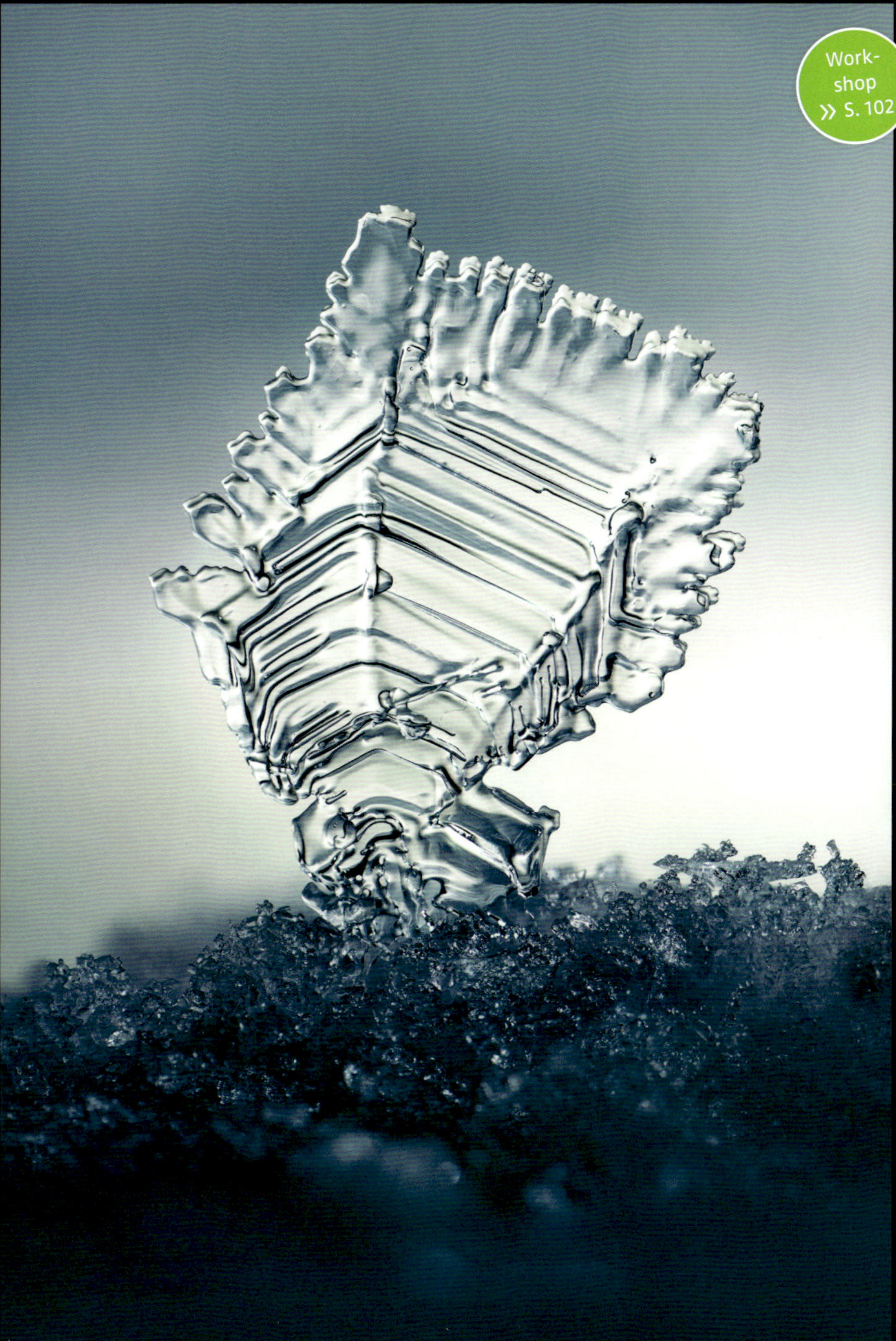

Sony α7r II, Sony 90 mm, f/3.2, ISO 50, 1/200 s, Focus Stack aus etwa 10–15 Einzelfotos (aufgenommen im Eispavillon in Saas-Fee)

Workshop » S. 104

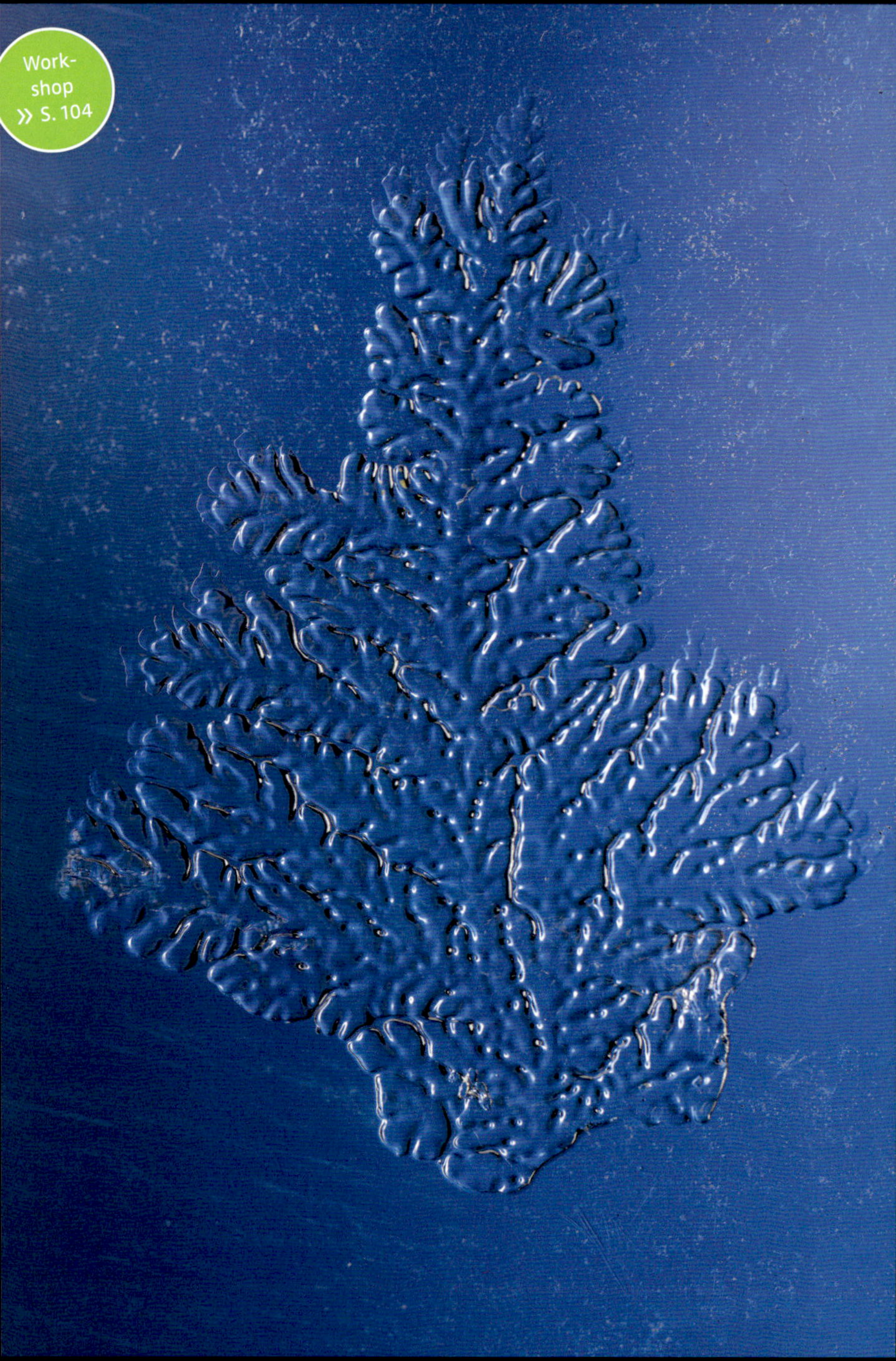

Sony α7r II, Sony 90 mm, f/7.1, ISO 200, 1/200 s

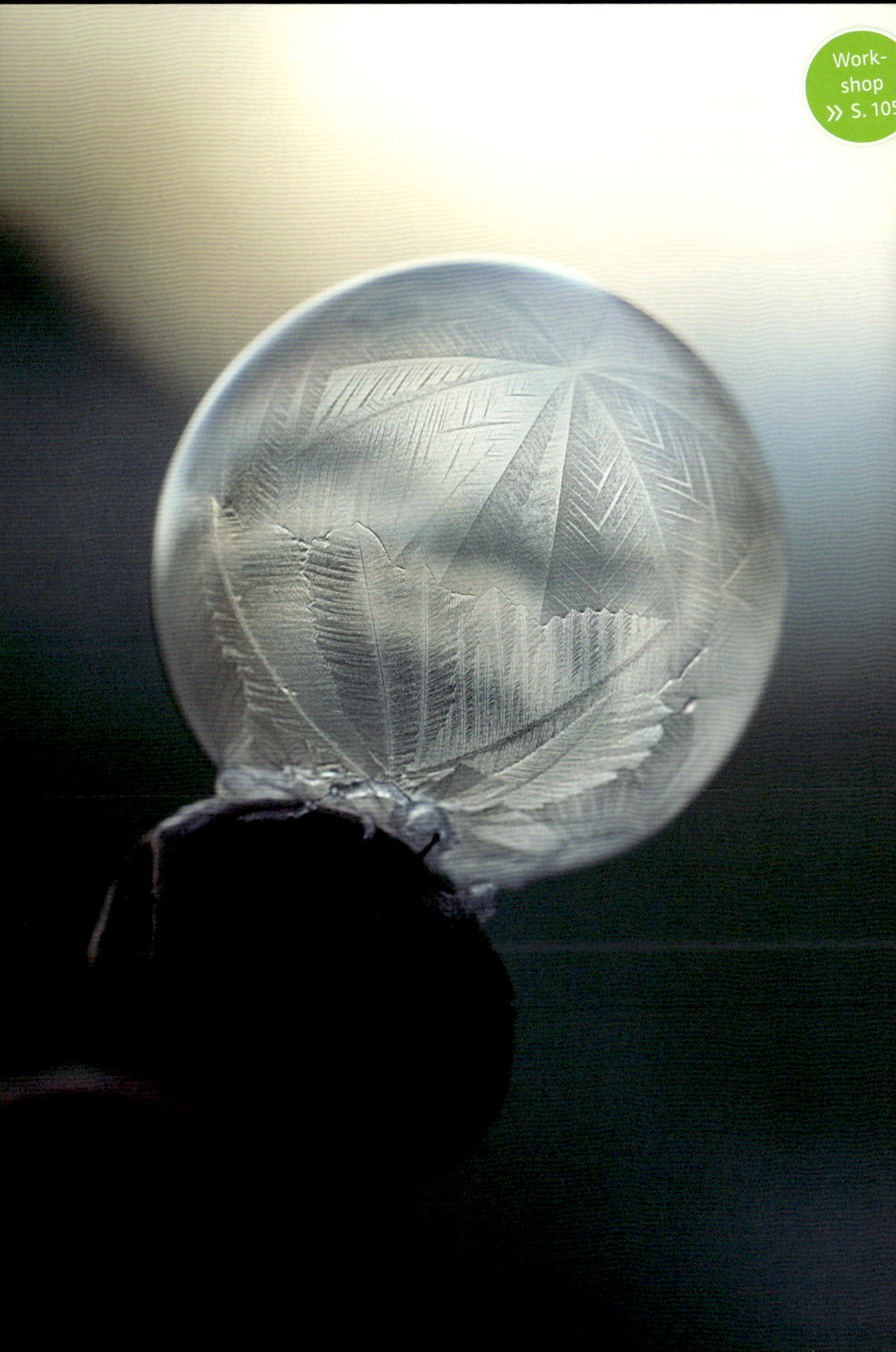

Workshop » S. 105

Sony α7r II, Sony 90 mm, f/8, ISO 1000, 1/160 s

Workshop » S. 106

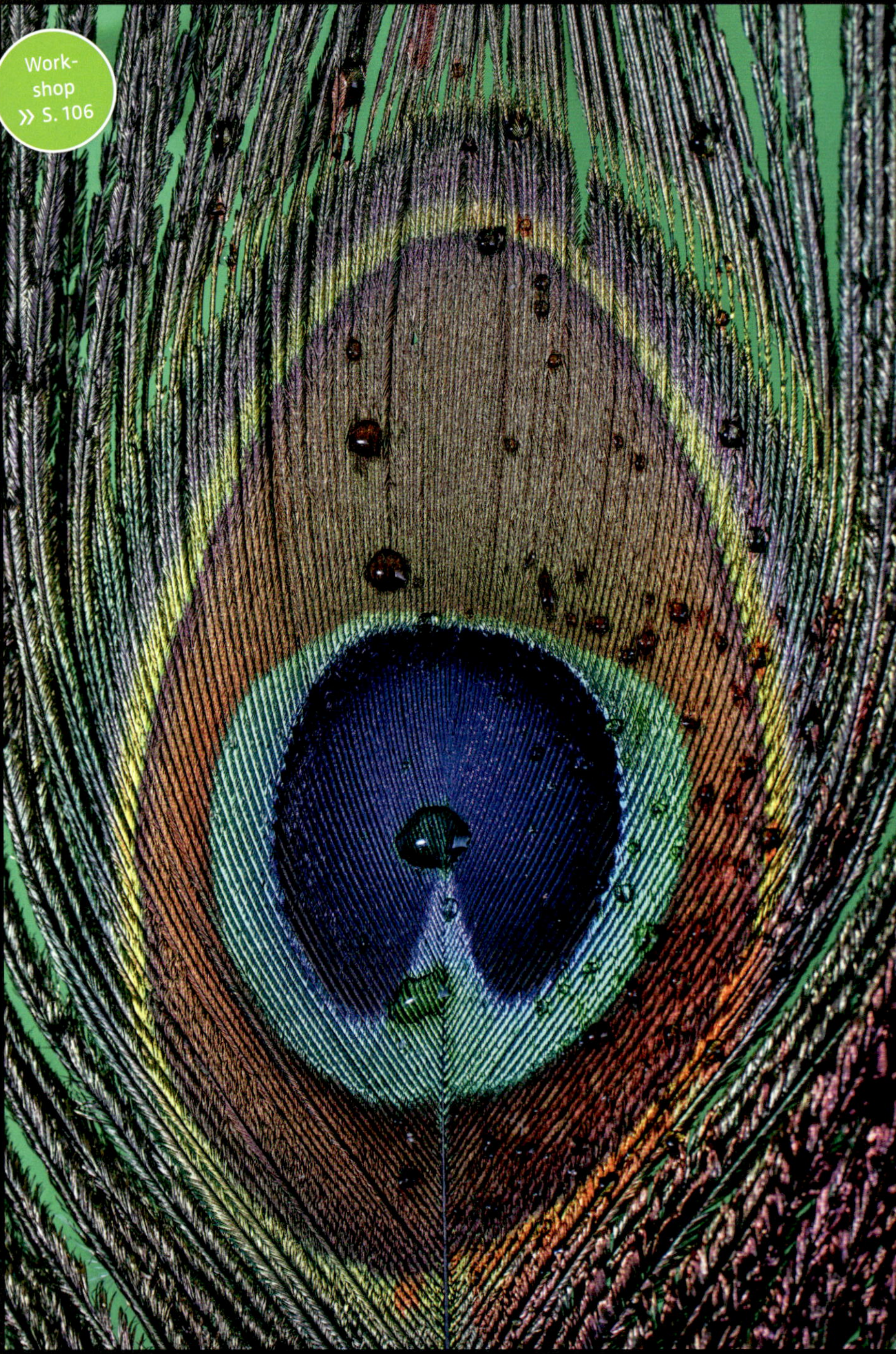

Sony α77 II, Tamron 90 mm, f/11, ISO 100, 1/200 s

Workshop » S. 107

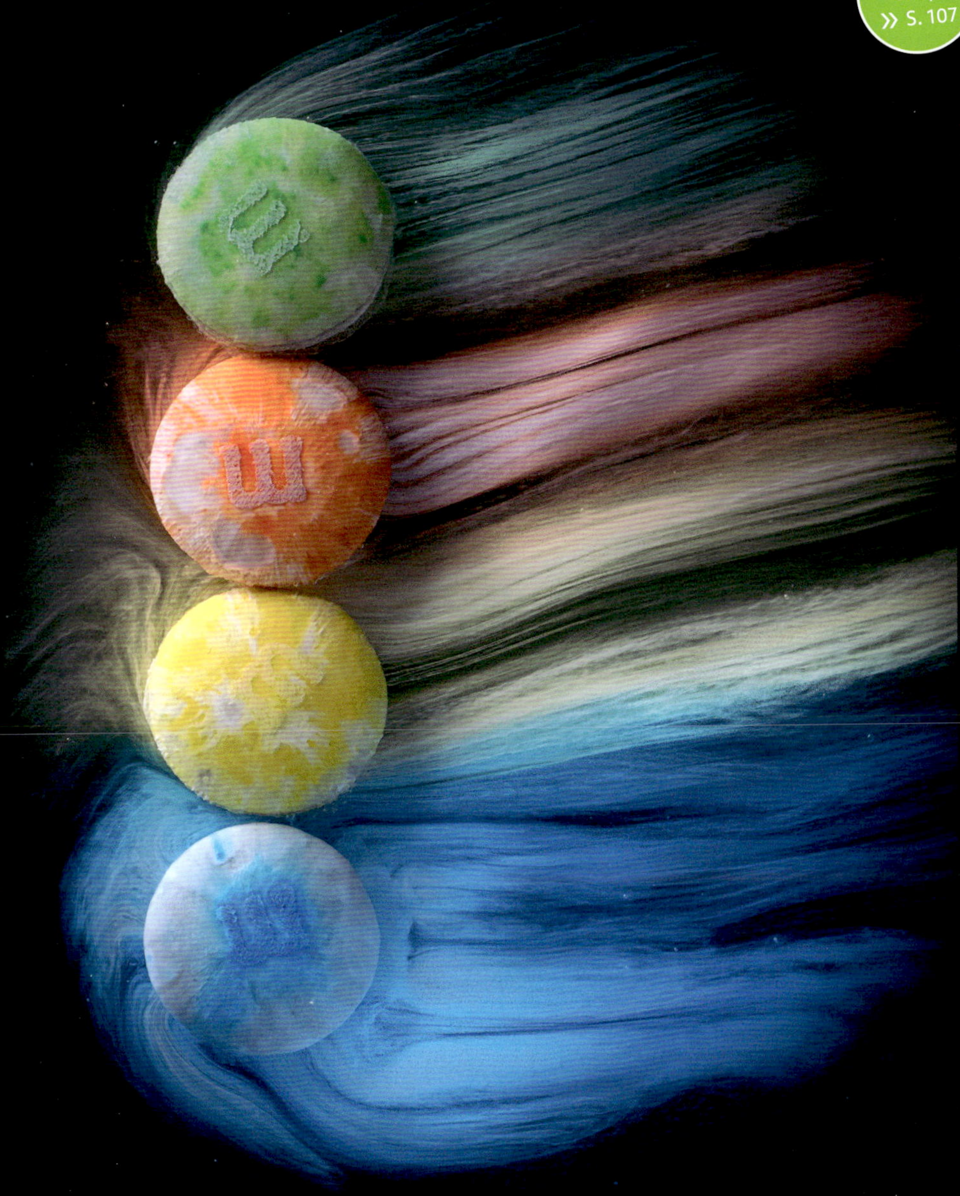

Sony α7r II, Sony 90 mm, f/11, ISO 800, 1/10 s

SCHLUSSWORT

Und, spürst du dieses Kribbeln? Das muss das Makrofieber sein, das dich mittlerweile komplett infiziert hat – davon gehe ich jedenfalls stark aus, da du es bis zu meinem Schlusswort geschafft hast!

Ich hoffe, ich konnte dir einen Einblick in die faszinierende Welt der kleinen Dinge geben und dich für die Makrofotografie begeistern. Jetzt liegt es an dir, die Wunder unserer heimischen Natur zu ergründen, solange sie noch existieren, und auf möglichst vielen Makrofotos festzuhalten.

Ich wünsche dir dabei viel Spaß, tolle Motive, allzeit gutes Licht und jede Menge Geduld – die wirst du brauchen. Und vergiss nicht, das Makrofieber weiter zu verbreiten!

Herzlich dein

Valentin Gutekunst

WEITERE INFOS

Viele weiterführende Informationen findest du auf dem von mir gegründeten Online-Portal „Makrotreff", dem Treffpunkt für Makrofotografie.

Und falls du noch tiefer in die Makrofotografie einsteigen möchtest oder es einfach noch nicht so klappt, wie du es gerne hättest, helfe ich dir gern in einem persönlichen Einzelcoaching.

Weitere Infos findest du auf der Website www.makro-treff.de oder auf www.valentin-gutekunst.de. Ich freue mich über deine Nachricht!

MAKRO TREFF
www.makro–treff.de

GUTEKUNST
www.valentin-gutekunst.de

Bibliografische Information der Deutschen Nationalbibliothek
Die Deutsche Nationalbibliothek verzeichnet diese Publikation in der Deutschen Nationalbibliografie; detaillierte bibliografische Daten sind im Internet über http://dnb.ddb.de abrufbar.

ISBN 978-3-86910-370-9 (Print)
ISBN 978-3-86910-378-5 (PDF)
ISBN 978-3-86910-379-2 (EPUB)

Der Autor: Valentin Gutekunst ist Gründer von makro-treff.de, Herausgeber und Chefredakteur von Makrofoto und ambitionierter Makrofotograf. In Foto-Coachings gibt er seine Erfahrungen weiter. Diese sind auch deshalb so beliebt, weil er sowohl geballtes Wissen als auch jede Menge Freude und Engagement vermittelt. Sein Ratgeber strotzt daher nicht nur vor Tipps und Tricks – er spiegelt auch die Faszination und Schönheit unserer heimischen Natur wider.

Originalausgabe

Eine Marke der Schlüterschen Verlagsgesellschaft mbH & Co. KG,
Hans-Böckler-Allee 7, 30173 Hannover
www.schluetersche.de
www.humboldt.de

Lektorat: Linda Strehl, München
Covergestaltung: semper smile Werbeagentur GmbH, München
Coverfoto: Valentin Gutekunst, Shutterstock/irin-k
Satz: PER Medien+Marketing GmbH, Braunschweig
Druck: gutenberg beuys feindruckerei GmbH, Langenhagen